四川师范大学学术著作出版基金资助出版

经济管理学术文库 • 管理类

公司高管薪酬法律规制研究

A Study on Legal Regulations of Executive Compensation

李　荣 / 著

图书在版编目（CIP）数据

公司高管薪酬法律规制研究/李荣著．—北京：经济管理出版社，2013.8
ISBN 978－7－5096－2606－1

Ⅰ.①公…　Ⅱ.①李…　Ⅲ.①公司—管理人员—劳动报酬—劳动法—研究—中国　Ⅳ.①D922.514

中国版本图书馆 CIP 数据核字(2013)第 200515 号

组稿编辑：曹　靖
责任编辑：曹　靖　杨雅琳
责任印制：杨国强
责任校对：张　青

出版发行：经济管理出版社
（北京市海淀区北蜂窝 8 号中雅大厦 A 座 11 层 100038）
网　　址：http：//www. E－mp. com. cn
电　　话：（010）51915602
印　　刷：北京京华虎彩印刷有限公司
经　　销：新华书店
开　　本：720mm×1000mm/16
印　　张：14.5
字　　数：260 千字
版　　次：2013 年 10 月第 1 版　　2013 年 10 月第 1 次印刷
书　　号：ISBN 978－7－5096－2606－1
定　　价：48.00 元

前　　言

高管薪酬原本作为解决代理成本而引入公司治理机制的激励手段，试图在所有权与经营权分离的条件下，通过向高管提供适当的激励，既确保高管利益、吸引有才能的管理人员为公司服务，又在最大限度内促进高管利益、股东利益的一致性。然而近年来，“天价”高管薪酬的频繁出现引发社会普遍质疑，公司法遵循效率原则设计出来的高管薪酬制度没有实现应有的制度目标。如何规范高管薪酬、提高其与公司业绩的相关性、建立高管薪酬的激励约束规则、衡平公司利益相关者利益等问题既成为公司治理结构完善的重要问题，也构成当下社会财富公平分配诉求的组成部分。本书尝试从高管薪酬约束视角对这些问题进行探究。

本书在肯定法律约束高管薪酬作用的基础上，运用多学科分析方法、比较研究方法、规范分析与实证分析相结合的方法对高管薪酬法律规制涉及的相关问题展开讨论，力图为我国高管薪酬法律规制制度的建构提供借鉴参考。本书分为理论基础（第一章）、制度解析（第二章、第三章）和实践探索（第四章、第五章）三部分。

第一章为公司高管薪酬法律规制的一般解读，试图对高管薪酬法律规制进行理论解读。首先，论证法律规制高管高薪的动因与正当性。由于建立在市场约束机制基础上的现有高管薪酬决定机制无法真正实现利益隔离、薪酬与业绩弱相关、高管薪酬与公司员工收入差距悬殊等诸多问题的存在使得高管薪酬合理性丧失，加之高管薪酬决策中的市场失灵消解了市场对高管薪酬的评价作用、社会公众基于公平偏好提出了正义诉求，这一切均迫切要求法律规制介入高管薪酬。同时，高管薪酬决策过程中的信息不完备性、个体行动的外部性、人的有限理性等经济学理论为法律规制提供了正当性支撑，不公平薪酬制度安排带来的负外部性、市场效率与社会公平共赢的需求以及重构正义的社会秩序等管理学、社会学理论也为法律介入提供了正当性依据。不过，受法律本身性质以及利益集团的影响，特别是高管薪酬形式本身复杂多样，决定了高管薪酬法律规制的作用有限——高管薪酬规制需要法律作用，但又不能过度依赖法律。其次，任何法律制度均有其特有的立法价值取向。本书认为，在公司效率诉求层面解决高管薪酬问题需要在公司法中坚持效率优先、兼顾公平的价值取向，对高管薪酬的规制需要促进薪酬与业绩的相关性，加强现有薪酬公平议定机制中的制衡力量；在社会公平诉求层面解决高管薪酬需要在税法等其他法律制度中坚持公平优先、兼顾效率的价值取向，在一定程度回应社会公平诉求的同时还要兼顾促进薪酬与业绩的相关性。在此基础上，本书探讨了法律规制立法模式，重点分析了集中立法与分散立法、效率偏好与公平偏好、股东中心主义与董事会中心主义三类规制模式的利弊与模式选择。

第二章为公司高管薪酬的立法规制，重点探究了立法层面的高管薪酬规制措施。由于不同法律制度的价值取向不同，本书重点从效率偏好与公平偏好两个维度展开论述。在效率偏好型规制措施方面，鉴于当前高管高薪普遍招致质疑，法律规制需要尽量促进薪酬与业绩的相关性，减少自定薪酬现象，增强公平交易模型中相关制衡力量，使法律规制的作用力量更加着眼于薪酬决定程序的规范和要求。为此，本书着重分析三个效率偏好型规制措施：针对薪酬确定过程中的所有者缺位问题试图增强议价过程中所有者或代理人的控制作用；针对薪酬决定过程中的信息不对称问题加强信息披露的广度和深度；针对薪酬确定过程中的双重代理问题加大代理人的责任约束。在公平偏好型规制措施方面着重分析薪酬的立法直接强制、税法调控与会计规则约束三个措施。立法直接强制虽以公共利益为名，但因广受质疑而几乎被弃用，仅有的实例被限定在特殊条件下政府干预的短期行为中；税法制度中的利益杠杆对多元化薪酬形式的采用影响深远，各国税法正是利用这一功能诱使公司采用与业绩相联动的薪酬形式，实现维护股东利益的立法目的，但税法调控本身具有的宏观性以及作用机理的外部性等问题决定了税法调控本身作用的有限性，不能过分扩大税法的作用；会计规则约束主要通过薪酬是否计入成本进而影响公司收益这一机制，引导公司采用与业绩相关联的薪酬形式，发挥间接约束高管自利行为的功用，但单独运用难以有效发挥功用，需与其他措施紧密结合。

第三章为公司高管薪酬的司法介入，考究司法力量对高管薪酬的控制功用，着重讨论司法介入的必要性、启动方式与审查基准。理论界对法院是否介入高管薪酬合理性审查存有截然不同的观点。本书认为，司法救济作为私人权利保护的最后一道防线，经营判断原则本身并不拒绝法院的介入，法院自然应当介入薪酬合理性评判，但法院自身的特点决定了其合理性审查只能作为一种补充和辅助手段，以发挥“达摩克利斯之剑”的功效。同时，司法介入可因决议瑕疵之诉或股东代表诉讼而启动，但也需要克服各自的制度障碍。本书认为，法院能否有效约束高管薪酬的关键在于薪酬合理性审查基准的确立，美国特拉华州判例确立的商业判断原则与浪费标准、德国高管薪酬立法确立的合理性判断基准为我们提供了参照。

第四章为公司高管薪酬法律规制的域外经验，着重梳理了美国、英国、欧盟、德国、日本等市场经济发达国家或地区围绕高管薪酬争议展开的系列法律变革，试图为我国的高管薪酬规制提供立法借鉴。本书认为，在各国公司治理呈现功能性融合的趋势下，高管薪酬规制越发与公司治理结构完善相结合，公司治理效率逐步提高；薪酬信息披露越来越具体细化，个别信息披露成为未来发展趋势；鼓励和促进业绩与薪酬联动；放松强制规制的同时增强自主规制力度；多种手段复合使用，实现多重目标。域外经验显示，高管薪酬规制应结合本国公司治理实际有针对性地安排措施，应当综合运用多种法律机制进行薪酬规制，规制的重点应放在促进薪酬与业绩联动上，规制主要内容应集中在薪酬决策机制与信息披露的完善方面，区分不同国有企业有针对性对待则是未来的发展趋势。

第五章为我国公司高管薪酬法律规制立法，分析了我国高管薪酬法律制度的演变过程及其存在的问题，进而提出相应的完善建议。首先区分并评析普通商事公司与国有企业两套高管薪酬法律规制体系的相关制度。本书认为，我国已初步建立了高管薪酬决策体系，但整体规制制度模糊粗糙；现有薪酬规制立法层次偏低，制度缺乏必要的协同；薪酬规制边界不清晰，信息披露制度不完善；规制制度提供主体稍显单一，未充分发挥民间力量；缺乏明确的司法合理性审查标准。因此，本书主张在立法完善上应考虑我国高管薪酬规制面临的特殊时代背景与公司治理的特殊性，坚持四条规制思路，即统一规制基础上加强分类规制；提升规制立法层次，政府规制与自主规制相结合；注意协调发挥不同法律制度的规制作用，形成制度合力；注意与国家经济发展政策、国际规制趋势相协调。在此基础上，本书认为，在高管薪酬法律规制具体制度建构上，应完善薪酬决定机制，构筑利益冲突隔离机制，激活股东监督机制，确保程序公正；细化信息披露项目，完善信息披露制度，提高薪酬透明度；多种机制相互配合，共同建立长期激励与短期激励相结合的业绩联动型薪酬模式。

目　　录

绪　论

一、问题的缘起

近年来，高管高薪不断受到社会的质疑和批评，尤其以“安然丑闻”和全球金融危机为契机，全球掀起了两次限薪浪潮。通常认为，包含高管薪酬支付在内的公司财产流出过程其实也是公司财产的分配过程，这一分配过程充满了利益冲突（债权人与股东之间、人力资本投资者与物质资本投资者之间、大股东与小股东之间）①，限制高管薪酬的本质就是调整公司与高管之间的利益分配。如何在利益衡平理念指导下将高管薪酬纳入收入分配秩序规范的重要方面，合理构建公司债权人保护、公司高管薪酬规范、中小股东权益保护、股份回购等制度，从而健全公平与效率并重的分配规则应是学界今后需要高屋建瓴进行研究的问题。当前，高管薪酬总体水平的提高，反映出以科技进步为主导的产业发展带来的经济运行基础的改变，反映出智力因素（含管理能力）相对于物质资本、劳动力资本在当前社会经济发展中作用的增大。但是，智力资本回报总体增加并不意味着每一个国家、地区、行业、企业的高管收入水平合理，或者说实现的过程并不一定公平合理，这就需要对收入分配过程的规则制度进行科学、合理、公平的设定。

高管薪酬原本作为解决代理成本引入公司治理机制的激励手段，试图在所有权与经营权分离的条件下，通过向高管提供适当的激励，从而既能吸引有才能的管理人员为公司服务，又能最大限度地保障高管的利益不偏离股东的利益。然而

---

① 学者站在企业产权角度认为，企业产权可以区分为企业直接物质产权、企业直接价值产权、企业个人间接物质产权、企业国家间接产权，共同构成“四位一体”的企业收入分配产权公式，分别体现为投资者享有的利息、经理人享有的薪金、工人享有的工资以及国家拥有的税收。税收、工资、薪金、利息本质上是政府、工人、经理人、投资人占有和行使相应企业产权的报酬，受各自产权的绩效、要素的质量和数量、执行产权能力、行为和效果的影响。李全伦：《从四维企业产权角度研究企业收入分配的主要结论与展望》，《管理世界》，2009 年第 12 期，第 176 - 177 页。换言之，高管薪酬的决定过程其实就是企业财产的分配过程。

近年来，高管薪酬迅猛增长，远远高出一般员工的工资增长速度，薪酬与业绩不相关，公司业绩下降而高管却仍旧享受“天价”薪酬甚至薪酬大幅上升……这些不合理的现象昭示着现有薪酬制度失灵，公司法遵循效率原则设计出来的高管薪酬制度没有实现其应有的制度目标。前述研究结果和薪酬现状加重了股东和公众对高管薪酬问题的担忧，如何规范高管薪酬、提高其与公司业绩的相关性、建立和完善高管薪酬的激励约束规则成为完善公司治理结构的重要方面，尤其在过高高管薪酬被认为是2008年全球金融危机原因之一的背景下，高管薪酬规制更演变为世界性的讨论话题，也成为法学上研究的热点问题。

同时，为应对高管天价薪酬正当性的质疑，各国政府也纷纷采取措施规制高管薪酬。美国2002年发布《萨班斯法案》，2010年发布《金融监管改革法案》；欧洲委员会发布若干有关高管薪酬的建议；英国2002年发布《董事报酬报告书规则》，2010年发布《薪酬制度准则》；德国2009年通过《董事薪酬合理性法案》；日本2005年修改《公司法》后，2010年将上市公司高管薪酬披露修改为个别披露……通过立法规范高管薪酬已是不容置疑的共识。然而，现阶段高管薪酬如何规范、多大程度上规范、法律又应该如何应对等理论问题不仅在市场经济发达的国家仍存有很大争议，而且对于仍处于市场经济发展阶段的中国而言极度缺乏经验，是国内理论界和立法界面临的一个全新课题。

随着我国经济发展的进一步深入，社会财产大幅增加的同时社会贫富两极分化也不断加大，收入分配差距较大成为当前我国经济社会发展一个较为突出的矛盾和问题。《中共中央关于制定国民经济和社会发展第十二个五年规划的建议》中明确把“合理调整收入分配关系”作为国家“十二五”的一个主要任务。温家宝在2010年2月省部级主要领导干部专题研讨班上强调：“我们不仅要通过发展做大社会财富‘蛋糕’，也要通过合理的收入分配制度，把‘蛋糕’分好，让全体人民共享改革发展的成果。”微观领域的公司财产分配过程充满了利益冲突，尤其在社会对高管高薪与普通员工薪酬之间的巨大差异普遍质疑的背景下，如何在利益衡平的理念指导下将其纳入整个社会收入分配秩序规范、健全公平与效率并重的分配规则构成了当前扭转收入差距扩大政策的一个组成部分，在全社会共同构建公平分享改革发展成果机制的背景下，“发展成果分享的实质是利益的分享”①，公平分享发展成果需要构建利益调整机制，因而科学、合理、公平地设定公司高管薪酬制度作为利益调整机制的一环具有重要的社会意义。对此，有学者高屋建瓴地将这些制度建设评价为政府应该提供的促进社会和谐发展的公共产品。“改革开放20多年以后，如果仔细观察中国的经济社会生活，就会发现确实

① 李昌麒、甘强：《我国改革发展成果公平分享的实现路径构想》，《社会科学研究》，2010年第5期，第53页。

出现了很多不和谐的因素，而导致不和谐的主要原因仍然可以在社会主义社会主要矛盾的框架下来解释，但主要不是私人产品供给难以满足私人产品需求造成的结果，主要是现阶段政府的公共产品供给不适应社会对公共产品的旺盛需求使然，特别是作为公共产品重要组成部分的、适应现阶段经济社会发展要求的政策框架、制度安排的缺失造成的结果。所以，建设社会主义和谐社会的问题，从根本上说，就是政府在经济社会发展的新阶段应该而且能够给国民和社会提供多少及何种品质的公共物品问题，除了广场、绿地、军队、警察等，恐怕最重要的是基于国民共同利益，有利于社会和谐、可持续发展的各种政策或制度安排。”①

二、国内外研究综述

近年来，天价高管薪酬的频繁出现引发社会的普遍质疑。高管高薪是否合理、应否规制、规制的正当性何在、如何规制等问题受到学界的广泛关注。目前高管薪酬规制的研究主要集中在经济学界，并有大量的研究成果，法学界近年也有不少学者如伯切克、克拉克、瑞莫塞、柴芬斯、朱羿锟、李建伟、郁光华等对此关注。这些研究综合起来大致集中在政府规制的正当性、法律规制的作用、薪酬规制手段、规制效率影响因素等几个方面。

第一，就政府规制高管薪酬的正当性，管理学的公平理论、行为经济学对公平问题的研究以及公司治理理论中的管理层权力论分别做出了各自的解释。哈佛大学法学、经济学、金融学教授伯切克等人②对传统经济学薪酬理论进行了批判，认为董事会代表股东与经理谈判薪酬安排是一种复杂的多层代理关系，可能导致管理者运用权力影响董事会而偏离最优薪酬契约，使经理薪酬决策过程成为索取租金的途径，最终导致“按绩效付酬”的经理薪酬计划蜕变为“无绩效付酬”的游戏。信息经济学者从高管薪酬决定过程中的信息不对称入手，认为决策过程的信息不对称导致公司所有者无法有效约束高管薪酬，导致公司高管自定薪酬，容易诱发自利的道德风险。按照亚当斯公平理论的观点，薪酬制度安排的公平性具有外部性，对社会成员的薪酬公平感具有扰动效应，需要消除不公平薪酬制度安排带来的负外部性。

黄再胜认为，企业高管薪酬安排的外部性和企业薪酬治理机制的扭曲是导致

① 谢地：《规制下的和谐社会》，北京：经济科学出版社，2008 年版，第 2－3 页；谢地、陈萍：《构建和谐社会与政府的规制角色》，《江汉论坛》，2008 年第 6 期，第 13 页。

② ［美］卢西恩·伯切克、杰西·弗里德：《无功受禄：审视美国高管薪酬制度》，赵立新等译，北京：法律出版社，2009 年版。

政府规制企业高管薪酬的两大动因，并将政府的规制分为公平偏好型规制和效率改进型规制两种类型。[①] 其在另一篇文章中还认为，社会公众和企业员工对企业初次收入分配公平与否的关注以及由此引发的社会压力，是现实中政府规制企业高管薪酬实践的社会成因。[②]

在法学领域，吴国基从公司法规制的角度分析了上市公司高管薪酬规制，认为上市公司所有权与控制权分离、上市公司与高管薪酬决定问题上存在关联交易要求规制高管薪酬，将公司法规制高管薪酬的立法模式分为两类：程序控制和实质控制，《中华人民共和国公司法》采用程序控制立法模式，但这种模式不仅事前要求公司治理结构良好规范，而且事后还要有责任追究机制（即诉讼机制），需要改善我国公司治理结构，增强股东大会和董事会的约束职能，引入司法对高管薪酬的控制。[③]

美国学者克拉克认为，公司高管薪酬的确定属于一种关联交易，内含了公司利益冲突。对高管薪酬合理性的标准持形式合理性标准，认为只要合同得到董事会的批准并且没有董事间的冲突、恶意或欺诈的证据，它就是公平的或合理的。[④] 朱羿锟则认为，经营者自定高薪引发了正当性危机。要建立以公司价值最大化为价值取向，具有独立性、公平性和透明度的薪酬程序规范以遏制经营者自定高薪，使其具有公信力。[⑤] 何平立认为，应该在制度法规层面建立健全完善、切实可行的制约机制。对高管薪酬制度的制定，要加强规范化、制度化的程度。制度既要关注激励功能，同绩效、价值、贡献紧密结合；又要注重公平、公正，消除平均主义，更要契合中国国情实际；同时还要考虑到公开化和透明化，以及弹性化、动态化分配等方面。[⑥] 何云峰考察了我国近30年薪酬发展方面的法律制度，认为政府对国企高管薪酬一直均有规制，但是没有合理规制，个中原因在于规制缺乏技术系统的支持，政府规制应该全方位地从社会整体稳定与结构合理、社会系统最佳运行的视角来考虑怎样的规制是合理、有效的规制。[⑦]

第二，对于法律在规制高管薪酬中的作用，学者们重点考察了法律能够作用于薪酬的领域。瑞莫塞在《董事和高级职员的报酬：法律的作用》一文中指出：

---

① 黄再胜：《企业高管薪酬规制理论研究：动因、实践与启示》，《外国经济与管理》，2009年第8期，第19－20页。

② 黄再胜、王玉：《公平偏好、薪酬管制与国企高管激励——一种基于行为合约理论的分析》，《财经研究》，2009年第1期，第16－27页。

③ 吴国基：《中国上市公司高管薪酬的公司法规制》，《湖南农业大学学报》（社会科学版），2004年第2期，第79－82页。

④ ［美］罗伯特·C. 克拉克：《公司法则》，胡平等译，北京：工商出版社，1999年版，第162页。

⑤ 朱羿锟：《经营者薪酬：正当性危机与程序控制》，《法学论坛》，2004年第6期，第5－10页。

⑥ 何平立：《高管薪酬必须体现社会公正》，《探索与争鸣》，2009年第5期，第28－30页。

⑦ 何云峰：《国企高管薪金的社会管理问题反思》，《探索与争鸣》，2009年第5期，第31－32页。

法律在确立董事和高级职员报酬方面仅起着有限的作用。这些作用具体表现在三个层面：关于由谁决定报酬的法定要求、披露义务、有限的司法审查。同时批评由政府规制者对管理人员的报酬进行批准这一法律规制的最严厉形式是一种并不必要的规制形式。原因在于，首先，就管理人员的报酬这个主要问题而言，将政府规制者的意志强加于股东似乎不公平、不受人欢迎。其次，无理由相信一个政府规制者对于报酬问题具有必要的专门知识。再次，由政府规制者批准管理人员的报酬涉及很大的费用。最后，公共压力可导致公司之间、行业之间报酬的同等化。① 加拿大学者柴芬斯仔细分析了英国公司法对高管薪酬改革的理由与措施，对各种降低高管薪酬方法进行了剖析，认为以股东为目标的确保高管薪酬水平与股东回报紧密联系的高管薪酬决定机制（重构报酬委员会、增加披露水平、更大的股东否决权）很可能不会导致高管报酬水平大幅降低，为使批评者满意很可能需要采取更直接的办法，而采用行政手段明确控制薪酬上升的措施经实证有副作用会被放弃，增加所得税边际税率的措施因税收问题过于敏感而不大可能引入。② 我国学者李建伟在将高管薪酬界定为关联交易的基础上，认为法律规制高管薪酬的作用有限且作用范围和方式都是特定化的，公司法、证券法为高管薪酬确定的正当程序与信息披露制度、税收法制上的政策引导以及积极、谨慎的司法审查是法律规制高管薪酬的三个方面，目的是确保并加强高管薪酬与经营业绩相关性的实现。③

第三，在高管薪酬规制手段方面，郁光华考察了高管薪酬的税收限制方式和报酬披露制度，认为站在效率的角度，无论是对报酬数额的税收限制还是高管报酬披露制度，都不能起到限制报酬数额的积极作用，实践中高管报酬数额限制的法规恰恰起了反作用，什么是高管报酬的合理数额应该由市场来决定。要找到一个理想的立法、行政或司法标准来规范市场经济里高管的报酬是会事与愿违的。对高管报酬的规范应放在促使企业增加高管报酬和企业业绩的相关性方面。④ 杨洪常总结了美国经理薪酬的三项改革，即薪酬决策机构、独立董事资格严格限定、制定薪酬委员会章程，并认为三项改革带来了决策中心的转移、董事会成员结构的变化、决策工作程序的变化和独立董事薪酬的变革。⑤ 黄再胜归纳比较了

---

① ［澳］殷·瑞莫塞：《董事和高级职员的报酬：法律的作用》，史晨霞译，载王保树主编：《商事法论集》，第5卷，北京：法律出版社，2000年版，第411－443页。

② ［加］布莱恩·R. 柴芬斯：《公司法：理论、结构和运作》，林华伟等译，北京：法律出版社，2000年版，第755－764页。

③ 李建伟：《高管薪酬规范与法律的有限干预》，《政法论坛》，2008年第3期，第107－116页。

④ 郁光华：《从代理理论看对高管报酬的规范》，《现代法学》，2005年第2期，第181－187页。

⑤ 杨洪常：《经理薪酬：美国公司治理改革的重要方面》，《中国人力资源开发》，2006年第9期，第29－33页。

各国规制高管薪酬的手段：税收规制、信息披露、会计准则规制、数量规制以及美国最新的规制手段——薪金索回制度与股东决策制度。[①] 查婧比较了中美两国高管薪酬披露制度的内容、规则，认为我国高管薪酬披露规则尚需扩大披露范围、明确披露薪酬的构成、设计合适的披露工具和完善披露指南。[②] 朱伟一认为美国对高管薪酬的规制在行政法规、司法、立法方面均有经验，薪酬是一个法律问题，但首先是一个政治问题。在行政法规上主要是披露规则，司法上主要是确立了浪费规则，薪酬在实质上和结果上构成对公司财产的掠夺和浪费就是不合理的侵权行为。[③] 另外，财政部和人保部的限薪令发出后，缪心毫等学者针对限薪令的合法性、内容缺陷等问题展开了诸多讨论。

第四，在高管薪酬规制效率的制约因素方面，学者们也有所关注。规制经济学一方面为政府规制提供了理论支撑，另一方面又分析了政府规制的局限性。除了政府规制的信息不对称、规制成本、规制者俘获等因素外，高管所处时代的公平观念、社会文化背景等均会影响规制政策和手段的使用。刘昌黎以日本高管薪酬水平为考察对象，认为高管薪酬水平与员工工资水平差距不大、未与国际看齐的原因，在于日本特有的社会意识、传统的经营思想、日本式企业制度、主流经济和民主化改革、法人所有制、没有照搬美国职务工资、董事报酬规程和高管激励机制、政府控制特殊法人 CEO 年薪、外资企业少以及社会舆论制约等。[④] 黄再胜从提升政府规制效率角度认为，明确政府规制目标是提升规制效率和规制合理性的前提，必须在公平和效率之间进行合理的平衡，全面评估企业应对薪酬规制的各种策略性行为，寻求合理的规制路径。[⑤]

除此之外，日本学者主要将高管薪酬置于股东平等原则、分红规制、利益输送规制等视角加以分析，高桥英治、菊田秀雄、伊藤靖史等学者分析和比较了美国、欧盟、德国等国家和地区的某些高管薪酬立法。国内还有不少学者关注信息披露的完善、治理结构的完善对薪酬规制的作用。

总体上，域外现有研究对高管薪酬规制的各个方面均有涉及，尤其在市场经济发达的英国、美国与日本等国，高管薪酬法律规制的立法实践和理论研究已有较长历史，不少制度分析相当深入，制度比较研究也异常频繁。反观我国，高管薪酬法律规制的研究是近几年才引起学者关注的，研究重点也集中在国企高管薪

---

①⑤ 黄再胜：《企业高管薪酬规制理论研究：动因、实践与启示》，《外国经济与管理》，2009 年第 8 期，第 19 – 27 页。

② 查婧：《中美高管薪酬披露规则比较》，《财会通讯·综合》（上），2009 年第 4 期，第 121 – 123 页。

③ 朱伟一：《高管薪酬问题的美国经验》，《决策探索》（上半月），2009 年第 5 期，第 68 – 69 页。

④ 刘昌黎：《日本企业高管的薪酬水平及其未向国际高水平靠拢的原因》，《日本问题研究》，2009 年第 2 期，第 8 – 15 页。

酬的规制上，部分学者已开始关注普通商事公司高管薪酬的制约，并借用法经济学的研究方法对制约手段进行效用分析，试图建立普遍适用的薪酬约束机制。不过整体上这些研究稍显分散，缺乏整体制度安排的统筹和协调研究，尚未系统研究建构适合中国国情的高管薪酬规范制度体系；在比较研究方面，虽有部分学者进行了尝试，但系统研究域外高管薪酬立法动态的资料不多，零星散见的有刘京海等的《美国企业高管薪酬追回制度及对我国的启示》、张宏等的《金融企业高管薪酬监管的最新进展及其思考》、陈遊芳的《日本传统薪酬制度的崩溃及其变革趋势》、孙冰的《日美企业薪酬制度的发展及对我国的启示》、刘燕斌等的《国外企业高管薪酬研究与借鉴》、杨洪常的《经理薪酬：美国公司治理改革的重要方面》等。

三、研究方法和研究框架

（一）研究方法

本书主要采取多学科分析方法、比较研究方法、规范分析与实证分析相结合的方法。

1. *多学科分析方法*

高管薪酬的规制涉及经济学、管理学、社会学、法学等多学科理论，经济学、管理学、社会学、法学为高管薪酬规制提供了正当性支撑，为规制划定了作用边界，也为规制手段的运用提供了思路，因此，对其进行研究不可避免地涉及多学科分析方法的运用。本书特别注重经济学研究方法的运用，因为现有高管薪酬存在问题的根源就是经济学中的委托—代理理论，并且以这一理论为基础设计相关的法律制度。在理论基础没有发生根本改变的前提下，研究高管薪酬的法律规制制度必然也要以此为基础进行分析，进而进行制度安排。另外，高管过高薪酬在社会贫富两极分化较大的当下已不再是单纯的经济问题，也是一个收入分配不均的社会问题，高管薪酬规制研究也需要注意社会学的研究方法。

2. *比较研究方法*

公司高管和公司股东之间的利益并不完全一致，因此，股东和高管之间存在代理成本，这是公司制度与生俱来的客观事实。在公司制度发达的国家，特别是在股东分散而高管力量发达的美国，人们正试图采取法律手段解决这一问题。既然这是一个所有公司都会面临的共性问题，那么“他山之石，可以攻玉”，“对于发展中国家的法律改革，比较法研究是极有用的，通过比较法研究可以刺激本国法律秩序的不断的批判，这种批判对本国法的发展所作的贡献比局限在本国之内进行的‘教条式’的议论要大得多”①。通过对美国、英国、欧盟、德国、日本等国家或地区为解决此问题采取的法律手段和这些法律手段带来的实际效果的研究与分析，尤其是法律制度背后的社会情景的追溯，无疑对我国吸收域外制度的基本原则和理念、进行适合我国国情的法律制度建构具有重要的参考价值。

3. 规范分析与实证分析相结合的方法

规范分析法与实证分析法也是学术研究中常用的分析方法。规范分析法需要根据一定的社会价值判断，试图回答的是“应该怎么样”、“不应该怎么样”的问题；实证分析法不需要考虑社会价值判断，试图回答的是“是什么”、“不是什么”的问题。本书针对失控的高管薪酬力图对其进行法律规制的制度设计，因此，首先试图回答法律规制的正当性、作用效力、价值取向、目标诉求、规制模式等问题；进而对现有规制手段、域外以及我国的立法实践进行分析，试图结合我国公司治理实践建构一套适合我国国情的高管薪酬规制制度体系。因此，本书在理论分析基础上不可避免地需要进行实证分析。

（二）研究框架与主要内容

在研究内容上，本书除绪论外，分为理论基础（第一章）、制度解析（第二章、第三章）、实践探索（第四章、第五章）三个部分。

作为研究的铺垫和基础，第一章为公司高管薪酬法律规制的一般解读，试图对高管薪酬法律规制进行理论解读。首先，论证法律规制高管高薪的动因与正当性。由于建立在市场约束机制基础上的现有高管薪酬决定机制无法真正实现利益隔离、薪酬与业绩弱相关、高管薪酬与公司员工收入差距悬殊等诸多问题的存在使得高管薪酬合理性丧失，高管薪酬决策中的市场失灵消解了市场对高管薪酬的评价作用、社会公众基于公平偏好提出了正义诉求，这一切均迫切要求法律规制介入高管薪酬。同时，高管薪酬决策过程中的信息不完备性、个体行动的外部性、人的有限理性等经济学理论为法律规制提供了正当性支撑，不公平薪酬制度安排带来的负外部性、市场效率与社会公平共赢的需求以及重构正义的社会秩序等管理学、社会学、法学理论也为法律介入提供了正当性依据。不过，受法律本身性质以及利益集团的影响，特别是薪酬形式本身复杂多样，决定了高管薪酬法律规制的作用有限——高管薪酬规制需要法律作用，但又不能过度依赖法律。其次，任何法律制度均有其特有的立法价值取向。本书认为，在公司效率诉求层面

① ［德］K. 茨威格特、H. 克茨：《比较法总论》，潘汉典等译，贵阳：贵州人民出版社，1992 年版，第 27 页。

解决高管薪酬问题需要在公司法中坚持效率优先、兼顾公平的价值取向，对高管薪酬的规制需要促进薪酬与业绩的相关性，加强现有薪酬公平议定机制中的制衡力量；在社会公平诉求层面解决高管薪酬需要在税法等其他法律制度中坚持公平优先、兼顾效率的价值取向，在一定程度回应社会公平诉求的同时还要兼顾促进薪酬与业绩的相关性。在此基础上，本书探讨了法律规制立法模式，重点分析了集中立法与分散立法、效率偏好与公平偏好、股东中心主义与董事会中心主义三类规制模式的利弊与模式选择。

第二章为公司高管薪酬的立法规制，重点探究了立法层面的高管薪酬规制措施。由于不同法律制度的价值取向不同，本书重点从效率偏好与公平偏好两个维度展开论述。在效率偏好型规制措施方面，鉴于当前高管高薪普遍招致质疑，法律规制需要尽量促进薪酬与业绩的相关性，减少自定薪酬现象，增强公平交易模型中相关的制衡力量，使法律规制的作用力量更加着眼于薪酬决定程序的规范和要求。为此，着重分析以下三个效率偏好型规制措施：针对薪酬确定过程中的所有者缺位问题试图增强议价过程中所有者或代理人的控制作用；针对薪酬决定过程中的信息不对称问题加强信息披露的广度和深度；针对薪酬确定过程中的双重代理问题加大代理人的责任约束。在公平偏好型规制措施方面着重分析薪酬的立法直接强制、税法调控与会计规则约束三个措施。立法直接强制虽以公共利益为名，但因广受质疑而几乎被弃用，仅有的实例被限定在特殊条件下政府干预的短期行为中；税法制度中的利益杠杆对多元化薪酬形式的采用影响深远，各国税法正是利用这一功能诱使公司采用与业绩相联动的薪酬形式，实现维护股东利益的立法目的，但税法调控本身具有的宏观性以及作用机理的外部性等问题决定了税法调控本身的作用有限性，不能过分扩大税法的作用；会计规则约束主要通过薪酬是否计入成本进而影响公司收益这一机制，引导公司采用与业绩相关联的薪酬形式，发挥间接约束高管自利行为的功用，但单独运用难以有效发挥功用，需与其他措施紧密结合。

第三章为公司高管薪酬的司法介入，考究司法力量对高管薪酬的控制功用，着重讨论了司法介入的必要性、启动方式与审查基准。理论界对法院是否介入高管薪酬合理性审查存有截然不同的观点，本书认为，司法救济作为私人权利保护的最后一道防线，经营判断原则本身并不拒绝法院的介入，法院自然应当介入薪酬合理性评判，但法院自身的特点决定了其合理性审查只能作为一种补充和辅助手段，以发挥“达摩克利斯之剑”的功效。同时，司法介入可因决议瑕疵之诉或股东代表诉讼而启动，但也需要克服各自的制度障碍。本书认为，法院能否有效约束高管薪酬的关键在于薪酬合理性审查基准的确立，美国特拉华州判例确立的商业判断原则与浪费标准、德国高管薪酬立法确立的合理性判断基准为我们提供了参照。

第四章为公司高管薪酬法律规制的域外经验，着重梳理了美国、英国、欧盟、德国、日本等市场经济发达国家或地区围绕高管薪酬争议展开的系列法律变革，试图为我国的高管薪酬规制提供立法借鉴。本书认为，在各国公司治理呈现功能性融合的趋势下，高管薪酬规制越发与公司治理结构完善相结合，公司治理效率逐步提高；薪酬信息披露越来越具体、细化，个别信息披露成为未来发展趋势；鼓励和促进业绩与薪酬联动；放松强制规制的同时增强自主规制力度；多种手段复合使用，实现多重目标。域外经验显示，高管薪酬规制应结合本国公司治理实际有针对性地安排措施，应当综合运用多种法律机制进行薪酬规制，规制的重点应放在促进薪酬与业绩联动上，规制主要内容应集中在薪酬决策机制与信息披露的完善方面，区分不同国有企业有针对性地对待是未来的发展趋势。

第五章为我国公司高管薪酬法律规制立法，分析了我国高管薪酬法律制度演变过程及其存在的问题，进而提出相应的完善建议。首先区分并评析普通商事公司与国有企业两套高管薪酬法律规制体系的相关制度。本书认为，我国已初步建立了高管薪酬决策体系，但整体规制制度模糊粗糙；现有薪酬规制立法层次偏低，制度缺乏必要的协同；薪酬规制边界不清晰，信息披露制度不完善；规制制度提供主体稍显单一，未充分发挥民间力量；缺乏明确的司法合理性审查标准。因此，本书主张在立法完善上应考虑我国高管薪酬规制面临的特殊时代背景与公司治理的特殊性，坚持四条规制思路，即统一规制基础上加强分类规制；提升规制立法层次，政府规制与自主规制相结合；注意协调发挥不同法律制度有规制作用，形成制度合力；注意与国家经济发展政策、国际规制趋势相协调。在此基础上，本书认为，在高管薪酬法律规制具体制度建构上，应完善薪酬决定机制，构筑利益冲突隔离机制，激活股东监督机制，确保程序公正；细化信息披露项目，完善信息披露制度，提高薪酬透明度；多种机制相互配合，共同建立长期激励与短期激励相结合的业绩联动型薪酬模式。

四、基本概念界定

（一）规制与法律规制

规制，又称为政府规制，来源于英文 Regulation，国内也译为管制、监管、调节、管理等，但规制可能是比较贴切的译法，也是国内学者近年使用最为频繁的一个词。“在经济学家看来，‘规制’、‘管制’和‘监管’本质上是同一个概念。如果说有什么区别的话，只不过是规制或管制强调了理论和学术层面的问题，而监管通常与政策、具体的制度安排相联系。”① 规制虽然产生久远，但其内涵至今尚无定论。《新帕尔格雷夫经济学大辞典》将其区分为两类，一类规制是指国家以经济管理的名义进行干预，在经济政策领域，按照凯恩斯主义的概念，是指通过一些反周期的预算或货币干预手段对宏观经济活动进行调节②；另一类规制是指政府为控制企业的价格、销售和生产决策而采取的各种行动，政府公开宣布这些行动是要努力制止不充分重视“社会利益”的私人决策。③ 日本经济学家植草益依照规制调整对象将政府规制区分为经济性规制与社会性规制，经济性规制是指在存在着自然垄断和信息偏在问题的部门，以防止无效率的资源配置的发生和确保需要者的公平利用为主要目的，政府通过被认可和许可的各种手段，对企业的进入、退出、价格、服务的质量以及投资、财务、会计等方面的活动所进行的规制；社会性规制是指以保障劳动者和消费者的安全、健康、卫生以及保护环境和防止灾害为目的，对物品和服务的质量以及伴随着提供它们而产生的各种活动制定一定标准，并禁止、限制特定行为的规制。④ 英国学者安东尼认为，经济性规制主要适用于具有垄断倾向的产业，社会性规制则集中解决信息不对称和外部性两个市场失灵，决策者可以根据国家干预的不同对社会性规制工具进行选择，其中，干预强度较低的规制工具包含强制要求提供信息细节的信息规制、通过财政激励引导合意行为的经济工具、设定仅仅只能由获益个人承担义务的私有规制，而干预强度较强的工具则为事前批准。⑤ 美国学者丹尼尔认为，规制是由行政机构制定并执行的直接干预市场配置机制或间接改变企业和消费者的供需决策的一般规则或特殊行为，而规制的过程是由被规制市场中的消费者和企业、消费者偏好和企业技术、可利用的战略以及规则组合来界定的一种博弈，规制政策一方面有再分配的性质，另一方面却以消除市场失灵为理由。⑥ 我国学者

---

① 谢地：《规制下的和谐社会》，北京：经济科学出版社，2008 年版，第 3－4 页；谢地、陈萍：《构建和谐社会与政府的规制角色》，《江汉论坛》，2008 年第 6 期，第 14 页。

② ［英］约翰·伊特韦尔等：《新帕尔格雷夫经济学大辞典》（第四卷：Q—Z），中译本，北京：经济科学出版社，1996 年版，第 135 页。

③ ［英］约翰·伊特韦尔等：《新帕尔格雷夫经济学大辞典》（第四卷：Q—Z），中译本，北京：经济科学出版社，1996 年版，第 137 页。

④ ［日］植草益：《微观规制经济学》，朱绍文等译，北京：中国发展出版社，1992 年版，第 22－23 页。

⑤ ［英］安东尼·奥格斯：《规制：法律形式与经济学理论》，骆梅英译，北京：中国人民大学出版社，2008 年版，第 5 页。

⑥ ［美］丹尼尔·F. 史普博：《管制与市场》，余晖等译，上海：上海三联书店、上海人民出版社，1999 年版，第 44－48 页。

也对此进行了一定的尝试。例如，王俊豪认为，政府规制是具有法律地位的、相对独立的政府规制者，依照一定的法规对被规制者所采取的一系列行政管理与监督行为；[①] 张红凤认为，规制是指政府（或规制机构）利用国家强制权依法对微观经济主体进行直接的经济、社会控制或干预，其规范目标是克服市场失灵、实现社会福利的最大化。[②]

正是由于对规制本质认识的复杂性与多元性，导致理论界和实务界多个概念的使用，诸如政府规制、政府管制、政府监管、国家干预、国家协调、法律规制等。本书无意就规制内涵展开探究，也无意究问这些概念本身的详细区别，而是遵从学界普遍做法对法律规制与政府规制、国家干预不做严格区分，并且认为，法律规制与政府规制、国家干预具有共同特点，即都具有修正市场失灵的共性，只不过政府规制和国家干预着重强调的是规制主体，而法律规制在规制手段上着眼，强调法律作为规制的手段和基础，“规制的法律基础由允许政府授予或规定公司服务权利的各种法规组成”[③]。因此，本书所主张的规制，不是强政府的控制，更不是计划经济管制的复归，而是给失灵的市场找回市场机制作用的、与现代民主政府功能相连接的制度安排，并且这一规制应当“服务于清晰、明确的政策目标，并能够有效地实现这些目标；有合理的法律基础支撑；鉴于规制对全社会的影响，产生的规制收益应有合理的成本；成本和市场失真最小化；通过市场激励和制定目标方法来提高创新能力和水平；对于使用者来说，规制更明晰、更简单和更便于操作；与其他规制和政策相协调；尽可能与国内外促进竞争和贸易投资的原则相融合”[④] 为最大努力方向；同时，考虑高管薪酬本身很强的市场属性，本书尤其强调社会性规制中干预强度较低的规制工具。另外，本书所涉及的法律规制不仅仅是狭义的立法规制，还包含司法对薪酬的规制。

（二）高管

我国经济学界和管理学界普遍使用高管这一术语，但并未给出一个统一的定义。就高管的范围大致形成五种观点：一是指法人代表；二是指公司的总经理；三是包括公司董事长和总经理两类人；四是除了董事长和总经理外，还包括公司的党委书记和工会主席；五是包括公司所有高层管理人员，包括董事长、总经理

① 王俊豪：《政府管制经济学导论》，北京：商务印书馆，2001 年版，第 1 页。

② 张红凤：《西方规制经济学的变迁》，北京：经济科学出版社，2005 年版，第 8 页。

③ ［英］约翰·伊特韦尔等：《新帕尔格雷夫经济学大辞典》（第四卷：Q—Z），中译本，北京：经济科学出版社，1996 年版，第 137 页。

④ OECD：The OECD Report on Regulatory Reform：Synthesis Paris，1997，p. 28.

和公司的副职。其中第二种观点较有代表性。①

从法学上看，一般认为高管是公司高级管理人员的简称，是基于现代公司所有权与经营权（控制权）相分离而在公司内部专门从事管理职能的高级管理人员。根据我国2005年修订的《中华人民共和国公司法》第217条的规定，高级管理人员是指公司的经理、副经理、财务负责人、上市公司董事会秘书和公司章程规定的其他人员。

然而，本书使用的高管这一术语并非《中华人民共和国公司法》上的高级管理人员的简称，而是涵盖董事、监事、高级管理人员的一个非典型的术语，因此本书行文中没有特别说明时，包含三类人员，仅在涉及特殊人员时使用各自的法律称谓。这是因为实务中，董事会成员同时兼任经理、副经理等高级管理人员的现象普遍存在，他们既作为董事会成员履行公司战略规划的职责，同时又作为经营管理人员参加公司的日常管理活动。并且，现有的薪酬争议普遍发生在董事、监事身上，董事事实上也经常参与薪酬的确定，不仅确定其他高管的薪酬，还参与自己薪酬方案的设计与建议。因此，本书将董事、监事、高级管理人员视为一个整体加以考虑。

（三）薪酬

目前有关薪酬内涵的界定，学界并没有统一意见。“薪酬”作为一个复合概念，包含“薪金”和“报酬”两层内容，指向的是劳动者个人劳动的全部所得。报酬不仅指以货币形式支付的劳动报酬，还包括以非货币形式支付的短期报酬形式，如补贴、工作津贴、物质奖励等。薪酬有广义、狭义之分，狭义薪酬不包括福利，广义薪酬除了包括员工的货币收入、非货币收入之外，还包括一些长期或延期支付的报酬形式，如法定福利、企业分红、利润分享、股票期权等。②然而通常情况下，人们对薪金、报酬、薪酬等概念的运用不做严格区分，也很难对其内涵划定严格界线。近年来，企业支付给经营者劳动所得的报酬形式趋于多元化，名目繁多，并处于不断变化当中，因此，人们往往更习惯于用“薪酬”这一概念来形容支付给经营者的所有劳动所得。

也有不少学者尝试从薪酬外延对薪酬做出界定。美国学者小约翰·科利等在《公司治理》中将董事薪酬分为基于效率的风险性报酬和与绩效无关的有保障薪酬。具体的薪酬形式包括基本薪金、附加福利（可能达到基本薪金的30%～50%，通常包括标准雇佣税、医疗和人寿保险金、节假日和带薪假期、退休金以

① 高明华等：《中国上市公司高管薪酬指数报告（2009）》，北京：经济科学出版社，2010年版，第42页。

② 李新建：《企业薪酬管理》，天津：南开大学出版社，2003年版，第4页。

及其他福利。高级 CEO 的附加福利常常过多，过分复杂。实际上，附加福利可以成为董事会、CEO 滥用的领域，尤其是退休金）、额外津贴（诸如为提高行政效率提供的飞机和汽车使用，只要是正确使用，就有充分理由发放。但是，因为有许多其他方式可使额外津贴增加，是另一个被滥用的领域）、短期绩效红利、长期绩效红利、期权、股票赠与（通常被视为现金薪酬）、股票购买计划、金色降落伞①等。②

我国学者陈思明认为，薪酬是一个集合概念，包括物质收益和精神收益，具体由基本工资、成就/绩效工资、短期和长期的激励工资等货币收入，福利和服务等非货币物质收益，以及安全感、成就感、工作满意度、培训和晋升发展机会、良好的组织环境等精神收益多种形式所构成。③ 并且，他认为，福利和服务已日益成为薪酬的重要形式④，具体包括雇员获得的劳动保护措施、医疗保险、养老保险、人寿保险等保障，住房、交通、教育等津贴，带薪休假、员工餐厅、公司提供的交通工具和娱乐健身设施、咨询服务、家属福利等内容。

然而，上述观点是从经济学和管理学角度对薪酬的认识，并且未严格区分高管薪酬与普通员工薪酬，国内外公司法学者则从法律角度对高管薪酬的内涵进行了界定。日本学者根田正树认为，高管报酬是指公司高管从公司受领的具有职务执行对价性质的金钱以及其他经济性利益。金钱利益包含以月度薪酬形式支付的报酬、退任后的退休金、死亡抚慰金，非金钱报酬包含本公司股票的支付与新股预约权（类似于股票期权），低于市场价格提供的住宅租金差额等也应属于薪酬范畴。⑤ 我国台湾地区司法、行政通常区分董事报酬、酬劳、车马费等概念，将报酬限定在董事为公司提供服务应得的酬金，而酬劳则属于股东自愿放弃部分利益分配给董事的具有公司盈余分派性质的利益。台湾地区“经济部”在 2005 年 8 月 17 日商字第 09400586770 号函中明确认为：“董事之报酬，系指董事为公司服务应得之酬金而言；所谓车马费，顾名思义，则指的是前往公司或为公司与其他人洽商业务所应支领之交通费用而言，自与董事之报酬有别。所询薪资、车马费、交际费、伙食津贴、各项奖金、退休金等，公司应据上揭说明依其性质分别

① 金色降落伞是按照聘用合同中公司控制权变动条款对高层管理人员进行补偿的规定，一般是指公司被并购导致高管人员被解职时公司将提供丰厚的解职费、股票期权和额外津贴作为补偿，高管可借此规避公司控制权变动带来的冲击而实现平稳过渡。金色降落伞对高管提供了极好的保障，股东也期望通过提供高管利益的保护促使高管寻求能最大限度为股东创造利益的并购交易，其原理可扩大适用到经营者各种原因的退职补偿。

② ［美］小约翰·科利等：《公司治理》，李维安等译，北京：中国财政经济出版社，2004 年版，第 126－132 页。

③ 陈思明：《现代薪酬学》，上海：立信会计出版社，2004 年版，第 17 页。

④ 陈思明：《现代薪酬学》，上海：立信会计出版社，2004 年版，第 19 页。

⑤ 根田正樹「会社役員の報酬規制と最近の動向」月刊民事法情報 213 号 61 頁以下（2004 年）。

认定之。”[①] 由此可以看出，台湾实务界采用狭义的薪酬定义，将董事的薪酬仅仅限定在职务服务对应的利益范围内。我国学界和实务界普遍采用广义薪酬定义。著名公司法学者施天涛使用的是管理报酬这一术语，并认为“管理薪酬是指公司向其管理者支付的报酬。在封闭公司中，管理薪酬通常作为规避双重征税或者作为排挤少数股东的一种方式。在公众公司中，管理薪酬通常表现为薪水、股票期权和其他激励性报酬安排”。[②] 我国人力资源和社会保障部（以下简称人保部）会同中央组织部、监察部、财政部、审计署、国资委六部委在《关于进一步规范中央企业负责人薪酬管理的指导意见》（2009 年 9 月下发）中采用列举的方式，认为企业负责人的薪酬结构主要由基本年薪、绩效年薪、中长期激励收益三部分构成。银监会出台的《商业银行稳健薪酬监管指引》（2010 年 2 月）也明确采用广义薪酬概念，将薪酬限定为“为获得员工提供的服务和贡献而给予的报酬及其相关支出，包括基本薪酬、绩效薪酬、中长期激励、福利性收入等项下的货币和非现金的各种权益性支出”，并将薪酬结构区分为固定薪酬、可变薪酬、福利性收入等，固定薪酬即基本薪酬，可变薪酬包括绩效薪酬和中长期各种激励，福利性收入包括保险费、住房公积金等。

由此可见，高管薪酬具有如下几个特征：薪酬是高管合法的劳动收入，也是企业对高管履行劳动义务的物质补偿形式，更是高管基于劳动和贡献所得的全部劳动报酬。高管薪酬的取得与高管职务密不可分，离开了高管职务执行，就不具有高管薪酬的性质。因此，高管薪酬就是高管职务执行的对价，高管从公司获得的具有职务执行对价性质的利益就是高管薪酬。然而，职务执行本身具有一定模糊性，以职务执行作为判断高管薪酬的标准孕育了高管利用标准模糊逸脱法律规制薪酬的风险。笔者认为，由于高管可能利用其身份或权力为自己谋求不当利益，为更好规制高管薪酬，判断高管从公司获得的利益是否属于薪酬范围，不宜采用职务执行这一对价概念，而应直接采用身份标准。只要高管从公司获得利益是基于其身份获得的，不管是否具有职务执行对价的性质，也无论是直接的还是间接的、内在的或外在的、货币的或非货币的，所有形态的收益都应认为属于高管薪酬范畴。本书也以此薪酬作为研究和关注的对象。

另外，本书需要特别说明的是，不同学科从各自角度观察、认识现实中的公司，即使同一个学科，对公司的研究也会各有侧重。鉴于公司内涵在不少学术论著中已广泛论及，本书无意对其展开探讨，此处仅为本书的研究对象划定一个基本框架，以期顺利展开学术交流与学术对话。本书所称的公司，不是一个泛化的

① 邵庆平：《股东会与董事会的权限分配——对董事报酬决定权的观察与分析》，《兴大法学》，2007 年 5 月第 1 期，第 77－117 页。

② 施天涛：《公司法论》，北京：法律出版社，2005 年版，第 496 页。

概念，而主要是各国公司法认可的有限责任公司与股份有限公司。同时，考虑高管薪酬问题是在公司所有权与公司经营权分离后产生的，而公司所有权与公司经营权分离又主要是以股份有限公司为载体加以表现的。因此，本书关于公司高管薪酬法律规制的研究，在很大程度上是以股份有限公司为研究对象进行的，并主要以公开公司为研究对象，考虑薪酬问题具有共性，在个别问题上也会涉及闭锁公司。同时考虑我国股份公司、有限责任公司中存有不少国有性质的企业或国有股权，讨论高管薪酬无法回避这一现象，因此，本书在讨论普通商事公司的基础上将国有企业作为一种特例处理。

第一章　公司高管薪酬法律规制的一般解读

在高管高薪受到社会普遍质疑、各国纷纷采取法律措施进行管制、试图重新建构一套兼顾公平与效率的社会分配机制的当前，有必要冷静反思高管的高薪到底怎么了。高管高薪因何原因招致社会的广泛质疑、法律介入规制有何正当性基础、如何看待法律对高管薪酬的约束边界、法律介入薪酬规制时应持何种价值取向、采取何种规制模式，这些问题成为高管薪酬法律规制研究必须解决的基础性问题。

一、公司高管薪酬法律规制的动因与正当性

（一）当前公司高管高薪的主要争议

高管薪酬激励作为降低公司代理成本、实现公司利益最大化的重要工具已成为社会共识。经济学、管理学中的代理理论、人力资本理论、竞赛理论等诸多理论为高管获得高薪提供了正当性理由，人们普遍认可和接受优秀的高管乃稀缺资源，应根据市场供求关系获取丰厚薪酬。不过近年来社会对高管高薪持普遍质疑态度，仔细分析质疑的理由时可以发现，这些质疑普遍发生在公司治理机制层面和社会利益均衡层面。在公司治理结构的微观领域中，高管薪酬的质疑并未过多地针对薪酬数额本身，而是集中在薪酬决定机制的恰当性、有效性以及薪酬、业绩的关联上，而且这一层面的质疑也是最为主要的质疑；在社会利益均衡层面的质疑主要基于社会分配差距增大的社会背景所提出的公平需求，集中在高管薪酬相对于普通员工薪酬的差距过大或增长过快。换言之，高管薪酬正当性毋庸置疑，但其合理性受到广泛质疑，高管高薪正当但不合理。

1. 薪酬决定机制本身的恰当性问题

在两权分离情况下，解决代理问题设置的激励高管的薪酬机制通常安排股东决定董事薪酬，并假定董事能代表股东利益与高级管理人员公平商定薪酬，也就

是在市场约束下能公平签订薪酬契约。然而，在股权分散的公司中，由于股东普遍存在“搭便车”的行为，无法有效监督和控制董事，董事的薪酬决定事实上演变为董事自定薪酬，有损股东利益；在存有控股股东的公司中，董事的薪酬确定往往又成为控股股东攫取中小股东利益的“隧道”①，中小股东合法利益受到侵害；董事会与高级管理人员之间的公平议价模式假设中，忽视了董事本身具有的经济人特性，董事本身在高级管理人员权力以及自身时间、能力等诸多因素影响下也不能真正代表股东利益，议价双方并未真正形成市场所期望的议价过程，公平议价过程的缺失意味着高级管理人员薪酬过高或者缺乏效率，公平议价模式无法真正实现公平议价。因此，缺乏正当性基础的薪酬决定机制确定的高管薪酬的恰当性自然受到质疑，以至于有学者认为“是不是尊重市场的既成事实，要看市场上的实际薪酬是不是由高管和购买其服务的自利买方主要通过公平交易制定的”②，“我们担心的是高管通过操纵薪酬决定机制，制定的薪酬安排并不能达到所期望的激励效果”。③

2. *薪酬数额的合理性问题*

高管薪酬原本是解决代理问题的一个手段，通过薪酬契约的安排激励或约束高管行为。一般而言，因高管努力带来公司业绩提升，高管薪酬上升；公司业绩下降，高管薪酬亦相应下降。然而，各国公司高管薪酬实践却出现与此相悖的现象：无论公司业绩怎样变动，高管薪酬总是上涨，即薪酬与业绩不相关，与高管的贡献率无关。实证研究早已证实，现实中高管薪酬表现出的多种样态中，与公司业绩没有关联的现金薪酬和奖金占据了很大比重，养老金、保险、延期支付的薪酬、津贴、廉价住房等各种实质为高管薪酬的名目往往价值不菲，也多半与高管业绩不挂钩。尽管高管业绩联动薪酬的比重在部分国家中已经较大，但这些业绩联动薪酬在高管的影响下依然未能真正与公司业绩、高管业绩挂钩；即便薪酬与业绩挂钩，业绩的确定标准也没有剔除诸如市场、行业本身发展等外在因素的影响，没有剔除垄断带来的红利，等等，计算薪酬基准的业绩被人为拔高，薪酬

---

① 过高的高管薪酬通常被认为是控股股东利益输送的形式之一。所谓利益输送（Tunneling）是Johson、La porta、Lopez - de - Silames 和 Shleifer（JLLS）在 2000 年提出的一个概念，原意指通过地下通道转移资产行为，在这里，JLLS 把它理解为企业的控制者从企业转移资产和利润到自己手中的各种合法的或者非法的行为，这种行为通常是对中小股东利益的侵犯。详见罗党论：《大股东利益输送与投资者保护研究述评》，《首都经济贸易大学学报》，2006 年第 2 期，第 22 - 27 页。

② ［美］卢西恩·伯切克、杰西·弗里德：《无功受禄：审视美国高管薪酬制度》，赵立新等译，北京：法律出版社，2009 年版，第 19 页。

③ ［美］卢西恩·伯切克、杰西·弗里德：《无功受禄：审视美国高管薪酬制度》，赵立新等译，北京：法律出版社，2009 年版，第 7 页。

远远超过高管真正的业绩，构成“意外之财”① 而丧失了薪酬数额的合理性基础。这种状况在国内外公司治理实践中比比皆是。在国外，2008 年，苏格兰皇家银行亏损 241 亿英镑，创下英国企业史上年亏损最高金额，2009 年 10 月，其前 CEO 弗雷德·古德温引咎辞职，却依然领到了高达 70 万英镑的退休金，引起了英国民众的强烈不满；美国国际集团（AIG）在股价从最辉煌时的 74.35 美元跌到最低 0.33 美元/股折价 99.56%、公司陷入几近破产的境地不得不接受政府 1700 亿美元紧急救助贷款的情况下，2009 年 3 月仍向导致公司陷入困境负有责任的高管发放了 1.65 亿美元奖金，引起公众的普遍不满。在国内，2007 年在全国引发很大争议的中国平安董事长马明哲领取天价薪酬 6600 万元的同时，公司 A 股市值却大幅蒸发近 2/3；南方航空公司在 2008 年大亏 48 亿余元、业绩较 2007 年大幅下降 360% 的情况下，却向公司高管发放较 2007 年大增近 50% 的薪酬。其实，高管获得高薪是对其价值的认可与承认，“股东们对于高层管理者的高额报酬并不反对，前提是他们能够为股东们创造更多的价值……股东们所反对的是高级管理人员获得高薪酬金却不能带来回报。他们所关心的是要将报酬与业绩紧密联系起来”。②

3. 高管薪酬与公司利益相关者收入之间的利益衡平问题

高管高薪受到批评的另一个理由，在于高管薪酬与投资人回报、员工收入之间存在极大不平衡。从理论上说，各种类型企业的高管薪酬水平不仅要能够体现高管人力资本价值，又要与企业业绩好坏紧密挂钩上下浮动，还要与社会上有可比性人员的薪酬价位衔接，以保持必要的对外竞争性。然而，近年来高管薪酬与员工收入、投资人回报之间的差距越扩越大，不仅体现在绝对数额之间的差距过分增大，还体现在收入增长速度的差距越来越大，并且在公司陷入困境需要裁员时，许多企业的裁员与公司绩效成反比，与 CEO 薪酬成正比，公司将效益下降的责任推给了普通员工，而不是企业的决策者。这显然与经营者薪酬设计原则相悖。③ 据统计，2006 年美国 500 家公司 CEO 的平均年薪达到了 1500 万美元，比 2005 年上涨了 38%，而 CEO 与普通员工收入差距也从 20 世纪 80 年代的 40 倍飙升到 600 倍。有学者概括我国社会各界近年对国企高管、股份制企业高管薪酬水平的意见，认为国有企业（主要是金融企业、房地产企业）高管薪酬存在“两高加不顺”，即部分人偏高、少数人过高，如部分国有证券公司高管平均年薪达 200

① “意外之财”系伯切克之语，是指高管获得的与其自身业绩无关的大量收益。详见［美］卢西恩·伯切克、杰西·弗里德：《无功受禄：审视美国高管薪酬制度》，赵立新等译，北京：法律出版社，2009 年版，第 127 页。

② ［美］罗伯特·蒙克斯、尼尔·米诺：《公司治理》（第 2 版），李维安等译，北京：中国财政经济出版社，2003 年版，第 197－198 页。

③ 李新建：《企业薪酬管理》，天津：南开大学出版社，2003 年版，第 244 页。

万～300万元，少数人年薪达600万～1000多万元，与社会平均工资相差几十倍到几百倍。中型企业或下属企业高管的薪酬高于大型企业或集团公司高管，薪酬关系倒挂，例如，有的资产规模不大、营业范围不广、效益一般的国有金融、房地产企业高管年薪达600万元，其母公司高管年薪却只有100多万元；某银行董事会秘书2008年年薪300多万元，职工董事年薪200万元，而董事长年薪却只有160万元。混合所有制企业高管薪酬存在“三高加不顺”，即不少人偏高、部分人过高、少数人畸高，如过高的年薪一般在1000万元以上，畸高的典型就是中国平安董事长年薪6600多万元，与社会平均工资差距达2600多倍，与美国企业高管与社会平均工资最大差距接近。[①] 2010年3月，全国政协委员张世平在政协会议发言批评高管薪酬过高时也指出，208家上市国企高管平均薪酬是60万元人民币左右，与一线职工的收入差距，从2006年的6.72倍扩至2008年的17.95倍；2009年中国城镇居民人均可支配收入17175元，农村居民人均纯收入5153元，60万年薪，相当于城镇居民收入的35倍，相当于农村居民收入的116倍。虽然高管与普通人之间薪酬差距的倍数达到多大就是过高薪酬目前还没有一个明确的界定标准，但按常规思路来看，凡是高到社会不能接受或者普遍民众所不能接受的程度就可被划归到过高薪酬的范畴。由于“高管薪酬问题实际上是反映了其背后的收入分配体系和政策制度的问题”，[②] 在我国收入差距不断扩大、两极分化较为严重的当前，向高管支付几百倍于其他员工的薪酬本身就是不公平和不可接受的。可以说，不仅巨额薪酬本身受到道德上的批评与质疑，薪酬过高比例也受到质疑。

另外，片面追求我国高管薪酬与国际接轨也是受到质疑的一个理由。总体上，我国高管薪酬水平确实比英美市场经济国家低得多，但是“市场经济发达国家与我国在经济和消费水平、发展阶段、社会管理等方面有很大不同，企业的外部环境、客观条件与我国企业差距较大，具有不可比性。同时，市场经济发达国家企业的经济实力、管理方式和水平、发展阶段、企业文化等与我国企业有较大差别，具有不可比性。而且，世界各国企业高管平均薪酬水平也各不相同。如果以欧洲为1的话，美国大概是1.5，日本大概为0.7。因此片面追求与国际接轨的高薪也缺乏正当性”。[③]尤其是我国不少上市公司具有垄断背景，如果这些公司在享有国家垄断保护的条件下，高管享有与国际接轨甚至超过国际水平的薪酬收入，只会产生负面效应。

①③　苏海南：《国企高管薪酬水平不应与市场看齐、与国际接轨》，《21世纪经济报道》，2009年5月23日，第34版。

②　吴晓辉：《高管薪酬“不差钱”缺少的是制度和规则》，《证券日报》，2009年5月6日，C2版。

（二）公司高管薪酬法律规制的动因

应该说，对高管薪酬的质疑反映了两种不同的态度。就公司内部而言，股东并不反对高管的高薪，反对的是不恰当、不合理的高管薪酬决定机制，这是公司治理效率存在的问题，是对股东合法利益维护的诉求；高管薪酬与普通人收入之间存在过大差距的批评主要反映了社会公平的诉求。无论哪一种诉求，都证实了市场机制在约束高管薪酬问题上存在失灵，需要法律规制的介入。

1. 高管薪酬决策中的市场失灵消解了市场对高管薪酬的评价作用

企业理论中通常的公司薪酬决定程序安排为：股东大会决定董事、监事薪酬，董事会决定其他高管薪酬。这一近似市场交易关系的传统薪酬决策过程其实是通过市场机制的价值识别作用对董事、高管薪酬做出限制，市场机制发挥作用的过程要求股东等薪酬决定权人拥有完全的信息。然而现实决策时，就董事薪酬而言，虽然股东可以事前接触与董事薪酬有关的各种资料，但一方面董事拥有专业的人力资本投资和专业技能，掌握的信息远远优于股东，股东处于信息劣势地位，很难掌握影响董事薪酬的信息资料，无法满足市场机制对薪酬决策的信息要求，同时通过董事会提供资料获取薪酬决策信息的设想也会因董事会可能选择提供对其薪酬建议有利的信息而落空，从而削弱股东对高管薪酬限制的作用；另一方面“对只拥有公司少量股份的投资者而言，只有公司的整体改进是实质性的，股东价值的增加才能使得干预所花费的时间和精力是值得的”，[①] 在股权相当分散的公司中，股东通过参与股东大会决议影响高管薪酬的成本往往远大于其因此获得的收益，在理性人成本—收益分析指引下，参与积极性大大降低，而在一股独大的公司中，控股股东通常兼任公司董事，往往偏好发放高额薪酬从而挖掘对小股东利益侵占的隧道实现利益输送，这都降低了股东监督限制高管薪酬的可行性。就其他高管薪酬而言，董事往往兼任其他高管职务，“如果让董事会决定自己或同僚的报酬，恐怕就会成为所谓的本位主义了……董事决定董事报酬符合利益冲突交易”。[②] 即使在董事不兼任其他高管职务的情形下，由于董事会代表股东与经理等其他高管谈判薪酬的安排是一种复杂的多层代理关系，其他高管既可能运用权力影响董事会使薪酬契约偏离最优契约而汲取租金，也可能通过管辖人力资源部门和聘用薪酬顾问控制有关高管薪酬的大部分信息，从而导致董事缺乏足够有效的谈判信息而无法挑战高管薪酬。[③] 这些问题的存在削弱了通过单层或

---

① ［加］布莱恩·R. 柴芬斯：《公司法：理论、结构和运作》，林华伟等译，北京：法律出版社，2000 年版，第 725 页。

② 弥永真生『会社法』209 頁以下（有斐阁，第 11 版，2007 年）。

③ 杨洪常：《论管理者权力与经理薪酬的租金汲取》，《学术界》，2007 年第 5 期，第 68－74 页。

多层代理关系制约高管薪酬的努力，市场机制已经无法完全解决高管薪酬的制约问题，需要引入法律规制等外力修正市场失灵，从而有效制衡高管薪酬。

2. 社会公众公平偏好提出正义诉求

股东红利、高管薪酬支付从财产流向上是公司财产向外流出，其本质是公司财产的分配问题。公平进行财产分配是利益相关者质朴的要求，也是社会公平正义的核心要求。虽然社会分工千差万别，高管与普通职工对企业与社会的贡献价值不一样，适当拉开高管与普通职工的薪酬差距也是理所当然，但是也必须在政策上考虑社会公众的公平偏好，逐步理顺社会收入分配关系，扭转收入分配差距扩大的趋势，在收入分配的问题上避免出现马太效应①。

为解决股权分散条件下高管主导财产分配的公平性，各国法律设计了高管薪酬的市场约束机制，高管、股东、普通职工运用劳动、资本、管理等多种生产要素参与社会财富的分配。换言之，为解决委托—代理成本问题，促进高管与股东利益的一致性，各国采用以某一合适比例分配收益的衡平原则，逐渐建立了激励公司高管的体现公司高管专有性资本投入的基本工资＋绩效工资＋股权期权的“按绩付酬”的薪酬体系。应该说，“按绩付酬”的分配方式能够使人感觉自己的付出与收益的一致性，进而认为分配具有公平性，行为经济学家 Konow 等人的实验也证实绝大多数人会按照贡献比例分配收益，② “按绩付酬”虽然拉开了高管与普通员工薪酬的差距，但是 Cappelen 等人的实验证实，如果财富不均是由于生产阶段的投资量不同引起的，受试者便倾向于接受这种不均等的分配。③ “按绩付酬”体现了高管的专有性投资，符合合适比例的衡平分配原则从而具有了公平性。然而，参与分配的各生产要素比重无法确定，虽然市场可以评价各参与分配的要素价值，但如萨缪尔森所言，“市场并不必然带来公平的收入分配，市场经济可能产生令人难以接受的收入水平和消费水平之间的巨大差异……收入不平等在政治上或道德上也许不能为人们接受。一个国家没有必要将竞争市场的结果作为既定的和不可改变的事实接受下来；人们可以考察收入分配并判断它是否公平。如果一个民主社会不喜欢自由放任市场体系下的货币选票的分配，它可以采

---

① 马太效应是美国科学史研究者罗伯特·莫顿 1968 年原创提出的术语。他发现，任何个体、群体或地区，一旦在某一个方面（如金钱、名誉、地位等）获得成功和进步，就会产生一种积累优势，就会有更多的机会取得更大的成功和进步。他阐述这一观点时引用了《圣经》在“马太福音”第 25 章中的两句话：“凡有的，还要加给他，叫他多余；没有的，连他所有的，也要夺过来。”因而称这一现象为马太效应，借指好的愈好、坏的愈坏、少的愈少的现象。这一术语为经济学界所借用，反映贫者愈贫、富者愈富、赢家通吃的经济学中收入分配不公的现象。

② Konow J. Fair and Square：The Four Sides of Distributive Justice，Journal of Economic Behavior & Organization，Vol. 46（2），2001，pp. 137－164.

③ Cappelen A.，A. Hole，E. Srensen，B. Tungodden. The Pluralism of Fairness Ideals：An Experimental Approach，American Economic Review，Vol. 97（3），2007，pp. 818－827.

取一些措施来改变收入的分配”。① 衡平分配原则中的合适比例本身具有不确定性和易变性，极易受到参与分配当事人所处社会中最具明显性信息的影响而发生变化。在追求效率、鼓励发展的阶段，高管领取高薪不会受到社会的质疑，然而在社会出现分配差距过大、要求公平分享改革发展成果的背景下或者当经济发展遭遇危机时，高管支取过高薪酬与其管理要素之间比例的合理性自然受到全社会的关注。尤其在信息发达的当今，随着理论研究的深入，人们逐渐认识到企业绩效与高管薪酬之间并不必然存在联系，影响企业绩效的因素除了高管的专有投资和努力外，还有权力、垄断地位等因素，以不剔除其他影响因素的企业绩效作为评价高管薪酬的标准扩大了高管的贡献，使高管的付出与获得的收益之比偏离了社会公认的具有公平性的合理比例范围，这一评价标准便丧失了合理性，因而需要一定程度限定高管薪酬，使其回归合理比例范围。换言之，社会公正范围的合理比例内，没有法律等外力规制的余地，高管薪酬的限制仍应交由市场机制发挥作用。法律等外力的规制仅仅局限在确保市场机制正常发挥作用以及偏离这一合理比例之外的领域，前者诸如确保市场决策所需信息的公开等，后者诸如排除非高管投入带来的绩效进而确定合理的分配比例等。

在我国，高管薪酬的社会公正合理比例还受到以下因素的影响，也是法律规制高管薪酬必须回应的问题。

一是我国所处的特殊历史时期。经过我国改革开放 30 多年经济的高速发展，社会财富大幅增加的同时，城乡收入、地区收入、行业收入差距日益加大，收入分配领域中的公平问题成为亟待解决的社会问题。社会主义和谐社会的建设目标提出后，各级政府高度重视和关注社会公平。高管薪酬由于市场化程度高，在收入上与其他利益群体形成了较大差距，备受社会关注。尤其是一些不合理甚至不合法的高管薪酬支付被媒体披露后产生了高管薪酬不合理的放大效应，更加重了人们对高管薪酬公平性的质疑。社会公众对高管薪酬的不满引发潜在的或现实的社会压力，自然转化为政府规制“收入分配的公平偏好”②。转型期社会分配领域的利益失衡降低了对高管高薪的可接受程度，成为高管薪酬增长的一个社会性约束，存在严重的路径依赖。

二是我国几千年根深蒂固的“不患寡而患不均”思想的影响。我国改革开放前计划经济的分配体制再次强化了这一观念，改革开放后按照市场机制运作分配的高管薪酬不可避免地在人们的观念上存在一定障碍，压缩了高管高薪合理性

① ［美］保罗·萨缪尔森、威廉·诺德豪斯：《微观经济学》（第十六版），萧琛等译，北京：华夏出版社，1999 年版，第 29 页。

② 黄再胜：《公平偏好、身份模糊与国企经营者薪酬规制》，《当代经济科学》，2009 年第 1 期，第 2 页。

的心理认同度。

三是受我国政府管理的路径依赖。我国经历了几十年的计划经济，社会公众对政府介入社会问题进行管制存在较高的心理认同与偏好，政府自身也偏好这一传统的管理模式。一旦市场中出现问题，人们首先想到的解决手段就是政府的干预而非寻求市场自身的解决。

（三）公司高管薪酬法律规制的正当性

1. 经济学视野下的正当性

从经济学的视角看，高管薪酬法律规制主要是为了提高薪酬决定中的效率问题。在以代理理论为基础设计的现行高管薪酬决定机制中，股东大会决定董事薪酬被视为是股东与董事之间缔结的契约，董事会决定高级管理人员薪酬视为公司与高级管理人员之间缔结的契约。薪酬契约缔结过程中的双方当事人常被假定为以理性方式行事，合同的缔约能够增进每一方的个人功用并将资源配置至能被更有价值地使用的地方从而达成资源的有效率分配，股东和高管均能获得个人利益的最大化。然而，这些假设在现实生活中很难得到实现，信息的不完备性、个体行动的外部性、人的有限理性等都为法律规制提供了制度改进的可能性。

公共产品的提供：一般认为，由公司所有者的股东决定高管薪酬的薪酬决定机制是最佳的制度安排。然而，现代公司股东人数众多，股东以理性人思考，根据成本—收益分析，不会进行相应的薪酬控制，并且逐个与高管签订薪酬合同从效率上来讲也是不现实的，其成本很高。如何在确保股东合法利益保护、提高效率的情况下建立一套股东控制高管薪酬的薪酬决定机制对社会而言是一种公共产品，国家需要提供一套维护股东利益的控制机制。

信息不完备性：信息不完备是指双方的信息不对称。如果市场参与者不掌握全部信息，他们就不能准确地预测出进行的交易是否会产生互利的结果。因此，可能存在使交易产生对一方或多方不利的结果。当交易双方都存在相同的系统性信息缺陷问题时，法律将起到填补缝隙的作用；当一个交易者比另一个交易者知道更多信息的非均衡信息问题出现时，法律应当制止产生系统性错误的信息，并且可以帮助剔除未有效分配资源的交易、防止投资者进行对社会来说可能是浪费的投资。① 薪酬契约订立过程中，股东掌握的信息劣于高管，股东在这一控制机制中，存在严重的信息不对称，无法真正发挥控制作用，需要法律对薪酬披露进行规制。② 信息不完备为法律介入提供了正当性依据。

---

① ［加］布莱恩·R. 柴芬斯：《公司法：理论、结构和运作》，林华伟等译，北京：法律出版社，2000年版，第136－138页。

② 谢地：《规制下的和谐社会》，北京：经济科学出版社，2008年版，第189－190页。

同时，签订完备的薪酬合同将导致股东承担高额成本，且完备的薪酬合同事实上也是不可能的。在现实经济活动中，三个因素阻碍了雇主与雇员之间制订一个完备的契约，即双方的有限理性、衡量绩效的困难和信息不对称。[①] 如果劳动力市场环境复杂、雇主与雇员之间不可知的因素太多，也就很难设计出有效率的完全合同，这就产生了逆向选择和道德风险，因为雇员和雇主都能利用合同的不完全性。[②] 在不完全合同中，劳动力的供需双方一般会放弃对信息和环境等不确定因素的认知而完全靠感情机制或外部刺激做出行为选择，力争在信息不对称的前提下，在有限理性的制约下达到决策的效用最大化。实际上，供需双方的选择过程也是有限理性的发挥过程。如果法律机制提供的缝隙填补规范是通过假定交易者在理想条件下如何进行交易的方式来制定的话，这一法律规范由于完全模仿完美市场的运行而可能具有效率，有助于促进全社会财富的增加。

个体行动的外部性：股东控制高管薪酬的行为与董事谋求高薪的行为具有严重的外部性。所谓外部性是指当一个人选择某种行动时，不仅涉及个人的成本收益，而且可能给自己以外的其他人施加成本或带来收益，这种行为就具有外部性。行为人不能全部分享行为收益称为正外部性，行为人无须承担行为的所有不利后果称为负外部性。因现代公司股东人数众多，某一股东实施对公司有利的行为，带来的所有收益由全体股东分享，具有正外部性。外部性的存在使股东存在大量集体行动与“搭便车”行为，严重削弱股东对高管薪酬的控制效用。高管谋求高额薪酬行为给公司带来损失，其不利后果由高管、投资者以及其他利益相关者承担，高管的行为具有负外部性。个人行为的外部性说明市场机制存在失灵，成为政府干预法律存在的依据[③]。

博弈论也为法律规制提供了正当性支持。高管薪酬的确定过程就是多个利益集团博弈的过程。如果公司财富一定，高管薪酬与股东回报之间就是一个此消彼长的关系，高管与股东两个群体的博弈就是零和博弈[④]，对社会总福利增长不

---

① 卿涛、郭志刚：《多重视角下企业薪酬制度的解析与构建》，成都：西南财经大学出版社，2006 年版，第 149 页。

② 谢地：《规制下的和谐社会》，北京：经济科学出版社，2008 年版，第 189 页。

③ 张维迎：《信息、信任与法律》，北京：生活·读书·新知三联书店，2003 年版，第 73 页。

④ 零和博弈是博弈论的一个概念，属非合作博弈，指参与博弈的各方，在严格竞争下，一方的收益必然意味着另一方的损失，博弈各方的收益和损失相加总和永远为“零”，双方不存在合作的可能。零和博弈的结果是一方吃掉另一方，一方的所得正是另一方的所失，整个社会的利益并不会因此而增加一分。但随着经济的高速增长、科技进步、全球化以及日益严重的环境污染之后，“零和游戏”观念正逐渐被“双赢”观念所取代。人们开始认识到“利己”不一定要建立在“损人”的基础上。通过有效合作，皆大欢喜的结局是可能出现的。但从“零和游戏”走向“双赢”，要求各方要有真诚合作的精神和勇气，遵守游戏规则，否则“双赢”的局面就不可能出现。

利，需要外力调控转变为正和博弈①。双方合作，利益一致，获得双赢；双方不合作，“正面我赢，反面你输”，不仅双方利益受损，社会总福利也会降低。因此，法律需要介入促进二者的合作，促使二者利益相一致。

经济学主要着眼于高管与股东之间的市场关系，从信息不对称、股东有限理性假设入手为法律规制的介入提供正当性理由。基于此正当理由，法律规制的立足点也主要集中在薪酬决定机制的确立、薪酬结构的调整和薪酬信息的披露上。

2. 管理学视野下的正当性

薪酬问题在很大程度上是一个公平性问题，而公平性本身是一个主观色彩较为浓厚的概念。② 如果细分员工对薪酬公平性的评价，任何组织的员工都会对薪酬做三种类型的比较：薪酬外部公平性或外部竞争性，体现为将本人的薪酬与在其他企业中从事同样工作的人所获得的薪酬之间的比较；薪酬的内部公平性或内部一致性，体现的是内部不同职位之间的薪酬对比问题；绩效报酬的公平性，体现的是薪酬决定程序公平性问题。③ 前述比较以公平理论作为理论基础。公平理论是美国心理学家亚当斯在20世纪60年代中期提出的，侧重于确定薪酬的合理性、公平性对个人积极性的影响。公平理论认为，一个组织中的成员能否得到激励，既取决于成员获得的收益，还取决于成员获得的收益与其他成员所得的比较结果。人们是以相对付出与相对报酬来全面衡量自己的得失的，自己对工作的投入和产出的比值与他人的投入和产出的比值相比，当前者比值大于或者小于后者时，都认为是不公平的，只有当两个比值相等时才是公平的。成员不仅将自己获得的薪酬进行组织内的公平比较，还会与组织外的相关成员进行公平比较，导致薪酬制度安排的公平性具有外部性，对社会成员的薪酬公平感具有扰动效应，需要消除不公平薪酬制度安排带来的负外部性。

最近，对于公平理论的认识又有新的扩展，认为制度的公正比合理性更重要，员工在关注分配公平的同时，也很在意程序公平，即确定报酬分配的程序是否公平。1975年，瑟保特和沃尔克研究了法律程序中的公平问题，提出了程序公平的概念，认为只要人们有对过程控制的权利，不管最终结果如何，人们的公

① 正和博弈亦称为合作博弈，是指博弈双方的利益都有所增加，或者至少是一方的利益增加，而另一方的利益不受损害，因而整个社会的利益有所增加。合作博弈研究人们达成合作时如何分配合作得到的收益，即收益分配问题。合作博弈采取的是一种合作的方式，或者说是一种妥协。妥协之所以能够增进妥协双方的利益以及整个社会的利益，就是因为合作博弈能够产生一种合作剩余。这种剩余就是从这种关系和方式中产生出来的，且以此为限。至于合作剩余在博弈各方之间如何分配，取决于博弈各方的力量对比和技巧运用。因此，妥协必须经过博弈各方的讨价还价，达成共识，进行合作。在这里，合作剩余的分配既是妥协的结果，又是达成妥协的条件。

② 刘昕：《薪酬福利管理》，北京：对外经济贸易大学出版社，2003年版，第18页。

③ 刘昕：《薪酬福利管理》，北京：对外经济贸易大学出版社，2003年版，第19－20页。

平感都会得到显著增加。[①] 然而，任由各个企业自行决定报酬分配程序，对其公平性评判的社会性成本将异常巨大，籍由反映社会多数成员意志的法律强制性为高管薪酬决定提供一套程序，既可节约社会评判成本，还可保障报酬分配程序的公平，满足社会成员的公平性诉求。

因此，管理学视野下的高管薪酬法律规制主要是为消除高管薪酬的内外部不公平性，实现薪酬的社会公平诉求。其主要着眼点集中在税法对过高薪酬的控制、通过企业所得税税前扣除优惠对薪酬形式进行诱导实现薪酬结构的调控，同时也非常关注薪酬决定程序的公平性。

3. 社会学视野下的正当性

社会学认为，企业是人的集合体，薪酬具有社会性，个人因雇佣关系而得到的薪酬是对个人价值和努力的承认，是个人在企业和社会比较中地位、价值的象征，[②] 反映了雇佣双方的社会交换关系。现实中的高管薪酬决定双方力量的失衡造成的高管自定薪酬，无异于一方将自己的意思强加于对方的强盗行为，或者是盗窃行为，与社会基本伦理背道而驰，扭曲了双方的社会交换关系。法律存在的价值之一即为维护社会秩序，为确保社会秩序的稳定发展，需要法律介入雇佣双方的交换关系。

同时，薪酬评价的价值标准也为法律介入提供了正当性支撑。市场对高管薪酬的合理性采用效率评价标准，只要符合资源配置效益最大化，要素投入即可获得最大的回报，并不关心公平与否。然而，站在社会层面，不同要素参与分配时彼此之间如何协调成为问题，需要借助法律实施公平评价标准。

在我国，按劳分配为主、多种分配方式并存的分配格局已经深入人心，薪酬高低与否应该依据收入与创造价值的比值而不是人与人收入的简单对比来确定。当前我国社会处于贫富差距拉大、各种矛盾与冲突凸显的时期，改革也进入复杂的利益关系调整阶段，其中，收入分配是最敏感的问题。限薪诉求的兴起，表明一些企业高管薪酬超出了他们给社会创造的价值以及民众心理承受能力的这一事实，客观上是由于现阶段这些群体与普通民众的收入差距过于悬殊造成的。然而政府对高收入者监控不力、对低收入者救助不足的现状，决定这种收入差距难以在短期内消除。因此，“限薪的诉求不是暂时性的问题，而是将持续一定时间的现象”。[③] 我国当前的限薪诉求作为社会舆论尤其是网络舆论要求国家干预分配机制的愿望，其本质是社会矛盾积累的产物，再次验证了“市场效率与社会公平

① 孙伟、黄培伦：《公平理论研究评述》，《科技管理研究》，2004 年第 4 期，第 103 页。

② 杨晴：《多学科视角下的薪酬作用机制解析》，《企业家天地》，2010 年第 2 期，第 26 页。

③ 占红洋：《现阶段“限薪”问题的法社会学探讨》，《法学》，2010 年第 3 期，第 16 页。

之间的共赢关系，是建立在企业和社会互相信赖基础上的"①。任何经济制度都是嵌入在社会基础之上的，没有一个好的社会，即使是一种完善的市场经济，也很难正常运作。市场效率与社会公平共赢的需求为法律介入高管薪酬规制提供了正当性。

4. 法学视野下的正当性

就法律的性质而言，作为秩序与正义综合体的法律旨在创设一种正义的社会秩序。② 高管薪酬分配从财产流向上属于公司财产的分配，必然形成高管和股东之间的财产分配关系。这一关系通常由市场机制调节，法律保护其形式公平性，但在所有权与经营权分离的情况下已经演变为高管攫取股东合法利益的不当工具，丧失了薪酬原本具有的正当性，需要法律重构薪酬分配秩序，恢复其形式公平性和实质公平性。并且，在高管高薪普遍侵害股东利益时，高管与股东之间的财产分配关系也符合"需要由国家干预的具有社会公共性的经济关系"③，国家的干预是对自由市场进行限制，但是干预的过程和目的仍然是为了控制私人市场有效率合作失败的出现，为合作失败提供制度救济，达成新的社会合作保持私人市场有效率的良好合作。④ 因此，在高管与股东这一微观分配领域，法律规制的介入正是为了重构正义的社会秩序。

二、公司高管薪酬法律规制的限度

（一）法律有限性限度

作为社会规范的一种形式，法律是最为重要的社会规范，法律以其特有的规范作用对社会生活发生着深刻的影响。然而，法律不是万能的，法律规制的作用有其自身的限度。

1. 法学视野中的局限性

有关法律作为社会生活规范的局限性，中外学者早有论述。美国法学家庞德对法律调整利益关系的有限作用有清晰的判断，他认为，在决定法律秩序可以保障什么利益以及如何保障这些利益时，我们必须记住，法律作为一种社会控制工

① 何平立：《高管薪酬必须体现社会公正》，《探索与争鸣》，2009 年第 5 期，第 29 页。

② ［美］E. 博登海默：《法理学：法律哲学与法律方法》，邓正来译，北京：中国政法大学出版社，1999 年版，第 330 页。

③ 李昌麒：《经济法学》，北京：法律出版社，2007 年版，第 57 页。

④ 单飞跃、卢代富等：《需要国家干预：经济法视域的解读》，北京：法律出版社，2005 年版，第 9 页。

具存在着三种重要的限制。这些限制是从以下三个方面衍生出来的：①从实际上说，法律所能处理的只是行为，只是人与事物的外部，而不能及于其内部。②法律制裁所固有的限制——即以强力对人类意志施加强制的限制。③法律必须依靠某种外部手段来使其机器运转，因为法律规则是不会自动执行的。[①] 博登海默认为，法律具有滞后于社会变化的时滞问题，可能成为进步和改革的羁绊，立法者往往倾向于对即时性政治利益做出快速反应，而对修正过时的法典或使充满传统因素的司法法律现代化等问题反应迟钝；法律规制采用一般的和抽象的术语来表达，具有某种程度的僵化性，有时仅能对个别问题个别发挥约束作用；法律规范作为控制社会的手段可能被超出范围过度使用。[②] 我国著名法理学家沈宗灵认为，法并不是调整社会关系的唯一手段，法律的实施需要合适的人执行、需要多数社会成员支持以及相应的条件配合；法律具有的抽象性、稳定性与现实生活的矛盾以及法律所要适用的事实无法确定，[③] 注定法律仅能发挥一定作用，其作用具有局限性。另一位学者张文显认为，法只是许多社会调整方法的一种，法是用以调整社会关系的重要方法，但它不是唯一的方法；法律通常只能有效地控制公开的、外显的、可观察的社会行为，很难控制个人隐秘的隐私行为，法律并不能有效地干预或解决所有的社会问题；法律具有保守性、僵化性和限制性，与社会生活丰富多样性相比，法可能成为社会进步和发展的阻碍；法是一种成本高昂的社会控制方法；法律作用的充分发挥依赖一系列社会条件。这些问题决定了法律具有局限性。[④]

2. 经济学视野中的局限性

经济学理论对法律规制的作用进行了全面的分析，利益集团理论和规制俘获理论则较为深刻地揭示了法律规制的局限性。

利益集团又称压力集团，通常被定义为“那些有某种共同的目标并试图对公共政策施加影响的个人的有组织的实体”[⑤]。传统利益集团理论认为，这种由共同利益的个人所组成的集团谋求的是集团的共同利益，其是“个人行动的目的是追求他自身利益最大化”这一命题的推广。[⑥] 当社会变得更加复杂、政府经常干预经济时，提高了人们对集体行动的需要，理性的经济人便通过结成利益集团来

---

① ［美］罗·庞德：《通过法律的社会控制——法律的任务》，沈宗灵等译，北京：商务印书馆，1984年版，第118页。

② ［美］E. 博登海默：《法理学：法律哲学与法律方法》，邓正来译，北京：中国政法大学出版社，1999年版，第418－423页。

③ 沈宗灵：《法理学》，北京：北京大学出版社，1999年版，第140－141页。

④ 张文显：《法理学》（第3版），北京：高等教育出版社，2007年版，第86－88页。

⑤ 方福前：《公共选择理论——政治的经济学》，北京：中国人民大学出版社，2000年版，第98页。

⑥ 方福前：《公共选择理论——政治的经济学》，北京：中国人民大学出版社，2000年版，第99页。

追求和实现他们的共同利益要求，而社会中的每一个人总是归属于某一个或几个利益集团，这些利益集团由于目的不同而存有竞争。依据这一逻辑，高管与公司的股东、职工等形成不同的利益集团，各自在自己的集团内谋求自己的利益。美国学者奥尔森认为，任何集团或组织在原则上都可以通过两条途径为其成员谋取福利：一是使全社会的生产增加，从而使其成员按原有份额取得更多的产品；二是在原有的总产量内为其成员争取更大的份额。一般经验表明，集团很少选择前一条途径，更多的是选择后一条途径。原因在于当社会由很多集团构成时，单个集团要促进社会利益增加，该利益集团就要负担这种行为的全部代价却只能获得其成果的一小部分。由于一个集团通常只代表整个社会的一小部分成员的利益，所以，奥尔森的结论是："各种社会组织采取集体行动的目标几乎无一例外地都是争取重新分配财富，而不是为了增加总的产出——换句话说，他们都是'分利集团'（或者，用一句比较文雅的语言说，都希望'坐享其成'）。"[①] 分利集团通常通过院外游说活动争取立法，因此，法律不仅是各个利益集团妥协的结果，还更多地反映了分利集团中的小集团的利益。这是因为，在集团行动的效果上，小集团在提供公共物品数量接近最优水平或增进集团利益方面比大集团更有效。[②] 换句话说，高管与股东在分配公司财产时，高管会无一例外地采取与股东争利的方式进行，并且这一分利方式最终对高管也很有利，即使法律对此做出规制也是同样如此。因为高管作为一个团体远远小于股东团体，其对立法机构的游说远远强于股东团体，带来的公共物品也远远优于股东群体的公共物品。因此，通过法律规制约束高管薪酬达致保护股东利益的收效应该不太大。

其后，另一经济学家斯蒂格勒提出的俘获理论进一步论证了规制作用的有限性。斯蒂格勒认为，管制是政府通过制定法规和设计市场激励机制来控制厂商的行为和市场经营决策，其本质是利益集团利用国家权力将社会资源从其他利益集团向本集团转移的一种工具。由于利用公共资源和国家权力可以提高经济集团的经济地位，产生了管制的需求。哪些需要管制、管制会采取何种具体的形式，都是由管制的供给和管制的需求相互作用来决定的。一个利益集团寻求国家权力的支持而获得租金时，会损害其他利益集团的利益，因此，其他利益集团为了保护自己的利益也会寻求国家权力的支持来阻止前一个集团的寻租行为，进而形成寻租竞争。寻租竞争的结果——究竟实施有利于哪个集团的管制或什么样的立法被通过——取决于寻租竞争中利益相反的两个集团的力量对比，力量强大的集团往

---

① ［美］曼库尔·奥尔森：《国家兴衰探源：经济增长、滞胀与社会僵化》，吕应中等译，北京：商务印书馆，1993 年版，第 48 页。

② 方福前：《公共选择理论——政治的经济学》，北京：中国人民大学出版社，2000 年版，第 101 页。

往是赢家。据此也可以得出有利于高管的结论，薪酬的法律规制结果一定是有利于高管集团的。这是因为，在当前社会中，人力资本是一稀缺资源，且高管集团的成员普遍是社会精英，社会经济发展需要这群精英个人才智的发挥，社会为高管群体提供了强大的生存土壤，决定了其力量远远大于股东力量。因此，进行高管薪酬的法律规制难度很大，立法很难获得通过，即使有立法最终通过，其对高管的规制强度也不大。

3. *法律对公司治理的局限性*

市场经济的主要特征是经营行为的决策自由，在公司这种法律拟制人格的团体中，自由的体现就是公司的自治权，这是私法自治在公司上的延续。有学者从公司制度生成的历史逻辑和理论逻辑两方面证实了公司自治①的正当性，并在法律规制与公司自治这一天然矛盾体的关系上认为，“相对于法律规制，自治居于本位的地位，它不仅提供了法律规制的正当性基础，而且界定了法律规制的范围、形式和方式”②，公司自治阻却了法律规制的效用，将法律规制的作用特定化。法律为回应公司自治的要求，通常仅调整公司内部管理关系和管理行为的一部分，相当部分的事项留给了公司自治。一般认为，公司法律规制主要在以下几个方面发生作用：认可当事人自主选择之制度安排的法律效力，纵民为之并加以保护；按公司当事方的共同正义观，确认中立于当事人各方的一般行为规则，并以此为标尺裁断当事人之间的纠纷，监控公司集体决策的正义性，将当事各方的

---

① 有关公司自治的内涵，学界的研究尚不充分。不少学者根据公司自治是私域自治在公司法上体现的视角，提出了相应的公司自治的内涵。张开平研究员认为，法律将公司的管理和监控权交给公司当事人进行的自我管理成为公司自治（张开平：《公司权利解构》，北京：中国社会科学出版社，1999 年版，第 2 页）。王怀勇博士也持这一观点，认为现代意义上的公司自治应当是在市场经济条件下，公司作为市场主体依法有进行自我经营、自我决策、自我约束、自我规范、自我管理、自担风险的权利，主要涉及公司内部权利与利益的分配关系、公司与外部之间的良性互动关系两个领域（王怀勇：《公司自治限度研究》，西南政法大学博士论文，2008 年，第 16 页）。王红一博士在《公司法功能与结构法社会学分析：公司立法问题研究》一书中认为：“公司自治包含两方面的内容：从公司本身作为私法主体看，指的是公司以自己的名义所享有的法律上的权利和自由；从公司内部看，指的是公司内部自我管理和监督的自由，具体体现为公司内部权利的分配。”（王红一：《公司法功能与结构法社会学分析：公司立法问题研究》，北京：北京大学出版社，2002 年版，第 17 页）学者蔡立东重点关注立法强制介入公司组织的程度和方式，认为对应的公司自治是指参与公司关系的当事方有自主型构公司组织制度、自主管理和经营公司的自由，不受他人干预，是一种公司当事方应该得到公司法承认和保护的权利和地位（蔡立东：《公司自治论》，北京：北京大学出版社，2006 年版，第 16 - 17 页）。另一学者宁金成从宪政理论角度也得出类似的观点，认为公司意义上的公司自治实质上主要是公司的参与人之间，在其他公司利益相关者为了保护自身利益所施加的影响下，按照司法自治的原则通过契约、合意或章程来安排公司的组织规则和公司参与人的行为规则，公司法对此效率予以承认和保护而不加干预。（宁金成：《公司法律制度理念基本问题研究》，载赵旭东：《国际视野下公司法改革——中国与世界：公司法改革国际峰会论文集》，北京：中国政法大学出版社，2007 年版，第 64 页。）

② 蔡立东：《公司自治论》，北京：北京大学出版社，2006 年版，第 4 页。

利益置于受到司法保护的非个人法中，克服公司自治的局限性；根据公司制度基本逻辑，为公司当事各方确立联合的基本架构，供给当事方自治的初始条件，明确当事方的基本法律地位，为他们行使自治权利提供适宜的场所；提供凝结人类在无数次真实交易中不断试错、纠错成果的公司制度模本，供当事各方根据公司选入或选出，以节约交易成本。[①]

同时，公司治理的复杂性降低了法律规制的作用。现实中不同公司或同一公司不同事项组织成本的产生原因各不相同，加之公司性质纷繁复杂、公司情景变动不居，导致公司内部制度安排复杂多样，为降低组织成本所设定的收益索取权、控制权配置等公司内部治理结构也存在相当大的差别，形成了复杂多样的公司治理样态。没有人有能力在整体上为公司规定一个模式，甚至不可能为一个公司设计永远适用的模式。基于此，法律仅能在基础理念上进行必要处置，而无法深入公司治理每一事务的具体细节；即使可以深入每一细节，但由于立法者缺乏职业经理人的市场经营专业能力，无法真正掌控和把握法律规制的基点和强度，进而做出不符合市场需求的干预——要么干预过度，要么干预不到位。

正是法律机制的有限性，决定了我们对高管薪酬法律规制作用的认识：不能对法律规制高管薪酬寄予过大期望，法律只能部分解决高管薪酬问题、部分影响高管行为，难以解决管理层管理不善的问题（法律只能减少或阻止管理层通过自我交易转移利益所带来的代理成本，而对高管管理不善所带来的代理成本基本上无能为力）[②]。澳大利亚学者瑞莫塞考察澳大利亚高管薪酬法律规制立法过程后认为，在确立董事和高级职员报酬方面，法律仅仅在报酬决定的法定要求、披露义务、有限司法审查三个方面发挥有限作用，但由于市场力量对彻底地协调管理者与股东利益提供的规制并不充分，其建议“法律必须在董事和高级职员报酬这一领域发挥比现在所发挥的更大的作用”。[③] 美国学者克拉克将经理薪酬定位于自我交易后认为，法律处理这一自我交易的应对措施非常有限，“法律只能规范经理报偿的条件，或者规范确定报偿和提出质疑的程序”。[④] 我国学者也认为，法律规制对高管薪酬的规范“是必要的，法律的作用是非常重要的”，但“不是万能的，其作用的范围及其方式都是特定化的”。[⑤] 目前学界在讨论高管薪酬法律规制问题时，重点也集中在薪酬决定机制、信息披露、税法调控以及司法介入等问题上。

---

① 蔡立东：《公司自治论》，北京：北京大学出版社，2006 年版，第 4 – 5 页。

② 邓辉：《论公司法中的国家强制》，北京：中国政法大学出版社，2004 年版，第 148 – 157 页。

③ ［澳］殷·瑞莫塞：《董事和高级职员的报酬：法律的作用》，史晨霞译，载王保树主编：《商事法论集》，第 5 卷，北京：法律出版社，2000 年版，第 443 页。

④ ［美］罗伯特·C. 克拉克：《公司法则》，胡平等译，北京：工商出版社，1999 年版，第 121 页。

⑤ 李建伟：《高管薪酬规范与法律的有限干预》，《政法论坛》，2008 年第 3 期，第 115 页。

综上所述，法律介入高管薪酬所能发挥的作用主要限定在以下两个方面：[①]第一，事前利益调适功能。现代公司分散的所有权结构降低了股东所承担的监督效力，由此产生代理成本的增加，如过高的报酬，总经理或执行董事控制董事会并采纳不以公司业绩为基础的报酬方案，管理人员没有被市场力量予以充分规制，高管约束机制失效极易产生高管机会主义行为。高管薪酬法律规制措施的存在，增加了公司高管自定薪酬、从公司谋取不当利益的风险成本，起到了“遏制公司制企业的各方利益相关者从事那些减少公司价值的机会主义行为”[②]的作用，减少公司高管基于任性贪婪损害公司利益的道德风险行为。另外，高管报酬与公司业绩之间不存在联系或仅存在一种微弱联系的这种状况需要增强法律的作用，这样才能够对协调管理者和股东利益有益，[③]使管理者利益和公司利益最大限度地保持一致，以降低公司治理的代理成本。因此，有学者得出“法律在降低代理成本方面大有可为”[④]的结论，现实中法律发挥作用最为明显的例证即是改善代理人信息披露、方便被代理人对不诚信或疏忽大意的代理人提起诉讼的规则与程序。第二，事后救济功能。事后救济功能即在公司利益受到高管自定天价薪酬行为的非法侵害后，通过股东提起派生诉讼等司法介入与索回机制，及时获得经济赔偿或追回损失，以恢复公司与股东的原有合法权益。

不过，由于高管薪酬实质上涉及社会微观领域的利益分配，有学者站在社会公平的立场分析高管薪酬法律规制，认为在公共产品供求矛盾中，社会对政府有效规制的需求与有效规制供给之间的矛盾十分明显。在构建和谐社会的过程中，通过政府规制的改革与创新，把逐步完善的法律法规落实为日常的监管，既不控制，也不放纵，通过监管及政府其他职能的联合动作努力营造和谐的氛围，应该是建设和谐社会的题中应有之义。[⑤]因此，高管薪酬法律规制本身也应构成社会主义和谐社会建设中的一项内容。

（二）规制对象限度

管理层权力论认为，公司高管的薪酬受到社会对高管薪酬的看法和公愤成本的制约，为了平息公愤，薪酬设计人通常有强烈动机去掩饰高管的薪酬水平和薪

---

① 吕文涛：《论国有上市公司高管薪酬的法律规制》，吉林大学硕士论文，2010 年，第 15 页。

② ［美］克拉克曼、［英］戴维斯等：《公司法剖析：比较与功能的视角》，刘俊海等译，北京：北京大学出版社，2007 年版，第 2 页。

③ ［澳］殷·瑞莫塞：《董事和高级职员的报酬：法律的作用》，史晨霞译，载王保树主编：《商事法论集》，第 5 卷，北京：法律出版社，2000 年版，第 411－443 页。

④ ［美］克拉克曼、［英］戴维斯等：《公司法剖析：比较与功能的视角》，刘俊海等译，北京：北京大学出版社，2007 年版，第 25 页。

⑤ 谢地：《规制下的和谐社会》，北京：经济科学出版社，2008 年版，第 11 页。

酬与业绩脱钩的情况，设计出多种可以掩饰薪金使其貌似合理的薪酬方式，实践中，高管除了从公司领取通常的报酬外，还从公司取得名目繁多的利益，诸如退休金补贴、奖金、咨询费、延迟支付报酬、期权、养老计划、高管贷款、保险、公司提供的住房、在职消费等。面对丰富多样的公司实践，研究高管薪酬法律规制时必须回答一个问题：法律需要规制的高管薪酬的边界何在？高管从公司获得的所有利益是否均为需要规制的薪酬？如果答案是否定的，则哪些获得的利益属于法律规制的范畴？更为具体而言，奖金是否包含在内、退休金是否具有薪酬的法律性格、股票期权是否也是高管薪酬、高管兼任职员如何处理、廉价提供公司住宅、金钱之外的其他支付是否也是高管薪酬等问题均需要做出回应。

1. 高管薪酬法律规制边界的理论争议

目前，理论界与实务界对法律规制的高管薪酬范围存有争议，大致可以区分为全面规制说和部分规制说两种观点。全面规制说从公司财产流动和高管利益取得的角度认为，既然高管薪酬是高管从公司领受的职务执行对价的金钱和非金钱利益，只要高管从公司领取的利益是基于其职务所获得的、没有这一职务就不能获得这些利益，这些利益就是高管职务执行的对价，就属于需要规制的薪酬范围。这种观点囊括的薪酬类型非常广泛，传统的按月支付的工资报酬、退休金、死亡抚慰金、股票期权、股票报酬、廉价甚至免费提供的公司住宅的租金差额、在职消费、保险、高管贷款等都属于高管薪酬。日本理论界通说也认为，公司法薪酬规制制度中的高管薪酬就是作为职务执行对价从公司获得的财产利益，而不问这些利益的名目、支付形态、金钱与否。部分规制说则认为，虽然从利益取得上看，高管依据其职务从公司获得的所有收益都是其薪酬，但是由于取得利益的名目繁多，法律不可能事前完全归纳囊括，并且法律规制是有成本的，有些名目的收益对公司和股东利益影响甚小，对其规制反而需要支付高额成本，全方位规制高管薪酬不仅没有必要而且也不可行。因此站在现实可行的角度，法律仅仅需要规制董事获得的对公司、股东利益影响甚大的收益。

仔细分析两种观点可以发现，两种观点在高管薪酬主要组成部分的基础报酬上没有异议，但对奖金、退休金、员工兼任董事的员工薪酬、在职消费等存有争议。全面规制说由于将高管从公司获得的所有收益均纳入规制范围，可以有效抑制高管的“掩饰”行为，帮助外部监督者全面了解高管激励情况，还可有效避免部分规制情况下法律无法周延薪酬边界的弊端，阻止高管利用薪酬形式创新规避法律规制的意图，但全面规制会给公司带来过高的成本；部分规制仅仅针对部分重要的薪酬形式进行规制，公司承担的成本不高，但事前识别每一薪酬形式的重要性及其可能隐含的风险就变得异常重要，否则法律规制就不能实现其预定目的，同时也孕育了高管创新薪酬形式规避法律规制的可能性。衡量二者的利弊，笔者认为，在充分尊重公司自治的基础上，充分发挥外部监督力量，可以对高管薪酬进行较好监督，法律没有必要全方位规制高管薪酬，部分规制说更符合当前的实践需要。不过随着近年来高管薪酬问题的升温，法律规制高管薪酬的范围越来越广，两种观点之间的差异正不断缩小。

2. 高管薪酬规制的边界划定

既然部分规制说更符合实践需要，那么划定规制边界就成为不容回避的任务。如前所述，两种规制观点均认可高管薪酬中的基础报酬，因此，基础报酬自然成为法律规制的对象，不再赘言。本书重点围绕两种规制观点中存有分歧的奖金、退休金、在职消费、信贷提供等展开讨论。

奖金是否需要纳入高管薪酬规制范围，此前理论界一直存有争议。日本理论界在原《商法》下通说持否定说，理由在于奖金具有公司处理所获利益的利益处分性质，不是报酬，支付时需要经过股东大会利益处分议案的承认决议，无损股东的利益，① 因此就不再需要作为薪酬进行股东大会决议处理，不属于高管薪酬规制范畴。但也有学者持不同意见，认为奖金具有功劳回报的性质，与职务执行对价没有两样，因此同样需要作为高管薪酬对待，取得股东大会决议通过。② 2005 年，日本《公司法》修改时采纳了奖金具有职务执行对价性质的观点，将奖金纳入《公司法》规范的薪酬范畴。日本《公司法》第 361 条将薪酬定义为董事从股份公司获得的职务执行对价的财产利益，并列举了报酬、奖金两类薪酬形态。就该条使用的术语来看，报酬、奖金是并列关系而非包含关系，但都属于广义薪酬的范围。这一观点随后成为日本理论界与判例的通说。奖金属于法律规制的薪酬范畴。

退休金是高管退休时或退休后公司支付的金钱，具有与通常报酬不同的董事任职期间功劳奖励的报酬性质，一般根据惯例支付。退休金是否包含在需要规制的薪酬当中也存有争议。日本判例和通说认为属于薪酬范畴，理由在于退休金作为董事任职期间的职务执行对价，具有延后支付的性质；退休金也包含对任职期间特别功劳的奖励部分，只不过是退休后支付，由于可能产生“自肥”③ 的弊端，因此没有与其他报酬相区别的理由。有学者认为，退休金当中包含有职务执行对价的延后支付部分、功劳慰问金、年金、死亡抚慰金等内容，由于无法完全清晰地加以区分，就应该作为一个整体纳入原《商法》第 269 条（日本《公司

① 藤川信夫『コーポレート・ガバナンスの理論と実務——商法改正と其の対応』767 頁以下（信山社，2004 年）。

② 瀧田節『会社法』85 頁（有斐閣，第 5 版，1995 年）；瀧田節「役員報酬」別冊ジュリスト39 号 172 頁以下（1973 年）。

③ “自肥”是日本《公司法》学界使用的一个术语，相当于英美法系和我国台湾地区所言的“肥猫”，意指公司的董事、高管自定薪酬的行为。

法》第361条）所规制的薪酬范围。[①] 判例[②]虽然以“退休金是作为职务执行对价而支付”为条件部分承认肯定说，但也将退休金包含在了薪酬当中。也有学者持反对意见，认为退休后支付的退休金在形式上不能成为原《商法》第269条规定的报酬；另外，接受退休金支付的董事既然已经退休，就不能出席董事会，从实质上也不会产生“自肥”的弊端。不过，否定说受到日本实务界与理论界的反驳，在日本公司支付退休金的实践中，多数公司的董事会仅仅确定退休金的支付标准，具体的支付决定根据支付标准自由决定，可能产生“自肥”危险；[③] 同时，虽然退休金在退休后支付，接受退休金的人不参加其额度的决定，但由于在职董事期待以前的先例或惯例在确定自己退休金时发挥有利作用，有可能提前对退休的董事确定很高的退休金，就可能产生以“自肥”为目的的弊害，因此，应该适用或类推适用原《商法》第269条（日本《公司法》第361条）的法律规制。[④] 这一观点虽然要求将退休金纳入商法薪酬的法律规制范围，但并未明确退休金属于薪酬的范畴。不过，近年来日本引入薪酬成果主义评价体系[⑤]，由于高管退休金主要根据职位、在职年限以及相应的系数计算确定，具有很强的年功性要素，[⑥] 与薪酬改革动向不符，并且支付退休金给企业带来很大的资金负担，在日本泡沫经济破灭陷入长时间衰退之际，企业亟须谋求资金负担的减轻，因此这一薪酬方式逐渐被企业废止。然而，在退休金没有完全被废止之前，其是否属于薪酬规制范畴依然需要明确。从前述的分析可以看出，退休金具有很强的后付薪酬性质，且存在较强的“自肥”风险，其也基于高管身份获得。因此笔者认为，应将退休金纳入高管薪酬规制的范畴。

股票期权也是近年来被实务界和理论界极为推崇的薪酬形式。因董事很容易不需要金钱缴纳而取得该权利，这一特性极易为人们认识，因此往往认为是对董事的有利发行而被纳入自我交易规制程序中。随着人们对股票期权具有职务执行对价的薪酬性质认识的加深，有学者认为，股票期权除了接受自我交易规制外，还应纳入高管报酬的程序性规制当中，必须经过高管报酬决定程序。[⑦] 笔者也认可这一观点，虽然理论界高度肯定股票期权促进薪酬与业绩关联的作用，但股票

① 酒巻俊雄、上村達男『会社法（现代法学叢書）』126頁以下（青林書院，2003年）。

② 最判昭和48・11・26。

③ 藤川信夫『コーポレート・ガバナンスの理論と実務——商法改正と其の対応』767頁以下（信山社，2004年）。

④ 弥永真生『会社法』210頁以下（有斐阁，第11版，2007年）。

⑤ 成果主义薪酬是以工作成果作为基准来决定薪酬的制度。日本20世纪90年代开始引入这一薪酬制度。张继文：《成果主义工资——日本企业新的工资制度》，《当代财经》，2004年第2期，第71－73页。

⑥ 藤永恭夫「役員の報酬と役割」経営戦略研究3巻冬季号66頁以下（2005年）。

⑦ 相澤哲、石井裕介「株主総会以外の機関（上）」商事法務1744号102頁以下（2005年）。

期权也蕴含了被高管滥用的风险，美国近年来高管薪酬过高增长的一个主要原因就是股票期权大量滥用，我国学者也提出“上市公司股权激励制度设计是激励还是福利”[①] 的质问。因此，为降低股票期权滥用的风险，也有必要将其纳入高管薪酬规制范畴。

信用提供与在职消费是否纳入薪酬范围也存有争议。信用提供主要是指公司无息、低息向高管提供贷款或为高管债务提供担保。实践中这一现象非常普遍，且多数情况下公司提供的贷款不收回，或承担高管债务担保责任后不向高管追索责任，贷款或担保事实上成为高管从公司获取的利益。2002 年《萨班斯法案》（以下简称《SOX 法案》）通过之前，美国各州公司法初始禁止企业向公司高管提供信用担保，后来逐渐容许，只是要求予以公示和披露。但《SOX 法案》第402 条明文规定，禁止公司直接或间接向董事、执行官提供贷款等信用担保，违反本条提供的信用担保无效，故意违反者单处或并处 500 万美元以下罚款或 20年以下监禁。但如果公司与董事、执行官之间进行的住宅贷款、消费者信用等交易是在公司通常的消费者信用事业过程中进行的、属于公司向一般公众提供的类型、且没采用比市场条件或普通公众条件更为有利的条件提供的不在禁止之列。不过此条规定没有明确信用担保的内涵和外延，[②] 其与在职消费之间的关系如何鉴别？高管获得的旅行费用补贴、搬家补贴、公司配备的专车使用等是否属于信用提供？虽然在职消费在各国均普遍存在，但有关在职消费的内涵还没有统一的定义。在线词典将在职消费定义为一种“除了正常的工资或薪水之外的报酬或利得，特指在某些人预料之内的应得利益”以及“凭借特权而要求获得的待遇”，或者是“某些特定类型工作的一种附带或伴随利益”。在职消费也被学者认为是一种非货币收益或者提供给特定员工的非货币性报酬。具体而言，包含高管享受的豪华办公室、专机或专车、乡村俱乐部会员资格、餐饮娱乐消费等。[③] 从这一概念可以看出，在职消费具有预料之内的性质，即任何人均可根据某一职务期待获得相对应的利益，而信用提供不具有这一事前期待的性质，其提供的并非是经常性、必然的，而是一种或然事件。无论二者怎样区分，不可否认的事实是，高管从公司获得了利益，股东利益可能因此受损，实证研究也表明，在职消费可能成为高管薪酬的替代性选择，[④] 因此，信用提供、在职消费同样成为薪酬规制的范畴。推而广之，公司向高管提供的各种福利，如人寿保险、公司住宅等也因此

① 吕长江等：《上市公司股权激励制度设计：是激励还是福利?》，《管理世界》，2009 年第 9 期，第 133 – 147 页。

② 伊藤靖史「米国における役員報酬をめぐる近年の動向——1990 年代の役員報酬額の増加と2000 年代初頭の不祥事の後で——」同志社法学 58 巻 3 号 1 頁以下（2006 年）。

③ 万华林：《国外在职消费研究述评》，《外国经济与管理》，2007 年第 9 期，第 39 页。

④ 陈冬华等：《国有企业中的薪酬管制与在职消费》，《经济研究》，2005 年第 2 期，第 100 页。

可能成为高管规避法律规制的手段而应纳入薪酬规制范畴。只不过考虑规制成本，可以将信用提供、在职消费、人寿保险、公司住宅等的范围限定在一定金额以上，具体金额可由立法者根据社会生活具体情况加以确定。

实践中，高管可能同时兼任公司普通员工的工作而获得薪酬。对于员工兼任董事的员工部分薪酬，即使从形式上区分出董事身份受领的薪酬与员工身份受领的薪酬，但由于存在可以员工身份的支付名义实质性增加董事报酬从而逃逸法律规制薪酬目的的可能性，也成为问题。理论界多数说对此持反对意见，认为员工身份受领的薪酬是基于劳动合同的劳务对价，不包含在董事职务执行对价的报酬当中，[①] 日本的判例[②]也支持这一观点。该判例认为，如果公司明确确立了员工薪酬体系，且据此支付员工身份的薪酬，如果明示了作为员工受领的薪酬不包含在董事报酬当中，也可以剔除员工身份部分的薪酬而不由股东大会决议。不过也有学者持肯定说，理由在于法律条文上并未限定仅以董事资格受领薪酬，出于防止“自肥”的需要，有必要将其包含在报酬当中；同时员工履行职务时无法与董事身份分离，报酬应当作为一个整体接受薪酬法律规制。笔者也赞同肯定说，将同一个人以不同身份从公司获得的利益作为一个整体纳入高管薪酬法律规制范畴中，既不会增加公司多少成本，又可以有效消除高管利用不同身份逃逸法律规制的可能性。

总之，高管从公司获得的对公司、股东利益影响较大的利益均需要纳入薪酬规制范围，而不论其具体名义和支付形式，以最大限度地保护公司与股东的合法利益。

三、公司高管薪酬法律规制的价值取向与目标诉求

（一）公司高管薪酬法律规制的价值取向

价值取向是指人们把某种价值作为行动的准则和追求的目标。它是个体的活动或意识中所渗透的价值指向，是人们在实际生活中追求价值的方向。任何法律制度均有其特有的立法价值取向（即目的、目标），法理学通常认为，自由、正义、秩序、效率、利益等往往成为法律的价值取向。因此，高管薪酬法律规制构建时必须明确其立法价值取向。如前文所述，当前对高管薪酬的质疑主要从公司

---

① 藤川信夫『コーポレート・ガバナンスの理論と実務——商法改正と其の対応』767 頁以下（信山社，2004 年）。

② 最判昭和 60・3・26 判例時報 1159 号 150 頁。

治理效率和社会公平诉求两个层面展开，解决不同层面的问题需要采用不同的立法理念，前一问题属于公司法讨论的范畴，后一问题属于税法等相关法律讨论的范畴，本书尝试从公司法和税法两个层面探讨薪酬规制的价值取向。

1. 效率优先、兼顾公平：公司法视野下的薪酬规制价值取向

高管薪酬问题作为公司治理的一个重要问题，自然也成为公司法关注的问题，高管薪酬规制的价值取向自然也就是公司法的价值取向。一般地，公司“作为一种营利性组织，其基本的经济和社会功能在于获取投资收益、限制投资风险、募集经营资金和实行企业科学管理”，① 也就是其价值取向在于不断提高经营效率、取得利润最大化。因此，有关高管薪酬的法律规制在公司治理结构内部也应以效率作为其价值取向，围绕如何提高薪酬约束的治理效率展开。笔者将这类以效率为主要价值取向的法律规制称作为效率偏好型法律规制，这类法律规制主要集中在公司法内部，大体围绕薪酬决定机制的建构与完善，通过薪酬决定程序、信息披露、薪酬决定主体责任等事前法律规制，达到“减少信息不对称、降低交易成本和提高确定性”② 的目的，以实现其在提高公司效率方面的作用。

然而在公司法的价值取向上，除了效率之外，是否就无需其他取向？学界对此争议较大，主要存有唯效率论和兼顾公平论两种观点。③

（1）唯效率论。自由主义学者普遍认为，公司法作为规范商事组织的法律除了效率目的外，根本就没有其他的目的。部分学者极其推崇市场机制的作用，认为市场机制是实现效率的最佳机制，进而彻底否定法律规制的其他目的，仅承认法律规制的效率目的。“归纳科斯以来整个法律经济学理论，其核心在于，所有法律活动，包括一切立法和司法以及整个法律制度事实上是在发挥着分配稀缺资源的作用，因此，所有法律活动都要以资源的有效配置和利用即效率极大化为目的。”④ 波斯纳在对法律进行经济分析时亦认为，“在自愿交易成本较低的情况下，普通法原则竭力鼓励人们通过市场进行其交易活动……在因通过自愿交易来配置资源的成本过高从而抑制交易的情况下，即在市场交易作为资源配置方法不可行的情况下，普通法就通过模仿市场这样的方式来给行为定价”。⑤ 另一部分学者尽管并不否认公司法还有公平、正义等其他目标，但因与效率目标相对抗的公平观念“从来没有形成过统一的意见”、“更有争议又难以在法官不得不使用

① 赵旭东：《公司法修订的基本目标与价值取向》，《法学论坛》，2004 年第 6 期，第 11 页。

② 徐菁：《公司法的边界》，北京：对外经济贸易大学出版社，2006 年版，第 58 页。

③ 徐菁：《公司法的边界》，北京：对外经济贸易大学出版社，2006 年版，第 91－100 页。

④ 钱弘道：《法律经济学的理论基础》，《法学研究》，2002 年第 4 期，第 14 页。

⑤ ［美］理查德·A. 波斯纳：《法律的经济分析》（上），蒋兆康译，北京：中国大百科全书出版社，1997 年版，第 329－330 页。

的有限方法范围内达到”[①]，使得效率价值更有影响；且传统的法律学者并不认为法官应该与社会目标发生任何关系，法官只应该运用正义原则，但这一正义原则被波斯纳认为具有工具主义性质，是“效率或重新分配政策的变异体”[②]。波斯纳在另一著作中也表达了同样的观点，认为司法活动在效率和再分配目标之外还可能存在其他潜在目标，但这些各种各样的“公正”和“正义”都“不过是财富最大化或有利于强利益集团的再分配的不同说法而已”[③]；在他看来，“普通法具有变得越来越有效率的倾向，尽管我们不能期望法律最终会达到完美的效率”。[④]“正义的第二种涵义——也许是最普通的涵义——是效率”[⑤]，这一观点也得到不少学者的支持，“冠以其他名称的效率原理在法律中已根深蒂固了”[⑥]。

（2）兼顾公平论。公司法除了效率这一经济性利益考量的价值取向外，还存不存在“高于一般经济利益考虑的所谓基本正义”[⑦] 的非经济目标[⑧]？加拿大公司法学者柴芬斯认为，公司法在效益这一经济目标基础上还应该提供某种基础性的非经济目标，它们可以是“提高公平和促进社会理想”[⑨]。我国学者也认为，公司法的使命和宗旨在于“鼓励社会化投资，促进企业发展和公司繁荣，同时又能兼顾债权人的权益安全，平衡公司参与人之间潜在的利益冲突”，[⑩]“公司法必须以注重投资和经营效益为首要的价值取向”。[⑪]

首先，效率目标不能完全包含公正目标。效率属于理性范畴，公正属于合理范畴，而理性与合理之间不完全一致。传统法律经济分析观点认为：“理性行为

---

① ［美］理查德·A. 波斯纳：《法律的经济分析》（上），蒋兆康译，北京：中国大百科全书出版社，1997 年版，第 333 页。

② ［美］理查德·A. 波斯纳：《法律的经济分析》（上），蒋兆康译，北京：中国大百科全书出版社，1997 年版，第 334 页。

③④ ［美］理查德·A. 波斯纳：《法理学问题》，苏力译，北京：中国政法大学出版社，2002 年版，第 450 页。

⑤ ［美］理查德·A. 波斯纳：《法律的经济分析》（上），蒋兆康译，北京：中国大百科全书出版社，1997 年版，第 31 页。

⑥ ［美］罗伯特·考特、托马斯·尤伦：《法和经济学》，张军等译，上海：上海人民出版社、上海三联书店，1994 年版，第 685 页。

⑦ 高西庆、赵谦：《信用在法治结构中的位置》，《比较》，2003 年第 10 期，第 112 页。

⑧ 英国著名学者奥格斯在分析规制正当化理由时将公益目标划分为经济性目标和非经济性目标，经济性目标就是效益目标，以资源最大化利用为已任；而非经济性目标即为公平或正义。［英］安东尼·奥格斯：《规制：法律形式与经济学理论》，骆梅英译，北京：中国人民大学出版社，2008 年版，第 29 – 55 页。

⑨ ［加］布莱恩·R. 柴芬斯：《公司法：理论、结构和运作》，林华伟等译，北京：法律出版社，2000 年版，第 135 页。

⑩ 赵旭东：《公司法修订的基本目标与价值取向》，《法学论坛》，2004 年第 6 期，第 11 页。

⑪ 郭富青：《新〈公司法〉的价值取向、调整功能与制度设计》，《法治论丛》，2006 年第 1 期，第 93 页。

是用有效率的手段追逐一贯的目的。非理性由不一致的目的引起或意味着非效率，根据这一定义，理性并不排斥目的的巨大独断性。明确地讲，纵然目的是反社会的，并且手段是不道德的，但行为可以是理性的。"[①] 换言之，理性是由效率决定的人类行为。但是，效率手段根据效率目标进行选择并受其限制，因此，效率手段在效率目标的支配下并不一定都是道德的或者合于社会的。可见，"法经济学的效率理性，完全是一种功利主义的理性观"。[②] "然而，通常人们把追逐反社会的目的或采取不正当的手段看成不合理的"，[③]即一个人的效率手段只有合于社会规范，才是正当的。因此，反社会和不道德的效率手段，它不符合理性的正义标准而仅仅是个人的功利主义目标，"既不代表人的一般社会理性，也不是人格本质的理性，更不能成为法律的价值选择"。[④] 也就是说，法律规范需要效率作为价值取向，但效率手段可能存在的反社会与不道德因素注定法律规范还需要其他价值取向予以补正。正是在这个意义上，就连竭力推崇效率取向的波斯纳也不得不承认："如果我们将效率看作是一个社会的公共制度所追求的唯一价值时，那它就会引起很大的争议。但如果我们只将它看作是一种价值时，就不会（在学术界之外）引起很大的争议。"[⑤] 美国著名的法理学者博登海默更是认为："任何值得被称之为法律制度的制度，必须关注某些超越特定社会结构和经济结构相对性的基本价值。在这些价值中，较为重要的有自由、安全和平等……尽管社会秩序会因社会制度和经济制度的特定性质不同而呈现出不同的表现形式，我却依然相信，一种完全无视或根本忽视上述基本价值中任何一个价值或多个价值的社会秩序，不能被认为是一种真正意义的法律秩序。"[⑥] 同时，公正"有着一张普罗透斯似的脸，变幻无常、随时可呈不同形状并具有极不相同的面貌"[⑦]，法经济学家将公正等同于效率的观点仅仅反映了其非理性偏爱，仅看到了公正的一个侧面，事实上公正除了效率维度外，还可能包含自由、平等等维度。故而，效率目标不能完全替代和囊括公正目标，公司法在坚持效率取向之外还需要考虑公正取向。

其次，公正目标有利于效率目标的实现。在法律学者眼中，公正与效率经常

①③ ［美］罗伯特·考特、托马斯·尤伦：《法和经济学》，张军等译，上海：上海人民出版社、上海三联书店，1994 年版，第 14 页。

② 王利民：《论人的私法地位：从一个制度的分析》，北京：法律出版社，2007 年版，第 27 页。

④ 王利民：《论人的私法地位：从一个制度的分析》，北京：法律出版社，2007 年版，第 28 页。

⑤ ［美］理查德·A. 波斯纳：《法律的经济分析》（上），蒋兆康译，北京：中国大百科全书出版社，1997 年，第 333 页。

⑥ ［美］E. 博登海默：《法理学：法律哲学与法律方法》，邓正来译，北京：中国政法大学出版社，1999 年，作者致中文版前言。

⑦ ［美］E. 博登海默：《法理学：法律哲学与法律方法》，邓正来译，北京：中国政法大学出版社，1999 年，第 261 页。

被认为是两个互换的对立概念，但柴芬斯认为，公正与效率在分析和处理公司事务时并不必然就是互换的对立关系，因为“用以提高非经济目标的法律措施可以同时增加社会的总体福利……以社会为导向的观念，比如信任、互惠和忠诚，在促进私人交易的有效率的结果中起着重要的作用”①。换言之，公正与效率不存在绝对的对立，二者可能在相互妥协中彼此促进，有时追求公正而牺牲效率是为了追求更高的效率，而追求效率抑制了公正是为了追求更大的公正。

最后，公司在社会生活中举足轻重的地位决定其不可能仅仅采用单一价值取向。早在20世纪40年代，美国著名法学家施瓦茨就明确指出，“作为经济发展的一种主要法律手段的公司，现已统治了整个经济和社会”。② 我国台湾学者认为，“公司已成为共同企业之典型，其存废枯荣，不仅关系股东盈利之追求，公司从业人员之生活，抑且与社会交易之保护、公益之维持及国家经济发展息息相关，其影响可谓至大且钜”。③ 公司活动已不再局限公司内部，“越来越超出股东个人利益和公司利益的范围，成为直接影响社会利益的事情”，④ 表现出强烈的社会化倾向。在这个意义上，公司呈现出准公共性特质，也决定了调整公司行为的公司法不可能仅仅考虑私人的效率，还必须站在社会公共利益层面考虑效率之外的其他社会目标。同时，有学者站在公私法相互融合的角度，认为拥有强大经济势力公司的大量出现并成为社会经济主体构成了私法公法化的一个重要原因，⑤“公司法成为‘私法公法化’的一个主要领域”。⑥ 由于私法公法化是以公法干预的方式实现实质意义上的公平，究其本质是以私法为基础并使私法合理化，其在公司领域的发展“既承认了公司自治与股东自治之间的偏离或悬隔的合理性，同时又将股东自治置于法律干预之下以保护公司的长远稳定发展”。⑦ 私法公法化也为公司法带来了公平等其他经济性社会目标的要求。

总之，将效率奉为圭臬、认为效率是法律制度的唯一追求目标是传统法经济学的一个失误，在非法经济学学者看来，“判断各种法律规则是否最适合实现它的目标，并不代表着资源配置效率必然是法律的追求目标。如果说法律追求效率，也只是追求工具意义上的效率，而不是目的意义上的效率。不同的法

① ［加］布莱恩·R. 柴芬斯：《公司法：理论、结构和运作》，林华伟等译，北京：法律出版社，2000年版，第171页。

② ［美］伯纳德·施瓦茨：《美国法律史》，王军等译，北京：中国政法大学出版社，1989年版，第295页。

③ 柯芳枝：《公司法论》，台北：三民书局，1997年版，第38页。

④⑥ 宁金成：《公司法律制度理念的分析》，《当代法学》，2006年第4期，第84页。

⑤ 沈宗灵：《比较法研究》，北京：北京大学出版社，1998年版，第122页。

⑦ 王红一：《公司法中的“政府管制”：理论争议与立法政策》，《学术研究》，2006年第8期，第72页。

律制度有它自己的追求目标，不能将法律制度简单地类比于市场制度，以市场制度的标准和价值观来解释所有的法律制度”。① 因此，法经济学者所言的效率仅仅是技术层面的目标，公司法不仅需要效率这一经济性目标，更需要公平、正义等非效率目标，甚至在某些特殊要件下，这些非效率目标远比效率目标重要。

（3）效率优先、兼顾公平是高管薪酬法律规制的必然选择。既然效率、公平都被设定为公司法追求的目标，而效率与公平取向之间可能存在的对立冲突为公司法学者提出了一个难题——如何在公司法律制度实践中选择、协调效率与公平理念。对此，有学者高瞻远瞩地指出：“一个旨在实现正义的法律制度，会试图在自由、平等和安全方面创设一种切实可行的综合体和谐和体。这是一项充满了巨大困难的使命，而且迄今尚未发现一项杰出计划在实现这一目标时能够声称自己体现了‘绝对的正义’。在努力寻求具体解决方法时，人们不得不考虑大量的变量和偶然情形。更有进者，有关合理调整上述三个价值间关系的方法，在各个国家是不同的，在一国历史发展的各个阶段是不尽相同的，而且在不同的政治、社会和经济条件下也是不尽相同的。”② 据此可以认为，公司制度设计中的价值冲突客观存在，效率与公平等其他价值之间的冲突不可避免，但“协调成一个相对的谐和体又是可能的、必要的。更重要的是，在协调选择安排中，不但要考虑政治、社会和经济条件的不同，而且要考虑各个法律为实现正义所承担的不同任务，以作出权衡后的优先选择和冲突协调之安排”。③

作为一种人为设计的、有效率的制度安排，现代公司治理结构不仅追求经济效率（经济技术演进）结果，同时也在特定的政治、历史及制度环境中，按不同方式演进和运作，以实现具体制度创新，即现代公司治理结构本质上是经济效率与制度适应相互配合的结果。这一选择应以效率优先，兼顾公平。毫无疑问，公司法作为调整公司这一市场主要商事组织的法律，主要目的在于对自愿交易提供保护，同时弥补市场的不足，提高经济效率，自然应该以效率为首要目标。这是因为，效率是制度的基本指向，在一个资源相对稀缺的社会，缺乏效率的法律制度至多只能具有残缺的正义性。全部法律制度都应以有效地利用物质资源、激励人力资源、最大限度地增进社会财富为目的。④ 成本—收益这种人类基本思维

① 魏建：《理性选择理论与法经济学的发展》，《中国社会科学》，2002 年第 1 期，第 112 页。

② ［美］E. 博登海默：《法理学：法律哲学与法律方法》，邓正来译，北京：中国政法大学出版社，1999 年版，第 297 页。

③ 宁金成：《公司法律制度理念的分析》，《当代法学》，2006 年第 4 期，第 86 页。

④ 蔡立东：《公司自治论》，北京：北京大学出版社，2006 年版，第 9 页。

模式所导致和追求的效率本身，以及对效率追求的自由符合现代社会的道德标准，与法律的正义诉求不谋而合。同时公司法作为法律规范也“必须体现法律所应具有的基本的公正原则，即公司法的目标结构是以效率目标为基础。在效率目标出现偏差时，以公正目标作为纠偏的指针”。① 并且这一公正目标必须以经济上的可行性、合理性为基础。

以效率为本位进行规制也是实务界的要求。“从各国公司立法改革的实践和公司法的发展趋势来看，效率优先已成为当代公司立法的主旋律……牺牲效率换回安全的做法，则被视为非明智之做法。”② 由于近年来高管薪酬评价标准逐渐向业绩联动型方向发展，公司治理要求以效率为基准构建经营者评价体系，需要明了高管的职务、责任，要求薪酬基准或体系的客观化与透明化，达到能够及时选任有能力的经营者、解任不合格经营者的目标，实现高管薪酬决定的业绩评价机能。以日本为例，2003 年日本养老基金协会发表的“养老基金协会股东表决权行使指南”③ 指明，养老基金协会行使国内股份表决权的一般原则为“高管报酬应该具有综合公司业绩或股东利益分配的水准；原则上积极评价与长期股份价值提升联动的激励报酬的引入；期待个别披露高管报酬”，并认为在过去三年连续亏损且不分红或过去五年综合核算的最终利益为负的情况下，股东价值减损非常明显，高管薪酬做减额或无薪酬处理也是妥当的。

然而，正如前文所分析的那样，仅以效率作为公司法的价值取向是不周延的，会有损法律制度本身价值的。如果片面强调效率而不考虑其他价值，“公平会在很多具体问题上遭受某种程度的损害，如对公司债权人保护不周和公司其他相关者利益保护不周的问题就会出现”。④ 鉴于此，公司法还需要考虑公平价值取向，在坚持效率优先的情况下兼顾公平。

需要强调的是，尽管本书讨论的是对高管过度激励带来问题的规范，但笔者依然坚持这样的理念：法律制度的核心依然是激励而非强制，应当鼓励人们自由地追求自己需要的满足，在实现自己利益的过程中心甘情愿地做出社会可能做出的选择。在达致法律所应当具有的人文关怀的同时满足社会功利的需求。

---

① 徐菁：《公司法的边界》，北京：对外经济贸易大学出版社，2006 年版，第 100 页。

② 吴凡、杜妍妍：《梳理、更新立法理念，谱写公司法新篇章——〈公司法〉修改若干问题访谈录》，《中国工商管理研究》，2005 年第 8 期，第 12 – 13 页。

③ 江頭憲治郎「コーポレート・ガバナンスの視点から見た会社法」東京株式懇話会会報 535 号 30 頁以下（1996 年）。

④ 宁金成：《公司法律制度理念的分析》，《当代法学》，2006 年第 4 期，第 87 页。

2. 公平优先、兼顾效率：税法视野下的薪酬规制价值取向

社会物质财富在人们之间公平地分配是人类社会无时无刻追求的理想。美国经济学家詹姆斯在论述经济政策选择原则时说，“在任何一个时点上，都应该在社会的全体人民之间比较公平地分配社会的收入和财富”。[①] 如果将视野放在更为宏观的层面，高管薪酬实质上是社会利益分配的一个组成部分，高管薪酬法律规制实质上成为社会利益分配的法律制度安排。学界通常认为，税法是分享改革成果和建构和谐社会至关重要的利益分配制度，税法在分配社会财富时遵循公平还是效率，在不同历史时期存有争议。[②] 然而，由于现阶段税法规制薪酬主要是为了回应社会公平诉求，公平自然成为税法规制高管薪酬的首要价值取向。笔者将这类以公平为主要价值取向的规制称为公平偏好型法律规制。

公平在法律上被区分为形式公平与实质公平。形式公平意味着机会平等，主要通过意思自治得以实现，而实质公平是在尊重市场经济主体的资源与个人禀赋差异的前提下追求的一种结果上的公平，主要通过法律对意思自治的限制来实现。[③] 就高管薪酬而言，如果税法站在促进高管与股东平等协商薪酬的角度进行规制，由于股东与高管之间就薪酬进行自由协商完全是按照市场机制通过契约方式进行的，效率成为交易双方平等的要求，税法几无作用的空间。不过，由于高管薪酬与股东利益不存在联动受到人们广泛质疑，税法可以发挥其利益调整功能，通过利益诱导促进薪酬与业绩相联系也是可能的。美国的经济实践也向世人证实，税法尤其是所得税税法的许多制度“具有鼓励某些经济活动而阻止其他经济活动的效果”[④]，税法的这一作用空间局限在初次分配当中，关注的是薪酬的形式公平。但如果税法站在缩小高管收入与其他利益相关者尤其是普通员工收入差距的角度，则实质公平成为税法不二的价值取向，这也正是税法真正的价值体现。著名学者罗尔斯提出的社会财富分配“第二原则”[⑤] 认为，社会的和经济的不平等应这样安排，使他们被合理地期望适合于每一个人的利益；并且依系于地位和职位向所有人开放。换言之，通过对高管和其他利益相关者安排不同的经济制度，强制缩小彼此间因效率分配带来的不公平，从而实现社会的公平诉求。不

---

① ［美］詹姆斯·E. 米德：《效率、公平与产权》，施仁译，北京：北京经济学院出版社，1992 年版，第 121 页。

② 张怡：《论非均衡经济制度下税法的公平与效率》，《现代法学》，2007 年第 4 期，第 97 - 105 页。

③ 李昌麒：《经济法学》，北京：法律出版社，2007 年版，第 80 - 81 页。

④ ［美］斯蒂格利茨：《经济学》（第二版）（上册），梁小民等译，北京：中国人民大学出版社，2000 年版，第 482 页。

⑤ 罗尔斯提出的正义二原则具体如下：第一原则：每个人对与其他人所拥有的最广泛的基本自由体系相容的类似自由体系都应有一种平等的权利；第二原则：社会的和经济的不平等应这样安排，使它们被合理地期望适合于每一个人的利益，并且依系于地位和职位向所有人开放。有关两个原则的内容，详见［美］约翰·罗尔斯：《正义论》，何怀宏等译，北京：中国社会科学出版社，1988 年版，第 60 - 61 页。

过税法的这一作用空间不再是初次分配领域，而是已转换到了社会分配的再次分配领域。

一般而言，一项行之有效的薪酬机制需要具备四个特征：对内的公正性（即根据员工们各自工作的价值提供薪酬）、对外的竞争性（即参考市场上的一般工资水平来提供薪酬）、对个人的激励性以及易于管理性。从本质上讲，只有具备以上四个特征才能形成一项有效的薪酬机制。对内的公正性要求实质上就是社会对收入差距公正性的诉求，税法做出回应时只能采取实质公平价值取向，而对外的竞争性要求实质上是高管薪酬效率的诉求，税法回应时应以效率为价值取向。然而，综观盛行于美国的各种薪酬机制，前两个特征总是不能同时具备，从而只能牺牲其中的一个目标。① 也就是说，效率和实质公平难以两全。

然而正如前文所述，效率与公平很难截然分开。笔者认为，考虑税法价值不同于公司法价值的特殊性，税法在规制高管薪酬时，应当将公平作为自己的首要价值取向，在坚持公平原则的前提下，也必须最大可能地考虑效率的要求。毕竟高管薪酬过高作为一个社会问题与激励高管积极性、促进公司与股东乃至社会利益增长相比，并不是一个严峻的问题。这可从各国对高管薪酬差距过大发生公平诉求的时机上得以佐证。仔细考察和分析近年各国对高管薪酬过高的公平诉求，可以发现每一诉求均发生在某一特定社会历史时期或某一特定事件当中。社会对高管薪酬的公平诉求并不像高管薪酬的效率诉求那样一直存续，而是在特殊条件下偶尔发生，一旦条件不复存在，则诉求消失。

（二）公司高管薪酬法律规制的目标诉求

高管薪酬法律规制以效率为其主要价值取向，兼顾社会的公平诉求。这一价值取向具体落实到薪酬法律规制制度时必须明了法律规制所要达到的具体目标，方能有效指引相关制度有效规范和约束高管薪酬。具体而言，为落实高管薪酬法律规制的效率要求，在公司法制度框架内，法律对高管薪酬的规制需要促进薪酬与业绩的相关性，改善现有薪酬公平议定机制中的制衡力量；税法等其他法律制度在一定程度上回应社会公平诉求的同时还要兼顾薪酬与业绩相关性的促进。

1. 促进薪酬与业绩的相关性

由于代理理论成为当前研究高管薪酬的基础框架，代理理论探讨高管薪酬决定因素主要关注薪酬与绩效之间的关系，认为高管与股东之间订立的薪酬合约能够使股东价值最大化，其最优合约设计方法遵循了完全契约的思想；在薪酬水平高低问题上，股东为了减少经营管理者自利行为产生的代理成本，会将企业绩效

① 陈清泰、吴敬琏：《公司薪酬制度概论》，北京：中国财政经济出版社，2001 年版，第 1 页。

与管理者薪酬水平相联系，由股东来决定薪酬合约如何设计，使企业业绩成为决定管理者薪酬水平的最基本因素。[①] 代理理论认为，这是联系股东利益与管理者利益的基本方式，有效的薪酬设计与管理能够促使代理人将实现公司价值最大化作为活动的目标。追求激励措施与高管业绩之间的关联度成为近几十年经济学家努力的方向。基于这些认识，实践中出现高管薪酬与公司业绩无联系或比例不相称的质疑也就是自然的事情了。同时，管理层权力论的研究进一步加深了人们对薪酬正当性的质疑。管理层权力论认为，公司高管的薪酬受到社会对高管薪酬的看法和公愤成本的制约，为了平息公愤，薪酬设计人通常有强烈动机去掩饰高管的薪酬水平和薪酬与业绩脱钩的情况，设计出多种可以掩饰租金使其貌似合理的薪酬方式。换言之，通过设计好的薪酬制度可以实现高管利益与股东利益的一致性，但高管会利用权力阻止这一有利于股东利益的薪酬制度设计。因此，作为试图解决高管薪酬不正当性的法律规制必须将促进薪酬与业绩相关性作为制度设计的目标追求。

促进薪酬与业绩的相关性也是各国高管薪酬实践发展的要求。20 世纪初开端的现代薪酬制度在市场经济发达国家得到大力发展，20 世纪 60 年代之前，以年度奖金为基础的短期薪酬激励制度建立并得到许多公司效仿，70 年代后长期激励性报酬出现并在全球得以风靡，高管薪酬形式多样化，以长期激励性报酬为主体的薪酬制度取代了以基本工资和年度奖金为主体的薪酬制度，单纯以股票形式的长期激励性报酬逐渐发展到多样化的长期激励性报酬，从以累积的每股收益作为业绩评价指标逐渐发展到采用能够全面和准确反映企业真实价值增长的各种综合测评指标，股票期权、股票认购期权、限制性股票、股票升值权、业绩股份等各种薪酬形式也纷纷出现[②]。这些薪酬形式无不围绕高管薪酬与业绩关联性进行制度设计，作为规制高管薪酬的法律制度设计必须要体现和反映现代薪酬制度的发展趋势，引入有利于促进薪酬与业绩相关联的薪酬形式，并注意克服各种薪酬形式在实务中显现出的弊端。

并且，现有的研究和高管薪酬法律规制改革也支持这一观点。有学者分析总结了报酬数额税收限制和信息披露制度对高管薪酬数额限制的作用，认为基本上起不到应有的作用，对高管薪酬的规范放在“促使企业增加高管报酬与企业业绩的相关性方面往往效果比较好”，美国的薪酬规制实践证明这两种方式都“促进了这一正相关性”。[③]

① 彭剑锋等：《高管薪酬：最佳实践标杆》，北京：机械工业出版社，2009 年版，第 27－28 页。

② 高明华等：《中国上市公司高管薪酬指数报告》（2009），北京：经济科学出版社，2010 年版，第 9－10 页。

③ 郁光华：《从代理理论看对高管报酬的规范》，《现代法学》，2005 年第 2 期，第 184 页。

不过需要强调的是，“安然丑闻”和全球金融危机首先爆发在特别强调高管薪酬与业绩相关联的美国，说明薪酬与业绩关联本身仅仅“是实现激励功能的必要条件，而非充分条件”①。这是因为，在薪酬与业绩的关联中，高管可能仅仅关注对薪酬影响大的项目和因素，在任期有限的情况下，为了实现自己的薪酬利益，高管将公司发展目标定位于符合自己的短期目标而非长远目标，从而影响公司的长远发展，“安然丑闻”中的高管为了追求自身利益不惜财务作假、全球金融危机暴露出的高管为了追求短期利益过度采取高风险行为而置公司于极度危险中的状况即为明证。因此，薪酬不仅要与业绩相关联，还要与公司长期业绩相关联，促进公司的长远健康发展。

2. *改善现有薪酬公平议定机制中的制衡力量*

根据代理理论设计的传统薪酬决定机制建立在公平交易模型基础上，根据该模型的假设，董事会决定高管薪酬时与高管进行的是公平交易，这一假设一直是企业界和大多数高管薪酬学术研究尊奉的中心信条，并构成了法律规则和公共政策的实践基础，以证明高管薪酬的正当性。然而，学者深入研究后发现，这一公平交易模型的前提假设存有问题，董事会成员在决定高管薪酬时并不能真正代表股东利益与高管之间进行公正的薪酬谈判，董事有各种经济动机支持或至少接受有利于公司高管的薪酬安排，各种社会的、心理的因素以及董事自身能力、资源的限制也约束董事不会努力履行职责，从而使薪酬安排偏离公平交易，出现失灵——董事无法按照假设为股东利益努力，并且高管还会利用拥有的权力影响董事攫取高额租金。② 在代理理论作为创建高管激励模型、设计最优激励合约的主要理论基础的地位没有发生根本变化的当前，研究高管薪酬法律规制构建相应制度自然也只能以现有公平交易模型为基础，在其基础上做制度改进。既然现有薪酬决定模型中控制薪酬的董事无法真正代表股东约束高管薪酬，那么一个可供考虑的思路是增强高管薪酬议定过程中的约束力量，使薪酬决定者尽可能远离利益冲突，并增加其恰当工作的激励。实践中各国的高管薪酬制度改革主要也集中在这点上，有学者研究美国1990年开始进行的系列披露规制强化和税制改革后认为，这一改革以“建构恰当的报酬决定与抑制不当高薪提供的机制”③ 为基础。

需要注意的是，法律增强高管薪酬议定机制的制衡力量并不意味着法律制度本身直接可以增强制衡力量。不容否定，法律制度能够增强薪酬决定方的制衡力

---

① 黄勇斌：《国企高管薪酬规制的路径融合》，《探索与争鸣》，2010年第6期，第49页。

② ［美］卢西恩·伯切克、杰西·弗里德：《无功受禄：审视美国高管薪酬制度》，赵立新等译，北京：法律出版社，2009年版，第5－10页。

③ 四竈丈夫「役員報酬の対価性と合理性（一）——米国デラウェア州判决を中心に——」早稲田大学大学院法研論集105号155頁以下（2003年）。

量，但如前所分析，法律制度本身有其局限性，决定其必须充分依靠市场力量等其他力量来实现这一目的。因此，法律规制制度设计时除了关注制度本身如何增强薪酬制衡力量外，更要关注如何利用外在力量，如何为外在力量介入提供条件。总之，设计高管薪酬法律规制制度时，充分利用各种力量增强制衡，“只有当薪酬决定、薪酬计划能够激励管理者像企业所有者那样思考和行动时，计划才得到了改善，这种情形意味着管理层薪酬和所有者资本一起处于风险中”，[①] 法律规制使命方得以完成。

3. 一定程度回应社会公平诉求

尽管高管高薪有其正当性，并且法律规制高管薪酬主要应尊重市场的效率价值，但无论是公司法、还是税法等其他法律领域，都需要或多或少考虑公平的价值取向，同时，特定历史时期社会的公平诉求也需要加以考虑。毕竟高管作为社会成员不能真空存在，高管薪酬也不能脱离整个社会经济范畴。更何况社会对高管薪酬公平性要求的呼声高涨，作为社会利益调整机制的法律制度不可能无动于衷，尤其是作为“回应型”[②] 法的经济法更不可能置身事外，高管薪酬法律规制需要回应社会的公平诉求。考虑不同法律制度的目的不同，笔者认为，公司法主要以效率为价值取向，相关薪酬规制制度应重点集中在公平薪酬决定机制的建设和促进高管与股东利益的关联性方面；税法本身主要以公平为己任，相关薪酬规制措施主要应关注高管与其他利益相关者之间的实质公平，缩小收入之间的差距，但是因其具有很强的利益诱导作用，因此还需要关注效率的维护，在促进高管与股东利益关联性上发挥作用。

四、公司高管薪酬法律规制的模式选择

明确了法律规制薪酬的限度、价值取向、目标诉求，法律采用怎样的模式进行规制——是集中立法规制还是分散立法规制、是以效率偏好还是以公平偏好安排制度、是以股东中心主义还是以董事会中心主义安排制度也是需要明确的问题。这些问题的不同回答影响着高管薪酬制度的具体安排。

---

① ［美］小约翰·科利等：《公司治理》，李维安等译，北京：中国财政经济出版社，2004 年版，第 124 页。

② 美国学者诺内特和塞尔兹尼克对法的类型划分之一，意指回应各种社会需要和愿望的一种便利工具的法律。［美］诺内特、塞尔兹尼克：《转变中的法律与社会：迈向回应型法》，张志铭译，中国政法大学出版社，1994 年版，第 16－18 页。

（一）集中立法规制型抑或分散立法规制型

关于高管薪酬的法律规定，各国一般都在公司法、证券法以及证券交易所的相关规则中予以规定。就公司法而言，国外的立法例一般有两种立法模式。① 一种是法律（主要是公司法）仅对高管薪酬的制定程序、决定机关等问题做出规定，而对高管薪酬的具体数额和计算方法一般不予干预，这些国家以美国、英国等国家为代表。就每个国家而言，各国在公司法上关于高管薪酬的决定权配置不一，但都特别强调薪酬决定程序。另一种立法模式以德国为代表，公司法对高管薪酬规定得比较具体，也比较全面，不仅规定了董事、监事薪酬的制定程序，而且还规定了一些具体的计算方法以及救济措施。高管薪酬规制制度除了各国公司法的规定外，证券法和各交易所的相关规定也有所体现，重点集中在薪酬的信息披露上；税法往往采用企业所得税税前扣除与个人所得税纳税安排对高管薪酬进行控制。

总体上，各国对高管薪酬的法律规制基本上采取的是分散立法的模式，并未专门针对高管薪酬制定相对统一的法律制度。这样的安排可以充分发挥不同法律特性实现不同规制目的，且制度变更相对容易，有较强的适应能力。然而分散的规制制度彼此间可能存在相互矛盾和消解效力的弊端，也不利于外部监督者详细了解法律规制全貌，尤其在各国大量改革高管薪酬制度的当前，更有必要整合分散的制度，制定一部统一的薪酬规制法律。实践中，个别国家也已开始进行这一尝试，如德国 2009 年制定通过了《董事薪酬合理性法案》。笔者大胆揣测，未来高管薪酬法律规制应会朝着集中立法模式发展。

（二）效率改进型抑或公平偏好型

既然高管薪酬规制的价值取向包含了效率与公平的要求，而且如前所述，公司法与税法都无法将两种价值截然分开，但二者各自也有自己的侧重。因此，不同的价值取向偏好将影响规制制度的采用。

1. *效率改进型规制*

如前所述，代理理论视角下的高管薪酬制度安排是以市场机制为基础，董事代表股东利益与公司高级管理人员之间进行公平议价。然而，这一薪酬制度安排要获得代理理论所预定的效率价值，必须满足两个严格的假定条件：“一是董事会及其薪酬委员会完全按照股东的利益行事，董事会与股东之间不存在任何代理问题；二是在设计和实施企业高管薪酬合约的过程中，董事会拥有完全的缔约

① 吴国基：《中国上市公司高管薪酬的公司法规制》，《湖南农业大学学报》（社会科学版），2004 年第 2 期，第 81 页。

权，经理人员在设计报酬补偿条款方面没有任何提议权和讨价还价的实力。”① 但众多学者在研究中发现，信息不对称、股权分散、非程序化工作、自我地位稳固等现象的存在，导致公司权力分配严重倾向管理层，公司管理层事实上控制着公司决策过程，进而左右高管薪酬的确定过程，② 董事并未代表股东行事，代理理论假定的效率价值所需要的要件并不能真正满足。因此，为恢复公平议价机制的作用，法律规制需要在两个假定要件上着力。效率改进型规制正是以效率为核心取向，重点集中在公司法领域，着眼于高管薪酬公平议定机制，通过薪酬议定当事人权责的重新配置、信息提供责任的重新划定，进而改进薪酬决定机制的效率。“效率改进型规制主要反映对广大股东利益的关切，主要目的在于通过各种规制手段来完善企业高管的薪酬结构，提高薪酬绩效的敏感性，增强企业高管薪酬制度的合法性和有效性，进而引导和督促企业高管尽职敬业，并关注和提升企业的长期价值。”③

2. 公平偏好型规制

与效率改进型规制模式不同的是，公平偏好型规制以公平为核心取向，重点集中在薪酬数量控制问题上。虽然企业薪酬制度需要关注薪酬竞争力，能够充分吸引、留住和激励企业所合意的员工，但是薪酬安排的公平性同样也需要考虑。已有的研究证实，企业薪酬合约的设计和实施存在外部性，“会对整个企业各级员工的薪酬公平感产生扰动效应，也会对社会公众关于收入分配的公平感产生影响”。④ 因此，在高管薪酬水平远远超过社会平均收入水平、超越社会公众心理认同界限而备受社会谴责时，高管薪酬规制自会淡化效率要求，在公平分配的社会思潮压力下，采用信息披露、会计规则、税收甚至直接强制控制薪酬数额等措施对企业高管薪酬进行不同程度的规制。这一规制模式比较强调外力对薪酬数额的影响，关注高管薪酬在社会财富分配中的合理性以及缩小高管与社会成员的收入差距。

（三）股东中心主义抑或董事会中心主义

公司治理的基本问题是控制权如何配置，公司法学理上历来存有股东中心主义与董事会中心主义的争议。股东中心主义主要根据经济学上的代理理论，认为股东是公司的终极所有权人，董事与经理等高级管理人员仅为股东利益的管理者

①③ 黄再胜：《企业高管薪酬规制理论研究：动因、实践与启示》，《外国经济与管理》，2009 年第 8 期，第 21 页。

② ［美］卢西恩·伯切克、杰西·弗里德：《无功受禄：审视美国高管薪酬制度》，赵立新等译，北京：法律出版社，2009 年，第 72 – 78 页。

④ 黄再胜：《企业高管薪酬规制理论研究：动因、实践与启示》，《外国经济与管理》，2009 年第 8 期，第 20 页。

或代理人，对股东负有信义义务，其职务执行应为股东最大利益行事。在这种体制下，股东具有控制公司的最高权力，全体股东组成的股东大会拥有终极的法定权限，不仅可以选任董事，董事还必须遵从股东大会的决议。为有效控制代理成本，股东大会一定拥有对董事等高管的约束和激励权利，进而形成股东大会选任董事并决定其薪酬，同时将选任高级管理人员并决定其薪酬的权利让渡给董事会的薪酬决定机制。董事会中心主义从经济学的契约理论出发，主张公司仅为一系列企业的集合，股东仅是这些契约中的一项要素，董事会则为这些契约提供服务。换言之，公司并非一个实体，而是契约结合物，通过整体运作生产产品或提供服务，因此，董事会应拥有更为宽泛的决策权。董事会不仅是公司的业务执行机关，更是公司的意思决定机关。这一体制强调董事会的控制，因此，除了公司少数重大事项仍保留给股东大会外，其他事项全部委托给董事会决定，并尽量减少股东对董事会的干预，以确保决策效率。据此，高管薪酬自然成为董事会的权限，为避免自定薪酬缺乏正当性，董事会中心主义发展出由非业务执行董事组成的薪酬委员会决定董事和高管薪酬的薪酬决定机制。两种模式下的高管薪酬决定机制也存有缺陷。股东中心主义下的高管薪酬决策机制必须建立在股东积极行动的基础上，然而经济学理论和实证研究的证据一再表明这一前提存在的可能性微乎其微。股东的理性冷漠、“搭便车”行为以及用脚投票的便捷性降低了这一机制的效用。董事会中心主义下的高管薪酬决定机制中，拥有强大控制权的高管受到的市场约束可能失灵，董事可能利用这一权力谋求私利而置股东利益不顾，也可能产生“自肥”现象。①

可以看出，两种理念下的薪酬决定机制完全不同，相应的薪酬规制制度安排也大相径庭。前者注重发挥所有者的作用，后者强调效率注重非业务执行专业人员的作用。针对每一模式的缺陷采取的改进措施也各不相同，这可从各国规制高管薪酬采取的措施得以佐证。不过，近年来两种模式在薪酬机制上也开始相互渗透和借鉴，股东中心主义模式为解决股东的理性冷漠开始逐渐引入专业人员组成独立的薪酬委员会，而董事会中心主义模式为增强控制力度开始尝试引入不具约束力的股东表决制度。因此，高管薪酬规制制度设计可以综合考虑两种模式的优势，在坚持已有模式的基础上，适当借鉴另一模式的优势克服己方模式的缺陷。

① 李懿洋：《从公司治理看薪酬法制》，中国台湾中正大学法律研究所硕士论文，2010 年，第 72 - 113 页。

第二章　公司高管薪酬的立法规制

正如前文所述，公司高管薪酬法律规制正当性及其作用毋庸置疑，立法将采取怎样的措施予以回应、这些措施应当怎样安排等问题则需要思考。本章根据前文所分析的法律规制价值取向，从效率偏好、公平偏好两个维度，就现有立法回应措施展开讨论。

一、公司高管薪酬效率偏好型规制措施

自高管薪酬作为解决两权分离下的委托—代理成本问题而被引入公司治理结构以来，一直存在着报酬决定正当性问题的争议。一般地，两个假设——可以有效维护自己合法权益的股东与作为代理人的董事之间公平进行讨价还价、为股东寻求最具激励效果的董事会与试图谋求获得自身最高薪酬待遇的高管之间公平进行讨价还价——构成了现有高管薪酬安排的基础，成为了董事会决定高管薪酬正当性的证明，现有规制高管薪酬的法律规则和公共政策均以此为前提进行安排。换言之，为解决委托—代理成本问题，发挥薪酬的激励监督作用，法律基于前述假设的公平交易模型就高管薪酬的决定程序进行了大量制度设计和安排。然而，近年来大量出现的高薪争议说明通行的薪酬公平交易模型存有缺陷，“高管薪酬制度问题的主要根源在于缺乏有效的公平交易机制”。[①] 因此，如何规范高管薪酬决定程序中存在的问题，建立公平交易机制就成为了薪酬效率偏好型法律规制的根本问题。

在人们普遍怀疑当前高管薪酬合理性的当下，法律的效率偏好型规制需要做的就是尽量促进薪酬与业绩的相关性，减少自定薪酬现象的出现，增强公平交易模型中相关制衡力量，使法律规制的作用力量更加着眼于薪酬决定程序的规范和要求上。笔者认为，从现有理论界和实务界的观点来看，公司高管薪酬的效率偏好型规制主要集中在三个方面：针对薪酬确定过程中的所有者缺位问题试图增强

---

① ［美］卢西恩·伯切克、杰西·弗里德：《无功受禄：审视美国高管薪酬制度》，赵立新等译，北京：法律出版社，2009 年版，前言第 2 页。

议价过程中所有者或代理人的控制作用，针对薪酬决定过程中的信息不对称问题加强信息披露的广度和深度，针对薪酬确定过程中的双重代理问题加大代理人的责任约束。

（一）公司高管薪酬的股东或薪酬委员会决定

1. 公司高管薪酬决定权的配置

公司高管薪酬决定权作为监督、评价经营者体系的组成部分，其核心是在股东大会与董事会之间进行权限分配。各国因法律传统不同构建的公司治理结构也不同，公司高管薪酬决定权也因此呈现出不同的安排。

（1）公司高管薪酬决定权配置模式。英美法系的典型代表美国、英国采用单轨制公司治理模式，公司机关由股东大会和董事会构成，股东大会选任董事，由董事组成的董事会负责股东的业务经营和事务管理，董事会选任和监督公司高管。虽然美国标准公司法建议董事会决定董事薪酬，但“对董事可能被诱使不负责任地确定高级管理人员报酬的担心使许多人认为公司董事会应把其权力委派给全部或主要由非业务执行董事组成的报酬委员会”①，纽约证交所和纳斯达克证交所上市的企业因而被要求由非业务执行独立董事组成的薪酬委员会决定业务执行人员的薪酬。

大陆法系的典型代表德国采用双层制模式，公司机关由股东大会、监事会、董事会组成，股东大会选任监事，由监事组成的监事会选任董事并监督董事会的业务执行，董事组成董事会负责公司业务执行。德国公司中的董事在法律地位上相当于美国公司中的高级管理人员。根据德国《股份公司法》的规定，监事的报酬由章程规定或股东大会决议确定，监事会决定董事报酬。

日本的传统公司治理结构也是采用双轨制，但这一双轨制与德国有所不同。股东大会选任董事、监事分别组成董事会、监事会，董事会负责业务决策和执行，监事会负责监督，董事会选任并监督公司高管。公司董事、监事薪酬由公司章程规定或股东大会决议确定，高管薪酬由董事会决定。但因董事兼任高管的情形在日本非常普遍，因此，很多高管的薪酬也由股东大会决定。不过，日本《公司法》同时引入了美国的单轨制治理模式供公司自主选择，在单轨制结构下，公司采用与美国相同的做法，即董事的薪酬由薪酬委员会决定，薪酬委员会必须决定每个董事的报酬。

（2）公司高管薪酬决定权配置理念。

1）利益隔离。虽然各国按照自己的法律传统安排的薪酬决定程序各不相同，

① ［加］布莱恩·R. 柴芬斯：《公司法：理论、结构和运作》，林华伟等译，北京：法律出版社，2000 年版，第 714 页。

但无一例外体现了“三权分立、三权制衡的思想”①，即所有权与经营权分离，业务执行权与业务监督权分离，目的在于排除薪酬决定中的利益冲突。前述美国和德国的公司治理构造虽然区分为单轨制、双轨制，治理机构设置和名称虽不同，但美国的非业务执行独立董事在机能上对应于董事兼任业务执行人、德国的监事在机能上对应于董事，这样的对应安排实现了公司的业务监督检查机能、薪酬决定机能与业务执行机能的功能性分离，即非业务执行的股东或董事掌握薪酬决定权，并利用这一权利激励和监督业务执行的董事或高管，公司监督机能主要是对业务执行人员的选任和薪酬决定。在普遍设置监事会的日本公司中，股东大会选任董事和监事，决定各自的报酬额，董事会在通常情况下监督业务执行，由于其组成成员的董事又经常通过代表董事、业务执行董事、高管兼任董事等渠道承担公司自身的业务执行，虽然近年来采用外部董事的日本企业数不断增加，但是未必能说监督业务执行职能与业务执行职能得到了功能性的分离②，出于利益隔离的需要，日本《公司法》分别赋予股东大会实施监督者和业务执行者双方选任与薪酬决定职能。总之，无论薪酬决定权如何配置，只要实现了薪酬决定权人与薪酬领受人之间的利益隔离，薪酬的领受就获得了正当性基础。

2）股东有限控制。大陆法系国家和英美法系国家的公司法制度设计基础略有不同，前者以股东中心主义为前提安排制度，后者以董事会中心主义为前提安排制度，从而带来薪酬决定机制运行中参与各方的权利义务配置、制衡力量的彰显与抑制各有不同。体现在薪酬约束上，大陆法系国家公司法特别强调股东的制衡力量，而英美法系国家公司法几乎排除股东在薪酬约束方面的作用，倚重于独立董事组成的薪酬委员会。不过，近年来两者有相互靠拢的趋势，呈现出全球公司治理趋同现象。前者虽考虑股东为中心，但大量压缩了股东的薪酬决策权利，且理论界与实务界对股东是否能在两权分离情况下真正发挥作用、维护自己的合法权利存有疑问；后者在总结多年薪酬调控得失的基础上尝试增强经营者控制的外在力量，并试图在一定程度增加股东所有者的影响力，即采用股东大会决议的方式影响董事的薪酬决策。

值得一提的是，所有制度安排的共同前提是所有权与经营权分离。因此，在所有权与经营权没有分离的公司中，所有者拥有公司控制权，能够自主评判薪酬的合理性，维护其自身合法权益，没有自定薪酬的“自肥”风险存在基础，故上述薪酬决定制度安排也应没有适用的必要。但在控股股东控制公司的情况下，控股股东所有权与经营权没有分离，非控股股东所有权与经营权常常分离，控股

---

① 施天涛：《公司法论》，北京：法律出版社，2005年版，第339页。

② 野村有司「あるべき役員報酬制度の構築に向けてコーポレート・ガバナンス体系の見直しを」，http：//www. mercer. co. jp/referencecontent. htm？ idContent＝1336645，2009年2月18日。

股东可能利用薪酬具有分配替代机能的性质，挖掘侵占中小股东利益的“隧道”，为保护中小股东的合法权益，薪酬决定程序依然有适用的必要。

2. 薪酬决定权的行使

从高管薪酬决定的立法规定中可以看出，董事薪酬决定主体主要是股东大会或薪酬委员会，高管薪酬决定主体是董事会或董事会下设的薪酬委员会。股东大会作为双轨制治理结构中的权力机关有权决定公司的重大事情，可以有效地维护股东自身的合法利益，体现了所有者控制公司的理念，而非业务执行董事组成的薪酬委员会决定董事的薪酬是因为美国公司股份高度分散，公司所有者无法控制经营者，主要借助高度发达的经理人市场控制董事、高管薪酬，籍由薪酬委员会的专业运作维护公司的合法利益。既然法律明确规定了股东大会或薪酬委员会的薪酬决定权限，那么，我们可否进一步追问：薪酬决定主体可否委托他人行使这一法定薪酬决定权？其效力如何？委托界限何在？薪酬委员会是否是董事薪酬决定权的唯一享有者？

（1）薪酬决定主体可否委托他人行使这一法定薪酬决定权？对这一问题的回答，涉及薪酬决定的立法意图。日本学界认为，规定薪酬决定程序的原《商法》第269条（日本《公司法》第361条）主要体现如下政策：由于公司与董事之间一般需要签订委任合同，而代表公司签订合同的是公司董事长或法定代表人，董事报酬的决定成为了董事与公司之间的交易行为，就具有了业务执行行为的性质，必须得到董事会的承认，但是允许董事会决定董事的薪酬会存在很大的自己决定自己薪酬的“自肥”风险，从而有损公司财产。因此，原《商法》第269条（日本《公司法》第361条）的规定仅仅是为了防止“自肥”的政策规定罢了。[①] 这种观点得到了日本学界和判例的普遍认可。我国台湾地区“公司法”第196条也规定，董事之报酬，章程未订明者，应由股东大会决议定之。学者也认为这一规定的目的是为了避免董事利用其经营者地位与权力肆意索取高额报酬。[②] 还有日本学者认为，董事决定董事的报酬，符合利益相反交易，原《商法》第269条（日本《公司法》第361条）的规定也可以说是公司法有关利益相反交易规定的特殊规则。[③] 也有日本学者反对政策说，认为既然商法规定股东大会享有董事选任权，那么股东大会可以决定董事的报酬也就是再正常不过的事情了，原《商法》第269条（日本《公司法》第361条）只不过重申这一当然

---

① 酒巻俊雄、上村達男『会社法（现代法学叢書）』125頁以下（青林書院，2003年）。

② 梁宇贤：《公司股东大会委由董事会决定各个董事分配之报酬额是否有效——评最高法院九十三年度台上字第一二二四号判决》，《月旦法学杂志》，2005年6月121期，第222－228页。

③ 弥永真生『会社法』209頁以下（有斐阁，第11版，2007年）。

的事情罢了，[①] 并不是一项政策安排。日本学者宫本明幸对此评价认为，由于董事薪酬具有公司给付董事职务执行对价的性质，而各个董事职务的内容由业务执行机构的董事会决定，由董事会把握职务执行状况更合适，现实中很少有股东关心公司的经营，股东大会自主判断每个董事薪酬的相当性非常困难，因此，董事会应该享有决定每个董事职务内容相对应薪酬的权利，政策说是妥当的，股东大会可以将薪酬决定权委托给董事会或特定董事。[②] 然而，笔者更倾向于非政策说。因为所有者决定其雇佣者薪酬在两权合一公司中是所有者当然的权利，在两权分离后这一权利并未发生根本变化，法律只不过是在两权分离假设下再次强调了所有者需要决定薪酬的雇员范围，在所有者认为不损害其利益情况下自主决定薪酬决定权的分配也是合理的。

因此，作为公司所有者的股东可以将其薪酬决定权委托给他人行使，但是考虑股东合法利益的维护，日本学术界的通说禁止股东大会将董事报酬决定权无条件全权委托给董事会行使。这是因为，股东大会决议如果将涉及董事报酬的所有内容，如金额、期间、方法等的决定无条件全权委托给董事或董事会行使，就会直接规避防止董事“自肥”的法律规则，是无效的。[③] 学术界允许将基于一定支付基准的薪酬决定全权委托给董事会，或者在没有必要决定每个董事各自薪酬而股东大会已经决定了全体董事报酬总额或最高额的情况下可以委托给董事会。司法判例中也认可了支付基准范围内的股东大会明示或默示的全权委托，甚至在股东能够知晓支付基准的情况下还允许董事会再次将薪酬决定全权委托给董事长等特定董事。这是因为，日本《公司法》第 361 条（原《商法》第 269 条）没有规定股东大会决定每个董事的薪酬额，而且在股东大会决定了薪酬总额或最高限额的情况下，可以有效防止“自肥”危险，无害于公司或股东的利益，委托给董事会决定每个董事的具体薪酬额也就具有了合理性；同时，股东缺乏评判每个董事贡献的信息，也没有这样的判断能力，将每个董事贡献的评判委托给董事会也是恰当的。[④]我国台湾地区的司法实践也持类似观点，认为“尽管股东大会不得以决议将报酬额的决定委托给董事会确定，但如果仅仅将各个董事分配的报酬额委托给董事会确定，并经公司股东大会事后追认，也并非是法律不许可的”。[⑤] 换言之，股东大会的薪酬决定权在不损害股东利益的情况下可以委托给董事会行使，甚至还可以委托给特定身份的董事行使。不过学界普遍认为，为了不剥夺董

① 山口幸五郎『会社取締役制度の法的構造』78 頁以下（成文堂，1973 年）。

② 宮本明幸「取締役報酬の減額・不支給をめぐる問題点」立命館法政論集 1 号 324 頁以下（2003 年）。

③④ 弥永真生『会社法』212 頁以下（有斐阁，第 11 版，2007 年）。

⑤ 梁宇贤：《公司股东大会委由董事会决定各个董事分配之报酬额是否有效——评最高法院九十三年度台上字第一二二四号判决》，《月旦法学杂志》，2005 年 6 月 121 期，第 228 页。

事在董事会的讨论机会，允许委托给特定董事决定薪酬分配应当限定在全体董事同意的前提下。

对薪酬体系重要组成部分的退休金的决定是否可以委托的问题，法律采用了比普通报酬更为缓和的规制。站在重视“自肥”风险的防范立场上，学术界通说认为，与通常的报酬一样，有必要明示退休金的具体金额或者最高限度。但是即使在明确了最高限度的情况下，退休金与董事普通薪酬也不完全一致。这是因为，通常需要支付普通报酬的董事人数为多数，即使在股东大会确定了报酬总额或最高限度额的情况下每个董事的报酬额依然不明了，而通常需要支付退休金的人数是一人或极少的几个人，如果股东大会决议确定了最高限度额就等于明确了支付给退休董事的退休金；并且领受退休金的董事不能出席决定退休金金额的董事会会议，没有产生“自肥”风险的基础和条件；另外，评价退休董事的功劳非常困难，股东大会实施这个评价并不合适，因此，日本实务界通常将有关退休金金额、支付期间、方法的决定权全权委托给董事会，法院的判例也认可了全权委托决议的效力。[①] 股东大会没有事前明确退休金最高限额或具体金额的情况下，如果决议的是众所周知的退休金并且股东能推知支付标准，法院判例同样支持全权委托的效力。然而也有判例认为，即使通说认为退休金可以全权委托给董事会决议，但董事会也不是可以肆意妄为地任意决定退休金，退休金决定的一般惯例是应根据公司的业绩、退休高管的工作年限、担任职务、功劳的轻重等加以计算确定，依照这一惯例进行退休金决定是董事会默示的义务，据此做出的决议才是有效的决议。[②] 同时，根据《日本公司法实施细则》第 82 条第二款的规定，退休金全权委托给董事、监事或第三人决定时，必须采取能让每位股东知晓退休金确定标准的适当措施，如在股东大会会议资料中详细记载这一标准等，若采取了其他能使股东知晓这一标准的措施，则无须记载。

另外还衍生出下列问题：股东可否在股东大会上对委托给董事会决定的退休金支付决议提出质问？被委托董事、监事、其他第三人有无在股东大会上说明退休金确定标准的义务？如有，说明范围又是什么？对于第一个问题，质询权本身就是股东的固有权，不容剥夺[③]，股东在股东大会提出质问也是保护股东合法权益的一种方式，有助于督促被委托人采取符合股东利益的标准行事；并且，考虑现实中可能存在披露的退休金确定标准不明确或非常抽象等状况，允许股东在股东大会上提出相应质疑是妥当的。至于董事的说明义务，日本 1964 年的判例[④]有

① 弥永真生『会社法』212 頁以下（有斐阁，第 11 版，2007 年）。

② 最判昭和 39・12・11 <68 事件> ［181］。

③ 刘俊海：《股份有限公司股东权的保护》（修订本），北京：法律出版社，2004 年版，第 296 页。

④ 東京地判昭和 63・1・28 判例時報 1263 号 3 頁。

条件地确认了相应的说明义务，认为如果股东大会要求说明相应的确定标准，接受全权委托人就有义务加以说明，1981 年日本《商法》修改后也明确将此说明义务规定为董事义务；2000 年的判例则明确了董事的说明范围，股东提出说明要求时董事需说明下述内容：公司现实存在一定的确定标准、该标准对股东公开众所周知或者股东可以很容易得知、根据前述标准可以计算出唯一的退休金具体金额。

（2）薪酬委员会是否是董事薪酬决定权的唯一享有者？需要注意的是，前述分析是以日本公司治理结构模型为基础的，总体上反映的是大陆法系公司法坚持股东中心主义对董事薪酬决定主体的规定，然而英美法系国家主要注重市场机制对董事薪酬的约束以及坚持薪酬决定是董事会业务执行的理念，普遍认为在公司注册证书或章程没有特别规定情况下，董事会有权决定董事薪酬。考虑自定薪酬欠缺正当性以及薪酬决定的专业性、复杂性，英美公司法普遍在董事会下设由专业独立董事组成的薪酬委员会，由薪酬委员会建议或决定业务执行董事的薪酬。由于独立董事不在公司领取固定报酬，仅有部分象征性的车马费，其对公司有无私奉献的精神，独立董事决定薪酬可以避免业务执行董事滥用职权为自己谋取高薪的嫌疑，因而这一机制被理论界和实务界认为是合适的。① 但是，这一机制依然存在如下疑问：薪酬委员会可否将薪酬决定权委托给其他董事行使？其是否是薪酬决定权唯一享有者？股东大会能否介入薪酬决定？对于第一个问题，笔者认为，考虑薪酬委员会组成人员本身具有的专业技能和经验，也为了确保监督机能和业务执行机能的分离，真正落实利益隔离，薪酬委员会的薪酬决定权没有委托给其他董事行使的空间。后两个问题在英美法系国家引发了广泛争议，即近年来英美两国出现的“股东决定薪酬”（Say－on－Pay）的强烈争议，且立法中也有例外处理。纽约州等几个重要的州公司法规定股票期权需要股东大会承认，美国《税收法典》第 162 条规定超过 100 万美元的经股东大会决议承认的业绩联动薪酬也可以税前扣除，美国证券交易所也因股票报酬具有潜在稀释股份价值的性质、为确保股东充分的发言权而要求股票报酬需要经过股东的同意，这样的安排导致部分薪酬决定主体事实上由董事会转移到股东大会。② 另外，有关支付金钱解雇高管的合同是否需要股东大会承认的问题也在美国展开了讨论。美国多数公司事先都订立了只要公司支付一定金钱、即使没有理由也可以解任未到期的高管的合同，基于这一合同，美国公司支付高额费用解任任期未满高管的事例逐渐

---

① 胡果威：《美国公司法》，北京：法律出版社，1999 年版，第 169 页。

② 也有学者认为，由于美国业绩联动型报酬占高管薪酬总额的比例约为 43%，因此，上市公司近半数比例的薪酬金额需要由股东大会决定，薪酬决定主体由董事会转移到股东大会。详见安江英行「日米英のコーポレート・ガバナンスの状況と比較分析（上）」商事法務 1904 号 25 頁以下（2010 年）。

增多。然而，当公司业绩恶化需要调整，更新经营层时，原本应该对公司业绩恶化承担责任的人非但没被追责，反而因之前的合同从公司获得高额的费用补偿，这种不合理的现象有逐年增多的趋势，因此，部分机构投资者主张公司订立的这类合同应当增加股东同意这一要件。①

值得关注的是，近年来英美两国出现的股东决定薪酬（Say - on - Pay）的强烈争议。所谓股东决定薪酬是指股东对高管薪酬进行投票表决，表决结果既可有拘束力也可无拘束力。虽然目前股东表决高管薪酬尚未义务化，但投资者却强烈要求引入没有法律拘束力的股东表决。股东决定薪酬最早出现在英国 2002 年发布的《董事报酬报告书规则》（Directors' Remuneration Report Regulations 2002）中，规则要求英国设立的在英国或国外主要证券市场上市的企业的高管薪酬需要交由股东进行劝告性的投票。美国在 2008 年《紧急经济稳定法》（Emergency Economic Stabilization Act of 2008）中规定，接受金融援助的美国证交会（SEC）注册企业在进行委托书征集时，必须进行股东投票，并且必须在委托书中简要说明该股东投票的进行及其效果（是否具有约束力），并引入到 2010 年 2 月 18 日实施的美国证交会修正规则中。2010 年 7 月 21 日生效的《多德—弗兰克华尔街改革与消费者保护法》明确规定，金融机构每三年进行一次专门的无拘束力的股东投票，对高管薪酬和金色降落伞机制进行表决，使股东获得更多关于高管薪酬支付的话语权。总体而言，股东决定薪酬是在股东主义扩张时代出现的要求股东在决定薪酬上扮演更多角色的主张，社会大众对高管薪酬的认知和情绪、社会的批评也助长了股东决定薪酬的迅速推动，从而在英国、美国以及全球范围内出现重视和讨论这一议题的趋势。不过，这一议题在商业经营团体和股东行动主义者之间产生很大的争议。商业经营团体普遍反对这一议题，许多公司高管认为，不同薪酬工具具有不同的激励效应，薪酬决策的作用在于利用薪酬工具不同组合之间的细微差别，形成不同的综合激励效应，以达致对董事的最佳激励效果，董事会和薪酬委员会的专业性足以胜任这一任务，而股东一般不具有这种能力，无法适应薪酬决定的复杂性和专业性，股东不应干预薪酬决定；薪酬决定历来就是董事会的职权，允许股东核准董事薪酬无异于剥夺董事会管理公司的权限，会扭曲股东大会与董事会的职权，破坏二者之间长期以来形成的权力均衡，董事的经营管理权受到干涉；也有反对观点认为，股东享有董事选任投票权，如果认为董事薪酬过高，完全可以籍由这一权利解任董事实现对董事薪酬的控制，股东核准薪酬纯粹是多余的机制；还有观点认为，股东核准薪酬对降低薪酬并没有显著的效果，对股东的价值创造无益，也容易受到利益团体的操纵等。然而，股东

① 井川真由美「役員報酬に関する米国の法制度と最近の動向」自由と正義 59 巻 6 号 134 頁以下（2008 年）。

行动主义者并不赞同这些理由，认为股东核准薪酬是积极的方法，不仅与其他限制高管薪酬的措施具有同样确保董事行动与股东利益保持一致的正当性，也为投资者提供了一个对董事薪酬这一影响其投资决策重要因素表达意见的渠道，也可避免股东因高管薪酬不合理而利用解任权解任董事产生的激烈对抗，起到缓冲作用，改善股东与董事会之间的关系，还可缓和政府持续规制高管薪酬的动力。在这两种力量的对比中，由于近年来英美两国股东积极行动主义的逐渐盛行，薪酬方案不具约束力的股东投票得到社会舆论和政府的广泛支持，出现了前文所述的各种立法动向。尽管股东核定薪酬尚未义务化，但也突破了原有股东不干涉薪酬决定的常规，虽然普通股东恰当评判董事薪酬合理性非常困难，但是股东的介入也为阻止过高薪酬提供了一种可能，其对改善公司治理究竟有何影响尚未有明确定论，需要留待日后观察。① 不过，由于股东投票不具有强制约束力，因此，这一规定并未实质改变英美两国薪酬委员会的薪酬决定主体地位。

3. 公司高管薪酬决定权的边界

由于章程中确定了董事的报酬，若情况发生变化需要修改时就必须通过章程的修改来实现，很多国家公司法往往要求章程修改采用特别决议的方式，这样就会导致薪酬的变动非常困难，因此实务界一般不在章程中规定董事的报酬，而是采用股东大会决议的方式确定。在确定董事报酬时，股东大会决议应在什么范围内规定董事的薪酬就成为问题。主要包括以下三个方面的问题。

（1）决议是否必须详细确定每个董事的报酬金额还是可以仅仅确定所有董事的报酬总额？日本学界认为，原《商法》第 269 条（日本《公司法》第 361 条）要求股东大会决定董事薪酬的立法目的是为了防止“自肥”，股东大会的决议如果确定了全体董事的报酬总额或者最高报酬限度金额，董事的报酬金额只要在这个范围内就不会给董事“自肥”的机会，也不会有损公司和股东的合法利

① 就股东决定薪酬的效用，英美两国理论界引发很多争议，形成赞成派与反对派两派观点。赞成派认为，股东决定薪酬作为强化高管薪酬规制的措施，虽不具有推翻否决董事会决定的效力，但若董事会长时间搁置否决高管薪酬的股东决议，可能引发诉讼风险，因此可以期待董事会会在高管薪酬决定中重视股东的意见，股东大会决议具有实效性。英美两国的实证也发现，企业、股东间有关薪酬对话的增加与薪酬惯例的修改直接关联，董事会意识到股东否决薪酬方案的可能性进而修改薪酬惯例，薪酬与业绩之间的联动性增强。尤其在股东反对票很多的企业中，业绩恶化的 CEO 的薪酬对业绩的反映度特别高。股东决定薪酬还会带来企业薪酬计划的改善、与投资者对话的增加、市场竞争力的提升等益处。反对派则认为，这一措施能否实现影响企业过度风险偏好的期待、规制的强化带来人才的流出、市场资本的外流、信息披露增加的事务处理负担与成本的增加、投资者反对投票增多带来的混乱、诉讼风险的提高以及对市场效率性与竞争力的不利影响均是引入这一制度需要考虑的。相关内容具体参见：みずほ總合研究所『米国における役員報酬規制強化——政府による金融支援対象企業から全上場企業に適用拡大へ——』みずほ米州インサイト（2009 年 8 月 11 日）。

益，就可以实现原《商法》第269条（日本《公司法》第361条）的立法目的。因此，股东大会的决议不需要详细规定每个董事的具体报酬金额，仅仅确定全体董事报酬总额或最高限度额即可，这一观点也成为日本理论界和司法界的通说。并且也认为，一旦确定了报酬总额或最高限度额，只要金额不发生改变，今后就无需再对董事薪酬支付进行决议，只有在金额发生改变时才需要重新进行决议。同时，考虑高管薪酬的高度技术性和复杂性，股东缺乏相应的评判能力，股东大会薪酬决定权不应针对董事的每一具体薪酬，而是应该限定在“经营者薪酬政策和长期激励方案”[①] 范围内，具体事宜则授权董事会决定。

（2）是否必须详细确定每个董事的薪酬具体构成还是仅仅确定该董事的薪酬总额？对于这一问题，理论界思考的问题并不专门针对某一具体董事，而是针对公司整体薪酬体系构成。对公司整体薪酬体系的构成内容，一般认为，金钱或货币薪酬形态因为内容非常具体确定，无须专门进行决议，主要针对的是非确定性的报酬形态和非货币性报酬形态，法律往往要求明确这两种薪酬形态的具体内容，使其与金钱薪酬一样具体确定，从而实现股东大会决议内容的明确化。

非确定性的报酬一般认为就是业绩联动型报酬，法律要求股东大会必须确定其金额的具体计算方法，并要求说明其的相当性理由，但没有明确这一“具体”的标准。学界一般认为，计算方法是否具体可以参考以下几个标准进行评定：是否达到无法产生董事肆意妄为“自肥”危险的程度；是否达到董事无法肆意评价、操纵相关计算参数的客观性与所用数值的程度；计算结果是否唯一等。如果股东大会确定的计算方法能确保不产生“自肥”风险、董事无法操纵相关参数、计算结果唯一，一般认为计算方法达到了法律所规定的具体程度。然而，考虑当前质疑董事高薪正当性的理由之一是董事薪酬与业绩不相关或不完全相关，市场因素和行业因素没有排除在薪酬确定基础之外，上述评价计算方法具体性的标准可以保障高管薪酬与业绩具有相关性，但无法排除董事自身努力之外的因素。因此，笔者建议，在具体的评价标准上还应增加一条，即是否排除董事自身以外因素的影响。

由于非货币性报酬价值的评价标准不是唯一的，因此，要求在股东大会决议中明确其具体内容，并要求说明相当性理由。

（3）董事兼任高管时，高管身份对应部分薪酬是否也需要股东大会决议？一般认为，董事兼任高管时，因为董事本身承担监督高管的职责，因此，法律要求担任董事和担任高管的薪酬应该加以区分，从而有利于股东判断该董事作为董

① 朱羿锟：《经营者自定薪酬的控制机制探索》，《河北法学》，2006年第1期，第29页。

事身份的薪酬合理性。对两种身份下的报酬区分，日本学界通说和判例认为，如果公司建立了高管薪酬体系，并且明确区分了董事身份和高管身份的薪酬，股东大会可以很好比较每个董事薪酬的合理性，这样既不会误导股东的意思决定，又因事前薪酬体系的建立发生“自肥”风险的可能性很低，因此，作为高管身份对应部分的薪酬在事前加以区分的情况下不构成原《商法》第 269 条（日本《公司法》第 361 条）的规制对象，也即不需要章程或股东大会决议确定，股东大会可以仅仅决定董事身份对应部分的薪酬。这一观点成为了理论界的通说。但是，一旦这样处理的话，在董事兼任高管的报酬总额中高管身份对应部分的薪酬所占比例很大的情况下，由于高管薪酬的决定权赋予给董事会，董事就可以决定自己大部分薪酬而产生很大的“自肥”危险，虽然这一风险可以通过利害关系人表决权回避制度加以克服，但因公平议价机制的失灵，“自肥”风险无法避免。因此，有学者建议，既然从业人员的作用无法从董事地位当中分离出来，作为高管对应部分的薪酬就应该与董事身份对应的薪酬作为一个整体服从董事薪酬的法律规制，即需要接受股东大会的审议。[①] 同理，在设置委员会公司中高管兼任执行董事的情况下，高管身份对应的薪酬也应该由薪酬委员会加以决定[②]。不过也有学者担心股东大会或薪酬委员会对高管薪酬进行干预会导致高管薪酬体系应有状态不明确，从而带来事务上混乱的可能性。[③]

4. 公司高管薪酬决议效力[④]

（1）薪酬决议内部效力。内部效力指向的是决议对公司本身的约束力。既然董事、监事薪酬必须由股东大会决议确定，便自然引出以下三个问题：支付董事薪酬、监事薪酬是否必须要有正式的股东大会决议？未经股东大会决议支付的董事、监事薪酬的违法性可否通过事后股东大会追加决议而治愈？股东大会决议做出后可否减少，甚至不支付董事薪酬、监事薪酬？

对于第一个问题，这属于股东大会决议自身效力问题。学界和实务界普遍认为，正式的股东大会决议不是必需的。诚然，股东大会就董事薪酬做出正式的决议，在形式与实质上均满足法律规则的要求，董事薪酬的合法性自不待言。然而

---

① 酒巻俊雄、上村達男『会社法（現代法学叢書）』126 頁以下（青林書院，2003 年）。

② 需要说明的是，有关设置委员会公司高管兼任董事的薪酬处理的这一观点是在 2005 年日本《公司法》修改之前的讨论中出现的，虽然 2005 年修改后的日本《公司法》第 303 条第三款明文禁止设置委员会公司的董事兼任公司的经理或其他高管，但同时在 404 条第三款明文规定，薪酬委员会应该决定高管兼任执行官的高管身份对应部分的薪酬。可以看出，这条规定秉承了同样的理念，也是为了进一步强化董事会的监督职能。

③ 法務省民事局参事官室『会社法制の現代化に関する要綱試案の補足説明』商事法務 1678（臨増）号 60 頁以下（2003 年 11 月 10 日）；王保树主编，于敏译：《日本公司法现代化的发展动向》，北京：社会科学文献出版社，2004 年版，第 216 – 217 页。

④ 此部分的讨论主要集中在大陆法系股东大会决定董事薪酬而作出的决议效力。

法律要求董事薪酬由股东大会决议确定是为解决董事自己决定自己薪酬的“自肥”危险，关注的是有无股东大会的控制，只要董事薪酬决定事实上经由股东控制就完全实现了立法规制意图，而对股东大会有无正式召开、有无做出正式决议在所不问。因此，没有正式的股东大会决议，日本理论界和实务界并不必然否定董事薪酬决议的效力，反而拟制认同了以下几种视同存在决议的情形：一人股东的情形；全体股东书面同意的情形；公司惯常的意思决定方法等。

一人股东的情形是指在一人公司中，由于只有一个股东，根据股东意思做出的董事薪酬决定，即使没有正式的股东大会决议，也应该视同为公司股东大会做出了决议，符合相应法律要求。这是因为，董事薪酬需要章程或股东大会决议确定是为了避免董事“自肥”弊端、保护股东利益，一人公司中由于只有一个股东参与公司运营，股东做出的意思表示实质上就是股东权的行使，就是股东大会的决议，不可能有害于股东自身的合法利益，也是与公司法薪酬规制的宗旨相吻合。很多国家公司法直接规定一人公司无需设立股东大会也是出于同样的考虑。

全体股东书面同意的情形是指公司虽然没有召开正式的股东大会，但是由于法律允许采用书面同意的方式做出决议，因此，所有股东均做出书面同意的情况下，尽管没有召开股东大会做成正式的决议，也视同股东大会决议同意。

公司惯常的意思决定方法主要是指如果公司之前一直没有按照公司法规定的程序运转，没有召开股东大会，归属于股东大会职责范围的事项一直由董事会决定，所有股东对此没有异议并按照董事会决议实施。公司这一惯常意思决定方法隐含着全体股东将决议权全权委托给董事会的合意，即推定委托，从尊重股东意思自治的立场上，有必要承认这一决议的有效性。因此，尽管没有召开股东大会做出决议，董事会按照通常意思决定方法做出的董事薪酬决议也应当视为存在股东大会决议而符合法律的规制。

另外，2009 年日本最高法院的判例还认可了一种视同决议存在的情形：公司代表董事持有已发行股份总数的 99% 以上股份，其做出的薪酬支付决定取代了股东大会决议①。究其原因，薪酬支付的决定由持有 99% 以上股份的人做出，若召开股东大会，该股份持有人作为股东同样也会支持该议案而使议案获得通过。笔者认为，依照这样的逻辑推而广之，持有章程规定薪酬议案通过所需的最低股份数或持股比例的人做出的薪酬决定同样可以视为取代股东大会决议。

监事薪酬由股东大会决议主要是保障监事的独立性，前述有关董事薪酬的分析同样适用于监事薪酬的决定。同时，监事薪酬所涉及的下述两个问题的分析与董事薪酬的分析基本一致，不再赘述。

---

① 弥永真生「株主総会の決議等を経ることなく支給された退職慰労金と不当利得返還請求」ジュリスト1393 号 36 頁以下（2010 年）。

对于第二个问题，也涉及决议自身的效力问题，学界和实务界通常支持治愈说。这是因为，公司法要求董事、监事薪酬的支付以股东大会决议存在为基础的目的是为了克服董事自定薪酬的弊端，虽然董事报酬、监事报酬的支付未经事前股东大会决议，但事后通过了股东大会决议，该决议的存在同样应该可以达致薪酬规制的立法目的，没有规避法律规制的风险；并且，如果不认可事后股东大会承认决议的效力，就永远无法谋求未经股东大会决议而支付的董事薪酬的合法性，董事薪酬支付成为非法，接受薪酬支付的董事对公司负有薪酬金额返还义务或损害赔偿义务，股东大会想要免除董事的责任只需做出一个包含已支付薪酬金额在内的新的合法的薪酬决议即可实现。一旦这样，董事的返还义务或赔偿义务与新的薪酬抵消，否认事后股东大会决议效力就几乎没有任何实质意义①。与其这样，还不如承认事后股东大会决议的效力，从而治愈未经股东大会决议支付薪酬的违法性。日本2005年的判例②也明确支持这一观点。该判例认为，《商法》第269条、279条规定章程没有确定董事、监事报酬额时需要股东大会决议确定的目的是为了防止董事或董事会“自肥”的弊端，确保监事的独立性，并将高管报酬金额的决定交给股东自主判断；即使未经股东大会决议支付董事薪酬，由于事后通过了股东大会决议，也能达致前述法律规制目的；因此，对照事后决议的内容等，只要没有规避前述法律规制目的的特殊情况存在，该高管薪酬的支付决议就应该是基于股东大会决议的合法有效决议。不过，治愈说也不是无限制承认事后股东大会决议的效力，该决议要获得承认，尚需满足两个条件：一是事后追认董事薪酬支付的股东大会成员与支付薪酬时点的股东大会成员没有太大的变化。如果变化过大，违法董事薪酬支付影响的是支付时点的股东利益，用利益未受影响的股东意思判断取代利益遭受影响的股东意思判断本身并不合适。判断股东大会成员没有太大变化的标准一般被认为是过半人数的股东或过半股份数的股东没有变化。二是不存在抵消、规避法律规制意图的特殊情况存在。至于特殊情况的认定标准，学理和判例并未明确，一般是委托法官对照事后股东大会决议内容根据具体情况加以认定。

也有学者对治愈说提出了不同的看法，认为治愈说存在同董事责任免责制度之间的衡平。本来，董事违法支付薪酬，需要对公司承担损害赔偿责任，获得全体股东同意则可免除。允许治愈之前的违法薪酬支付，董事的违法薪酬支付行为将因股东大会事后追认而获得正当性，董事无需对公司承担赔偿责任，这样带来

---

① 伊藤靖史「事後に株主総会の決議を経た場合の役員報酬の支払いの効力」商事法務1857号66頁以下（2009年）。

② 最判平成17・2・15判例時報1890号143頁以下。

的直接后果是未经股东大会免责决议而事实上免除了董事对公司的责任。[①] 然而股东大会薪酬决议通常采用的是普通决议，而董事责任免除采用的是特别决议，二者存在一定的制度衔接。

对于第三个问题，主要是决议对公司的约束力问题。董事薪酬确定后，能否通过股东大会决议或董事会决议单方面增减或不支付薪酬？学界普遍认为，董事报酬一旦经过上述程序得以具体确定，其金额就构成了董事与公司之间合同的内容，对作为契约双方当事人的公司和董事均有约束力，是董事获得的基于公司与该董事之间缔结的合同既得权。因此，没有该董事的同意，原则上不能用股东大会或董事会决议减少额度或不给付。[②] 换言之，公司要想变更董事薪酬，必须得到董事的同意。之所以这样考虑，基于以下两点理由：

首先，确保董事职能发挥。一般认为，董事任职期间职务内容若发生显著变化，如果董事薪酬依照职务确定，对职务变更的董事当然应当支付变更后的职务报酬额，知晓这一薪酬额确定方法或惯例依然接受董事职务的人，即使没有明确的意思表示，也应该视为默示接受因职务内容变动带来的薪酬额度减少，所以应该允许公司以职务变更为由减少薪酬额度[③]，这样的薪酬变动决议也具有合理性。然而这也为公司预留了以职务内容变更为名调整董事薪酬的可能性。职务名目发生变更，但业务内容并无实质变动，实为借职务变更为由行薪酬调整之实，董事地位因此可能不稳定，监督职能极易受到影响。因此，为确保董事监督职能发挥，即使存在前述薪酬决定惯例或明示、默示的特别约定，没有该董事的同意且没有正当理由进行职务变更，也应该不允许股东大会决议以职务内容变更为由减少董事报酬额度。不存在前述薪酬决定惯例或明示、默示的特别约定就更不待言了。

其次，均衡董事解任责任。公司法一般规定，公司没有正当理由解任董事时对董事负有损害赔偿义务，而董事自己辞职情况下则无需赔偿。法律这样规定的目的是为确保董事任期内的报酬获得期待。如果允许未经董事同意而可以单方面决定董事薪酬减少或不支付，将会有损董事的这种合理期待。这是因为，董事的报酬通常也包含在任用契约当中，即使职务内容发生变化，但依然对第三人负有损害赔偿等外部性董事义务，未经董事同意可以减少甚至不支付薪酬就会因董事权利义务失衡而不合理。有学者提出，在这种情况下，董事为了避免权利义务失衡可以通过辞职加以解决，但是，董事辞职无法获得公司赔偿，因未经董事同意

① 鳥山恭一「役員報酬の支払いを事後に認める株主総会決議の効力」法學セミナー609号130頁(2005年)。

② 最判平成4・12・18 <69事件> ［182］。

③ 東京地判平成2・4・20 判例時報1350号138頁以下。

的无报酬或报酬额减少的辞职事实上不是董事自愿的而是被迫的决定。一旦允许这样，公司没有正当理由需要解任董事时就有动力采用减少薪酬甚至无薪酬的手段迫使董事辞职而规避法律规定的损害赔偿责任，这显然不符合董事合理期待保护的立法意图。为了与董事解任的合理期待保护相平衡，公司单方面变动董事薪酬需要董事同意。

不过，也有学者对此提出疑议，认为在董事职务内容发生变动、或企业经营业绩恶化、或处分董事而减少薪酬时仍然必须得到该董事的同意，可能有损公司的经营机动性。前述不允许单方面变动董事薪酬的观点是建立在有偿委任说基础上的，董事与公司之间到底是有偿委任还是无偿委任本身还有很大争议，如果以无偿委任作为原则、有偿委任作为例外的话，股东大会单方面减少薪酬甚至不支付薪酬就有可能，应该认可一定限度的单方面董事薪酬变更。① 换言之，考虑薪酬是公司与董事之间的契约内容，根据契约的情事变更原则，薪酬变更应该予以例外的认可。日本判例上也部分支持了薪酬的情事变更原则。大阪地方法院认为，常务董事变更为非常务董事的薪酬减额，由于与以前相比职务内容发生了重大变更，即使未经其同意也可以变更。② 不过这一判例受到学界较大批判。另一判例③认为，虽然薪酬制度的支付期限已经预见了未来可能发生的各种情事变化，但如果不允许公司对薪酬制度做任何变更将会对公司产生过于严苛的不利后果；如果仅允许对未来接受薪酬的高管进行变更而对过去已领薪酬的高管不变更，会在未来受领人与已受领人之间产生不公平，从制度合理性来看，应允许确认一定情形下薪酬的变更，是否确认变更可根据变更的必要性、内容的妥当性、程序的恰当性等进行判断。基于这些认识，法院支持了公司变更高管薪酬的做法。然而，此案的上诉审法院——最高法院却采用了与此完全不同的观点。最高法院认为，情事变更原则必须产生合同订立时不能预见的重大变更，若当初的合同内容强制在当事人身上明显违背信义则时，根据信义则，方允许修订合同内容，然而本案争议的退休金具有后付薪酬性质，债务人财力严重恶化这一状况难以评价为符合此类情事变更，因而公司单方面的薪酬变更不符合情事变更。④ 虽然两级法院最后的判决结果不同，但均采纳了公司可以根据情事变更原则单方面变更董事薪酬的观点。也有学者认为，未经董事同意不得单方面变更薪酬从保护董事独立性来看是有价值的，但是董事任职期间也并非不可能出现公司业绩恶化

---

① 宫本明幸「取締役報酬の減額・不支給をめぐる問題点」立命館法政論集1号324頁以下（2003年）。

② 大阪地判昭和58・11・29判例タイムゼ515号162頁。

③ 東京高判平成21・3・19。判例理由转引自：弥永真生「退職慰労年金の一方的減額の可否」ジュリスト1400号126頁（2010年）。

④ 弥永真生「退職慰労年金の一方的減額の可否」ジュリスト1400号127頁（2010年）。

等原因导致报酬或退休金支付发生困难的情况，或者发生因高管职务懈怠而产生不支付薪酬或减额的必要性，在此种情况下，高管乃至股东都可以推知公司有必要重新明确薪酬支付标准，[①] 因而支持特殊情况下的薪酬单方面变更。

笔者认为，考虑董事具有专业经营人员稀缺性以及较强的谈判能力，实务中公司一般不会轻易做出减少薪酬的决议。即使根据情况需要调整，也会在调整薪酬之前与董事协商或得到董事的默认。强行规定将董事同意作为薪酬变更的前置条件不仅没有太大的意义，还有损公司的经营灵活性。换言之，在任用合同成立之后情况发生很大变化时，公司想要变更之前确定的董事薪酬，需要以董事同意为前提往往会损害股东的合法利益，应当确认保护公司利益的单方薪酬变更决议的效力。不过考虑确有公司利用过低报酬迫使董事辞职以规避损害赔偿义务的可能性，为保护董事的合法利益，考虑公司与董事之间的利益衡平，一旦发生董事认为降薪不合理这类争议时，公司必须证明其降薪的合理性。

值得注意的是，上述观点是以日本实务界和理论界的观点为基础的，日本法院对董事薪酬的变更持非常严厉的态度，除了前述原因外，还有一个很重要的因素——董事的任期。日本《商法》规定董事任期最长两年，因此即使董事薪酬因情况变化而变得不合理，最多经过两年，董事任期期满重新选任董事确定薪酬时，可以通过新的股东大会薪酬决议修正原有不合理的薪酬，在这一背景下，董事薪酬一旦做出，要求在其有效期间内保持其约束力的观点也就很正常了。[②] 但是，2005 年日本《公司法》调整了董事任期，董事的理论任期最长可达 10 年之久。原来通过董事重新选任调整不合理薪酬的基础丧失，加之各种特殊情况对董事薪酬的影响，理论界和实务界逐渐放弃了原有的严格禁止态度，开始了上述薪酬情事变更的例外认可。

日本理论界和实务界原则上禁止公司单方面变更薪酬合同，但董事变更薪酬合同却不在禁止之列。一般认为，任用合同成立后，考虑公司的经济状况和董事的职务内容，如果董事薪酬不当过低甚至无报酬时，董事可以公司不当得利为由向公司主张适当报酬与实际领取报酬之间的差额。这是因为，公司如果选任其他与该董事具有同样能力的人担任董事时支付的薪酬也应该是适当薪酬而非现在的过低报酬甚至无报酬。[③] 当然，这仅仅是董事的单方面权利，是否调整还要取决于股东大会或董事会的决议。

若公司未经董事同意单方面做出减薪或不支付薪酬的决议时，董事如何救济就成为一个值得关注的问题。法律对此没有明确规定。不过正如薪酬变动要求董

---

① 根田正樹「会社役員の報酬規制と最近の動向」月刊民事法情報 213 号 61 頁以下（2004 年）。

② 鳥山恭一「取締役の報酬の会社による一方的な減額」法學セミナー 617 号 133 頁（2006 年）。

③ 弥永真生『会社法』207－208 頁注释 105（有斐阁，第 11 版，2007 年）。

事同意的第二种理由所述那样，薪酬一旦确定，董事就具有合理期待权，公司未经董事同意不当减薪有损董事的合理期待权，这与公司没有正当理由解任董事职务具有类似的侵害董事利益的性质。既然公司没有正当理由解任董事的情况下董事可获得损害赔偿救济，那么未经董事同意减薪情况下董事也应该可以类推适用这一规则获得损害赔偿请求救济，从而谋求股东利益与董事利益的衡平。不过这一类推可能带来批评。因为如前所述，公司有正当理由时也可未经董事同意而调整薪酬，一旦允许董事主张薪酬调整的损害赔偿请求，法院就必须判断董事的薪酬调整是否合理，这与法院不介入董事薪酬合理性判断的通说相矛盾[①]。另外，股东大会决议变更董事薪酬时除了征求董事的同意外，还应当允许董事享有意见陈述权，这与监事享有报酬意见陈述权的原理相类似。

（2）薪酬决议外部效力。外部效力讨论的是薪酬决议是否影响董事薪酬请求权，这是股东大会决议对董事利益影响的效力问题。股东大会决议与董事、监事的薪酬请求权之间是否存在联系？股东大会薪酬决议的有无是否影响董事报酬请求权？董事报酬请求权是否需要以职务履行获得预期效果为要件？由于公司法施加的董事、监事报酬由股东大会决议做出的规制是事前的程序性规制，仅仅表明了报酬决定权的归属，但作为董事权利的报酬请求权在什么时候怎样产生却没有明确，只能通过解释论加以解决。

所谓董事报酬请求权，是指董事享有的通过诉讼等方式要求公司支付薪酬的权利。日本最高法院2003年的判例[②]理由中明确提出这个概念。该判例认为，章程或股东大会决议没有确定报酬的具体金额就不产生具体的报酬请求权，董事不能向公司提出报酬请求。判例中明确使用的术语是具体报酬请求权，这就引出了一个疑问：是否存在一个与此相对应的术语——抽象报酬请求权？有学者认为，虽然判例当中没有明确使用抽象报酬请求权这一术语，但判例应该充分认识到抽象报酬请求权的存在，否则判例就没有必要单独使用具体报酬请求权这一术语，而仅仅使用报酬请求权就足够了，因此，可以认为报酬请求权包含抽象报酬请求权和具体报酬请求权两个内容。[③]

何谓抽象报酬请求权、何谓具体报酬请求权，判例并没有明确说明，法律更没有规定。有学者根据公司法利益分配请求权的理论对此进行分析。公司法将利益分配请求权分为抽象分配请求权与具体分配请求权，抽象分配请求权作为自益

① 有关司法介入高管薪酬合理性的争议详见第三章的论述，不过目前日本理论界通说坚持法院不介入高管薪酬合理性的判断。

② 最判平成15・2・21金融法务1681－31<商判Ⅰ－84>。

③ 品谷篤哉「取締役の報酬請求権に関する覚書——最高裁平成15年2月21日判決を契機に——」立命館法学291号1頁以下（2003年5号）。

权的一个组成内容，是一种法定的观念性的期待权，不能从股权中分离出来进行转让、抵押等；具体分配请求权是根据股东大会决议确定分配金额的金钱债权，可以从股权中分离进行转让、抵押。但二者之间的区别不是不言自明的。一般认为，抽象利益分配请求权基于股权而获得，而具体利益分配请求权基于股东大会决议取得。然而如果章程中规定了可以自动计算出利益分配金额的规则，在没有股东大会决议的情形下，每个股东依然可以要求公司支付根据章程规则计算确定的利益分配金额。因此利益分配请求权的构成可能存在两种情况：一种是存在一个期待权和一个金钱债权，期待权转化为金钱债权；另一种是一开始就仅存在一个金钱债权。若依照这样的理念，董事报酬请求权也可以划分为抽象报酬请求权与具体报酬请求权，前者为期待权，后者为金钱债权，并且报酬请求权也存在与利益分配请求权相类似的两种情形——选任决议与报酬决议不同时做出时，存在期待权和金钱债权，即存在抽象报酬请求权和具体报酬请求权；章程规定了报酬金额时，尚未达到需要设置抽象报酬请求权的程度，可以理解为仅仅存在具体报酬请求权。①

需要说明的是，这种理解需要建立在董事职务执行的有偿性假定上，即假定公司与董事之间任用合同有偿。以此为前提，学界和实务界均认为，具体报酬请求权依据章程或股东大会决议产生，章程或股东大会决议做出之时即是具体报酬请求权产生之时；没有章程规定或股东大会决议，就不产生具体报酬请求权。然而，如前所述，报酬请求权可能同时存在抽象请求权和具体请求权，抽象报酬请求权源自任用契约中职务履行义务对价的薪酬债权，因此，任用合同签订时，董事便取得了对公司的抽象报酬请求权。虽然抽象请求权是抽象的，但依然是报酬请求权，即使在董事会不向股东大会提交薪酬议案、股东大会做出不支付薪酬的特殊情况下，只要认为任用合同是有偿的，没有章程、股东大会决议，董事根据抽象报酬请求权依然可能向公司提出确定报酬金额的股东大会决议请求或损害赔偿请求。② 在股东大会做出薪酬支付决议的时点上，抽象薪酬请求权就转化为具体薪酬请求权。

前述有关薪酬请求权的构成及其产生时点的观点虽然没有解决抽象薪酬请求权是否是真正权利的疑问，但却明确确定了董事的具体薪酬请求权以及具体薪酬请求权与股东大会决议的关系，即具体的报酬请求权在章程或股东大会没有规定报酬额时不产生。相应地，薪酬委托董事会分配时的具体报酬请求权根据董事会决议具体确定。不过在日本最高法院 2003 年的判例之后，实务界陆续出现了一

---

① 有关抽象报酬请求权与具体报酬请求权的关系、分类的合理性以及抽象报酬请求权存在的价值讨论，详见品谷篤哉「取締役の報酬請求権に関する覚書——最高裁平成 15 年 2 月 21 日判決を契機に——」立命館法学 291 号 1 頁以下（2003 年 5 号）。

② 品谷篤哉「取締役の報酬請求権に関する覚書——最高裁平成 15 年 2 月 21 日判決を契機に——」立命館法学 291 号 1 頁以下（2003 年 5 号）。

些没有股东大会决议依然认可董事薪酬请求权的特例判决，这些判决例外认可的主要是类似前述可以视同为存在股东大会决议的情形。有学者为了达致更广范围承认董事报酬请求权，根据这些例外认可判例建议满足以下构成要件之一的也可认可不存在股东大会决议条件下的董事享有薪酬请求权：[①] ①以董事任用合同有偿性为前提，董事会负有向股东大会提交薪酬议案的义务。如果薪酬议案未向股东大会提交而被搁置，董事可以主张、举证自己已实施职务执行的对应对价，向公司请求支付报酬。②任用合同订立后确定的薪酬根据公司的经济状态、董事的职务内容被认定为是不当低薪甚至无薪的情形下，董事可以根据民法不当得利的规定向公司请求支付适当报酬额与实际获得报酬额之间的差额。③所有者董事[②]事前与退休董事达成支付退休金的协议，视同为缔结了所有者董事促成股东大会同意该决议的表决权约束合同，如果所有者董事怠于履行这一义务，则负有损害赔偿责任。如果该支付决议的实质内容是合理的，其对公司也具有约束力。

不过这些观点并未得到学界、判例的多数支持。但是学界和实务界对前述观点的视同为存在股东大会决议情形下的董事薪酬请求权没有太大异议而成为通说。[③]

另外，讨论董事薪酬请求权问题时还要注意区分董事可能存在的两种身份：纯粹的公司董事和作为劳动者的公司董事。前者的身份基于委任产生，后者的身份基于雇佣产生。若公司董事以劳动者身份向公司请求薪酬，其是否具有劳动者特性就成为是否支付薪酬的关键，判断某人是否具有劳动者特性，不是看是否有董事这一称谓，而是要根据工作的具体情况加以判断。如果认定该请求权人的劳动者特性，因雇佣产生的劳动者身份的薪酬请求权必须与其他一般从业人员一样得到同等程度的保护。不过这并不属于公司法讨论的范畴，公司法所要讨论的是前一种身份下的董事薪酬请求权。

此外，还有两种特殊情况需要加以分析处理：

特殊情况一：仅有任用合同的薪酬支付约定可否产生报酬请求权？一般情况下，任用合同是委托给公司代表董事或法定代表人，由其代表公司与董事签订。在公平议价模式失衡的情形下，任用合同订立极易演变为董事自己决定自己薪酬的只谋求个人利益而不考虑公司利益的“自肥”景象，从而成为报酬法律规制的对象。因此，即使公司与董事之间签订的任用合同中明示或默示了报酬支付约定，如果章程或股东大会决议没有确定报酬金额，报酬请求权的具体内容就不确

---

① 伊藤靖史「取締役報酬規制の問題点——東京地判平成19年6月14日判決を素材として——」商事法務1829号4頁以下（2008年）。

② 即具有股东身份的董事。

③ 弥永真生「株主総会の決議等を経ることなく支給された退職慰労金と不当利得返還請求」ジュリスト1393号36頁以下（2010年）。

定，董事也就不能向公司行使具体报酬请求权。同理，公司代表董事、法定代表人与退休董事达成退休金支付协议也不能产生具体报酬请求权。不过，这样处理尚存在一些问题：董事的任用合同一般是有偿合同，如果采用没有股东大会决议就不享有具体薪酬请求权的规则，就会存在董事在任用合同签订后因没有股东大会决议而无法得到任用合同约定薪酬的可能性，任用合同的有偿性无法得到保障；同时董事薪酬决定一般认为也是业务执行事项，这一规则也会破坏董事业务执行的独立性。另外，还存在与合同法理念的协调问题。依合同法表见代表原理，代表董事代表公司在与第三人的关系上构成股东大会的代理人，订立前述两类合同时只不过是将股东大会权限提前行使，合同的效力原则上能够得到确认，合同中有关董事薪酬、退休金的约定只要不侵害公司的合法利益就应该归属于公司，对公司具有约束力，公司负有履行合同的义务。在公司董事会不向股东大会提交薪酬议案或股东大会没有正当理由否决薪酬议案的情况下，公司无法依照合同约定支付薪酬，董事即可以公司负有契约不履行责任为由要求公司履行合同，赔偿损失。如果这样理解，即使没有股东大会决议，董事也可以获得与行使具体报酬请求权类似的救济结果。这不仅修正了之前的通常观点，也扩大了董事获得救济的可能性。① 日本著名公司法学者江头宪治郎教授还认为，在这种情况下，签订协议的代表董事与退休董事之间存在一种表决权约束合同，代表董事个人负有将该协议提交董事会、股东大会决议且自己赞成该议案的同时说服其他董事、股东赞成的义务，如果怠于履行该义务，需对退休董事负有个人的损害赔偿责任。

特殊情况二：公司事前存在一个薪酬支付细则或方案（内部规定），在没有股东大会决议情况下，董事可否以存在薪酬支付细则为由主张薪酬权利？一般认为，薪酬支付细则仅仅是支付标准，并不能推断股东大会就薪酬支付决议存有默示合意，因此无法产生具体的薪酬请求权。即便支付薪酬是社会通常的惯例，也不能成为产生报酬请求权的基础依据。另外，薪酬支付细则这一公司内部规定仅仅是支付标准，不具有约束力，即使存有薪酬支付细则，股东大会若采用与原有细则不同的标准确定一个新的报酬金额，这一决议也通常因体现了股东真实意思、尊重股东自治而被认定为有效。

退休金与董事报酬一样，虽然也存在有偿委任说和无偿委任说两种观点，但在章程没有规定时必须依照股东大会决议确定；如果没有股东大会决议，同样理解为不产生报酬请求权。② 换言之，章程规定或股东大会决议同样是退休金请求权的效力发生要件。但如果股东大会决议全权委托董事会按照一定标准支付退休金，董事会就存在实施这一决议的义务，进而决定退休金支付金额等事项，退休

①② 西尾幸夫「退職慰労金と総会決議」立命館法学304号204頁以下（2005年6号）。

董事也据此享有请求支付具体退休金的权利。①

在董事报酬请求权是否需要以职务履行获得预期效果为要件的问题上，有学者认为，既然董事与公司之间的关系是委任关系，委任契约重在事务的处理，董事报酬请求权自然不以职务履行完成情况为要件，只要董事依照约定履行其职务，公司就不能以事务处理未具效果而拒绝支付报酬，也不能以公司运营成果是否有盈余为要件。② 笔者赞同这一观点。不过这一分析是以董事提供劳务服务而支付的薪酬为对象的，实践中公司如果以红利分派的形式提供奖金等酬劳，自然要以公司盈余为前提要件。

综上所述，无论是日本、德国规定的股东对董事薪酬的直接控制，还是英美两国出现的股东决定薪酬对董事薪酬的间接控制，都是以“股东至上原则”作为制度构建理论基础。但这一理论无法解释现实中的一个现象：经济高速发展时高管薪酬过高不是问题，经济发展一旦出现问题，高管高薪就受到广泛质疑。近三十年全球有关高管薪酬的质疑无一不是发生在经济危机之后。对此，团队生产理论认为，由于经济变化，股东群体相对公司其他团体成员发生了内部政治力量的变化，这些变化给了股东相对于其他利益相关人更大的经济上和政治上的谈判权，股东拥有的这些权利并非是作为公司所有者的道德和法律权利。该理论还认为，尽管股东至上的观念在学术上越来越受到欢迎，但公司法本身已经摒弃了股东至上原则并且拒绝赋予股东对董事的法律控制权。③ 按照团队生产理论，现实中出现的有关董事薪酬争议、加强董事薪酬规制、增加股东控制等举措本身仅仅是在经济状况发生变化情况下股东谈判权增强的体现，法律并未增加股东的控制权，英美公司法也未根本改变现有董事会中心主义下的制度安排。

近来对于薪酬决定主体的股东和董事会享有的薪酬决定权的实效性，学界也提出了很多质疑。诸如股东可能怠于行使表决权；股东没有判断薪酬合理性所必需的丰富经验，缺乏必要的信息而无法适当决定董事薪酬；投机风盛市场中，投资者关心的是投机收益，而对投票表决等公共产品漠不关心；股份股权分散，理性投资者基于成本—收益分析，不会采取积极行动，存在“搭便车”心理；召开股东大会成本高昂，且每年能够召开的股东大会次数有限、会期短，很难有效决定薪酬议案；股东大会在利益冲突方面存在控制不足或过度的可能性；现行的

---

① 西尾幸夫「退職慰労金と総会決議」立命館法学304号204頁以下（2005年6号）。

② 邵庆平：《股东会与董事会的权限分配——对董事报酬决定权的观察与分析》，《兴大法学》，2007年5月第1期，第77－117页。

③ ［美］玛格丽特·M. 布莱尔、林恩·A. 斯托特：《公司法的团队生产理论》，黄辉译，载王保树主编：《商事法论集》，第9卷，北京：法律出版社，2005年版，第267－340页。

公司表决程序带有内在偏向管理层动议的倾向[①]等。这些质疑都直接指向了股东监督代理人的有效性问题，股东享有薪酬表决权监督董事的制度安排也需要反思其实效性。同时考虑部分国家公司法中出现的加重非股东薪酬决定权人责任的动向[②]，非股东薪酬决定权人为减轻或规避薪酬合理性注意责任，有动力将薪酬决议提交给股东大会决议而回避自己应有的业务执行。一个比较明显的观点是，基于股东自身的理性，需要股东决定薪酬的董事范围和薪酬范围应该严格加以限缩，股东仅仅只能在很小的范围内享有决定权，不能过于夸大股东决定这一约束机制的效用。不过近年来依托专业机构投资者的规模性和专业性、发挥股东作用的积极行动主义[③]再一次使人们看到了股东监督的希望，如何发挥机构投资者的监督作用是今后需要重点关注和研究的问题。[④] 对于董事会薪酬决定权的实效性质疑，主要认为董事会独立性不足，对公司事务关注不足、激励不足，不愿与管理层对抗避免冲突的心理等因素影响了董事会的监督实效。伯切克与弗里德批评了通常的董事决定高级管理人员薪酬的公平交易模型假设，认为公平交易论推定高级管理人员理性谋求私利而董事为维护股东利益监督高级管理人员的假设本身是矛盾的，董事也会受到个人私利和偏好的影响；认为高级管理人员对董事任命的影响力，高级管理人员回报董事的能力，董事偏向高级管理人员的团队精神、同僚之谊、友谊和忠诚、权威、认识偏差等，偏向高级管理人员给董事带来的个人成本很小，董事的时间和信息不足等经济因素、社会因素、心理因素会导致公平交易的偏离，董事会通过薪酬决定监督高级管理人员的作用受到严重削弱。然而这一妨碍公平交易的因素在某种程度上可以说是法律规则和公司实践的产物，在当前规则环境下，各种诱因和力量都在限制着董事，妨碍董事就薪酬与首席执行官公平议价。[⑤] 换言之，所有试图改进公司治理的手段仅仅只能削弱但不会彻

---

① ［美］卢西恩·伯切克、杰西·弗里德：《无功受禄：审视美国高管薪酬制度》，赵立新等译，北京：法律出版社，2009年版，第43页。

② 具体详见本章“公司高管薪酬的合理性确保义务”的相关论述。

③ 股东积极主义有两种观点。一种认为，无论是机构投资人等之大型投资人或是一般小股东，均应积极参与公司之监控、治理，而非消极地、轻易地抛股求售，或只追求短期资本利得之价差。刘连煜：《股东表决权之行使与公司治理》，《集保月刊》，2005年第141期，第20-21页。另一观点认为，股东积极主义是自然人股东在投资时找寻公司治理较好的公司，投资人能体验公司治理的重要性，避免投资公司治理不佳的股票。叶银华：《台湾公司治理的问题与改革之道》，《证管杂志》，2002年第20卷第11期，第1-16页。

④ 对于共同基金和退休基金等机构投资者的积极监督，依然存在一系列局限性。如谁来监督监督者；向监督者提供适合的激励需要成本；对被监督者的不当影响；法律、财政和规制障碍等。［法］让·梯若尔：《公司金融理论》（下），王永钦等译，北京：中国人民大学出版社，2007年版，第547-652页。

⑤ ［美］卢西恩·伯切克、杰西·弗里德：《无功受禄：审视美国高管薪酬制度》，赵立新等译，北京：法律出版社，2009年版，第20-37页。

底消除这些诱因，只能促进董事朝考虑股东利益方向上更靠近一些，或者说离维护股东利益更近一些。甚至有学者认为，股东或薪酬委员会批准在解决高管薪酬合法化问题上是一种很好的解决办法，但“作为一种控制手段却毫无意义，因为它是依据市场来衡量所提议的薪酬高低的”。①

（二）公司高管薪酬的信息披露

1. 公司高管薪酬信息披露的立法规制理念

高管薪酬正当性缺失的解决需要加强外部市场的控制和内部薪酬决策中所有者的控制。通常认为，所有者与经营者之间是委托—代理关系，而委托—代理理论却存在一个前提条件——委托人对随机的产出没有贡献，代理人的行为不易直接地被委托人观察。也即双方受到信息不对称的困扰，代理人不仅掌握着企业的技术、环境方面的私人信息（逆向选择），而且还掌握着企业实际收入的私人信息，而委托人既观察不到代理人在选项目时的认真程度与项目风险，也观察不到为企业盈利付出的努力（道德风险）。② 如果代理人的行为能够直接被委托人观察到，代理人的激励问题或者说道德风险和逆向选择问题就不存在。因此，运用代理理论安排薪酬制度时，不仅仅是对代理人激励报酬的设计，更重要的是要改善委托人与代理人之间的信息不对称，减少因信息不完善带来的激励偏差。③ 由于高管薪酬的合理性委托给股东大会判断，通过信息披露，股东才能了解有关薪酬决定信息，分析薪酬与业绩之间的联系进而评价薪酬的合理性，在信息充分的基础上理性决策，行使表决权，实现薪酬决定的监督、激励功能，从而达到参与公司经营管理、监督经营者的目的。利用外部市场控制高管薪酬的观点来自有效市场理论，有效市场理论认为效率市场对于高管的决策行为具有监督与控制的效用，一个有效的市场中所有参与人皆理性，信息完全公开，获得薪酬信息无需承担额外的信息成本。由此可见，要发挥市场对高管薪酬的监督与控制作用，信息的公开透明非常重要。作为立法论，股东内部薪酬控制与外部市场控制均具有事后控制的性质，薪酬信息披露正是为确保这一事后控制实效性而做出的必要安排。近年来世界各国的薪酬规制改革中无一不把薪酬信息披露作为重要的治理工具加以使用，公司信息披露也成为“公司治理不可或缺的一环”④。欧洲委员会解释2004年发布的《关于上市公司董事报酬恰当制度培育的建议》的目的时明

① 李建伟：《高管薪酬规范与法律的有限干预》，《政法论坛》，2008年第3期，第110页。

② ［法］让·梯若尔：《公司金融理论》（上），王永钦等译，北京：中国人民大学出版社，2007年版，第2页。

③ 马晶：《西方企业激励理论述评》，《经济评论》，2006年第6期，第154页。

④ 朱德芳：《论股东大会资讯揭露之重大性原则》，《月旦法学杂志》，2009年9月第172期，第48页。

确认为，报酬对业务执行董事而言是最容易产生利益冲突的一个领域，当然是需要股东接受适当的信息而加以考虑的利益，薪酬体系应该透明并服从恰当的治理管理，在“安然丑闻”后，为了恢复投资者对公司和证券市场的信赖，有必要强化对经营者薪酬的管理、提升董事薪酬的透明度。日本学者在解释2010年金融厅有关高管薪酬披露制度改革的立法意图时也强调，从经营者激励机制的建构来看，高管薪酬对股东或投资者而言是重要的信息，异常高额的薪酬或股票期权是经营者采取过度的短期行为的结果，谋求强化有关高管薪酬决定的说明责任成为了重要的课题，因此，应充实报酬的信息披露。①

学界对薪酬披露制度的积极价值予以了充分的肯定，认为披露制度降低了股东获得公司信息的成本，增大了股东监督的收益和监督积极性，对规制高管薪酬具有积极作用，更符合市场经济规律，有利于资本市场的完善。有关美国、加拿大、英国、澳大利亚、中国香港等英美法系国家（地区）的公司金融实证研究表明，严格的薪酬披露制度在促进高管薪酬与经营业绩的相关性方面起到了积极的作用，② 促进了薪酬与业绩之间的正相关性；公司透明度的提升具有公司治理的功能，不仅使证券价格更准确，还可以对高管过分有利的薪酬进行检查，“可以给股东们提供一个关于整体薪酬安排及其与业绩关系的更准确的画面……削弱薪酬安排的设计者选择特殊形式掩盖其价值而不是体现有效性的做法”，③ 进而约束管理者的决策，减少机会主义行为，改善公司治理机制。④ 国内学者通过实证研究发现，信息透明度越高的公司，经理薪酬业绩敏感度越高，经理薪酬与盈余业绩和亏损业绩之间的非对称性越小。信息透明度既促进了对努力敬业的经理人员的激励，也促进了对不称职经理人员的惩罚，不仅有助于降低公司的权益资本成本，还有助于强化对经理人员的激励和监督约束，减少经理人员的机会主义行为，改善公司薪酬契约这一治理机制的效率。信息透明度具有公司治理功能，有助于促进经理薪酬契约的有效性。⑤ 换言之，信息披露有助于促进“高管报酬和企业业绩的正相关性”⑥，不仅契合了法律规制薪酬的目标，也为解决以薪酬

① 三井秀範、永池正孝、牧野達也、石井裕介「上場会社の新しいコーポレート・ガバナンス開示と株主総会対応（上）」商事法務1898号6頁以下（2010年）。

② 李建伟：《高管薪酬规范与法律的有限干预》，《政法论坛》，2008年第3期，第112页。

③ ［美］卢西恩·伯切克、杰西·弗里德（原文译为陆贤·贝布楚克、杰西·弗雷德）：《无功受禄：对几个有关薪酬问题的思考》，伏健译，载王保树主编：《商事法论集》，2007年第2卷总第13卷，北京：法律出版社，2008年版，第219页。

④ Bushman R., Smith A.. Transparency, Financial Accounting Information, and Corporate Governance, Economic Policy Review, Vol. 9, 2003, pp. 65－80.

⑤ 王俊秋、张奇峰：《信息透明度与经理薪酬契约有效性：来自中国证券市场的经验证据》，《南开管理评论》，2009年第5期，第99页。

⑥ 郁光华：《从代理理论看对高管报酬的规范》，《现代法学》，2005年第2期，第183页。

与业绩无关联为由质疑高管薪酬正当性的批评提供了一个手段，这也是各国高管薪酬法律规制乃至公司治理改善中高度重视信息披露的重要原因。不过，有学者对法律规范强制要求披露薪酬的作用表示质疑，他们认为，分散的信息只有市场才能汇集和反映，而经过管制之后，市场传递信息的渠道就不存在了，管制者不可能获得完全的信息。[①] 薪酬信息披露仅仅是薪酬信息提供的手段而已，其实际功用只能局限在薪酬与业绩关联度的促进上，本身不直接针对薪酬金额的调整，“意图通过强化薪酬披露制度来限制高管薪酬过高的数额或过快增长的努力是徒劳的”，[②] 并且薪酬披露极易产生攀比效应。国外实证结果证明了薪酬披露助长高管在薪酬谈判中要求高报酬的倾向，公司高管更倾向于和业绩差的公司相比以证明自己获得高报酬的合理性，从而一定程度上推高了薪酬的绝对数额。[③] 另外，薪酬信息披露可能进一步增强董事的掩饰动机。伯切克等人在论述管理层权力对高管薪酬影响时认为，董事偏离公平交易确定不理性薪酬面临外部人员的看法和公愤压力，为尽量平息薪酬披露带来的公愤，薪酬设计者通常有强烈的动机去掩盖高级管理人员的薪酬水平和薪酬与业绩脱钩的情况，设计出更多更为复杂的薪酬方式，而这一掩饰行为可能导致公司采取低效的薪酬结构，不利于激励高级管理人员，从而损害公司和股东的利益。[④]

尽管学者对于信息披露的价值尚未达成一致意见，但这并未从根本上动摇法律强制要求信息披露的存在，而是更进一步明确了法律规制信息披露的目的：不在于替代当事人做决策，而是为当事人做知情决策提供制度保障。信息披露客观上创造了一个信息披露的公共市场，可使公司的股东或其他利益相关者借助集中披露机制以低成本的途径获得信息。[⑤] 基于此，无论是主要利用市场机制控制高管薪酬的国家，还是主要利用所有者的内部控制机制控制高管薪酬的国家，都无一例外地高度重视薪酬的信息披露。在立法例上，普遍采用硬法与软法相结合、

---

① 张维迎认为，传统上，当人们主张政府管制时，他们隐含地假定：第一，管制者是追求社会福利最大化的，大公无私的，仁慈的（Benevolent）；第二，管制者是无所不知的（Omniscient），拥有完全信息；第三，管制者说话是算数的（Precommitment），管制政策具有公信力。不过，经济学家们现在已经发现，这几个条件根本不存在。张维迎：《产权、政府与信誉》，北京：生活·读书·新知三联书店，2001年版，第108－110页。

② 李建伟：《高管薪酬规范与法律的有限干预》，《政法论坛》，2008年第3期，第112页。

③ 有关信息披露价值的争议，参见［美］弗兰克·伊斯特布鲁克、丹尼尔·费希尔：《公司法的经济结构》，张建伟等译，北京：北京大学出版社，2005年版，第312－355页。

④ ［美］卢西恩·伯切克、杰西·弗里德：《无功受禄：审视美国高管薪酬制度》，赵立新等译，北京：法律出版社，2009年版，第5页。

⑤ 徐菁：《公司法的边界》，北京：对外经济贸易大学出版社，2006年版，第61页。

强制性披露与自愿性披露①相结合的方式，既有立法机关与证券监管部门颁布的制定法，也有公司治理准则之类的准法，② 制定法无一例外都将薪酬信息披露义务化，在信息披露主体、披露对象、披露内容、披露方式、披露媒介、披露责任等方面做了详细规定，披露的差异仅仅体现在具体要求上。一般而言，以市场机制控制薪酬国家的信息披露要求更为严格和详细。关于高管信息披露法律规范，主要通过公司法、上市交易规则等加以规定，也有国家专门制定有关信息披露的规范甚至专门制定有关董事薪酬信息披露的要求，如美国1992年制定的《经营者薪酬披露规则》、英国通过的《2002年董事会薪酬报告条例》、欧洲委员会2004年发布的《关于上市公司董事报酬合理制度培育的建议》等。

需要说明的是，薪酬的信息披露直接影响着代理人的切身利益。由于代理人掌握着私人信息，代理人在提供披露信息时通常会进行利益考量。如果代理人与委托人利益一致性较高，代理人可能乐于自愿披露；如果利益一致性较弱，在有利于自身利益的情况下就会披露，而不利于自身利益时就会尽可能隐藏。因此，从信息披露成本利益以及法律规制的目的出发，信息披露的强制性规则应着眼于与代理人利益不一致且代理人有动力隐藏的信息，将其直接规定为强制披露的对象，而对于其他两种情形下的信息则可采用自愿披露的方式予以引导。同时，信息披露也有成本，过多的信息披露也会导致市场和投资者无法吸收与研判信息，反而丧失了信息披露的目的。基于此，信息披露法律规制应以“重大性”为标准确定信息披露的范围和内容。③ 作为立法论，信息披露规则需要遵循这一原理进行设计，下文也将以此标准作为评述的立点。

2. 高管薪酬信息披露的范围

需要披露的薪酬信息总体上分为三类：高管薪酬本身内容、薪酬政策、与薪酬有关的公司治理信息。在高管薪酬本身内容披露方面，不同国家对需要披露薪酬的高管范围和薪酬内容限定不一。美国规定，CEO、CFO（财务总监）以及另外三位薪酬最高的高管的薪酬必须在年度报告书或委任说明书中记载下列事项：过去3年间的报酬一览表（每个高管的工资、奖金、其他年度报酬、限售股份、

---

① 自愿性披露与强制性披露的区分是基于披露者所依据的标准或要求。自愿性披露是指企业的管理者为了某种目的而自觉地披露信息；强制性披露是为了回应强制性的法定要求，通常依据一国的法律、会计规则确定披露项目。具体有关自愿性披露与强制性披露的内容，详见吕久琴、周红：《衡量上市公司信息披露程度研究综述》，《上海立信会计学院学报》，2010年第2期，第41－51页；淮建军等：《信息披露：近40年国外研究综述》，《经济评论》，2010年第2期，第144－153页。

② 周云帆、朱羿锟：《经营者薪酬的信息披露制度探微》，《南方经济》，2005年第4期，第71页。

③ 即一理性之投资者是否有实质的可能性会认为该事实对其作成投票决定为重要者，构成重大性之判断标准。具体关于“重大性”的内涵，参见朱德芳：《论股东大会资讯揭露之重大性原则》，《月旦法学杂志》，2009年9月第172期，第40－74页。

根据股票期权及股票增值权可以转让的股份数、其他长期激励计划的支付额、其他应得报酬等内容），最近事业年度交付的股票期权及股票增值权一览表（每个高管可以转让的股份数、占交付全体从业人员股票期权及股票增值权的比例、权利行使价格、权利行使最后期限、股票期权及股票增值权可以实现的价值或其理论价值），最近事业年度已行使的股票期权及股票增值权一览表（每个高管取得的股份数、实现的价值、尚未行使的股票期权及股票增值权），除限售股份、股票期权及股票增值权之外的其他长期激励报酬一览表（向每个高管支付的股份数、计划期间、预计支付额），高管与公司的雇佣合同，薪酬委员会报告书（公司薪酬政策、最近事业年度公司业绩与高管薪酬的关系、CEO 薪酬决定依据），业绩图表（最近5年间公司累计投资收益率、股票市场指标以及同行业指标的比较），薪酬委员会成员的兼职情况及与公司的交易关系，董事的报酬额。2010 年 7 月通过的《多德—弗兰克华尔街改革与消费者保护法》法案为进一步促进薪酬与业绩的联系，要求公司提供5年内高管薪酬和股票表现的对比图，以促使公司按照其业绩而不是基于错误的会计信息来支付高管薪酬，恢复基于合理激励的薪酬计划。[①] 1985 年《英国公司法》规定，股份公司的年度财务报告附加的备忘录中必须记载董事报酬总额（包括股票期权行使利益、其他长期激励报酬利益、其他报酬）或报酬额最高的董事报酬总额。同时根据伦敦证交所上市规则，年度报告书中必须记载下列有关董事薪酬事项：董事报酬一览表（每个董事的工资、现物薪酬、奖金、股票期权等长期激励报酬）、股票期权表（每个董事年初、年末的期权数，年度给予的期权数，权利行权价格、权利行使期间的起始日与结束日，年度中已行使期权数和行使日的股票时价）、公司报酬政策。鉴于仅仅在备忘录中记载薪酬信息导致披露不充分，随后将其修改为在年度报告中详细披露公司薪酬政策以及每个董事的薪酬内容。《澳大利亚公司法》规定，除了免除披露义务的有限公司，其他公司必须以在公司账目中附加备忘录的形式披露所有公司董事在相关财政年度期间从公司或从任何关联公司所得的总收入。并且，备忘录须以1万澳元为一级别披露每一级别之内的董事人数，披露从公司或关联公司获得的总收入超过10万澳元的高级职员人数，其总收入也须披露。[②]《法国商法典》要求在年报中披露每个经营者的总薪酬，德国商法典则要求在财务报告的附注中分别披露董事会成员和监事会成员的总薪酬。从各国信息披露的法律规定可以看出，需要披露的薪酬范围越来越广，不仅需要披露基本工资和奖金，还要披

① 巴曙松、吴博：《美国金融监管改革法案内容评析》，http：//www. cf40. org. cn/plus/view. php? aid =2935，2010 年 7 月 29 日。

② ［澳］殷·瑞莫塞：《董事和高级职员的报酬：法律的作用》，史晨霞译，载王保树主编：《商事法论集》，第5卷，北京：法律出版社，2000 年版，第411 -443 页。

露其他年薪、非确定性薪酬、退休金、职务消费、各种福利等，并用其他薪酬做兜底规定。总之，凡是因为董事职务执行支付的对价、因履行董事义务支付的费用均需作为董事薪酬予以披露，以确保薪酬披露的全面性，也因应了前文分析的董事设立复杂多样薪酬形式避免公愤压力的规避行为。鉴于各国关于薪酬披露程度的差异以及各国向更高披露标准发展的趋势，联合国贸易与发展会议 2006 年发布的《关于公司治理披露方面良好做法的指导意见》整合各国做法，认为在高管薪酬方面应当披露以下内容：董事会应披露是否为整个董事会或为董事会成员个人制定了业绩评估程序，披露董事会如何评估其业绩以及如何使用评价结果；应披露确定董事薪酬及其结构的机制，明确区分董事和非执行董事的薪酬，披露应尽量全面，向股东和其他利益相关者表明薪酬是否与按照公认标准衡量的公司长期业绩挂钩，薪酬总额方面的信息应包括基本薪金、酬金、养老金、股票奖励和所有其他（财务或其他的）有关福利以及报销的费用；如果给董事的股票期权被用作奖励，但没有作为账户中的分类费用项目披露，它们的成本应采用公认定价模式予以充分披露；应披露董事合同期限、终止合同的通知要求以及为解除工作合同应支付的董事赔偿金的性质。

薪酬政策的披露也是近年来受到关注的一个话题。所谓薪酬政策是指企业为了把握员工的薪酬总额、薪酬结构和薪酬形式所确立的薪酬管理导向和基本思路的文字说明或者统一意向。具体地说，薪酬政策体现为企业对薪酬管理运行的目标、任务和手段的选择，包括企业对员工薪酬所采取的竞争策略、公平原则、薪酬成本与预算控制方式等内容。薪酬政策的披露有助于促成董事会采取与职务、责任、业绩相对应的薪酬决定，有助于抑制董事会决定薪酬时的“自肥”风险。英美两国由于股东大会没有薪酬决定权，因此有关公司薪酬的详细政策作为监督、评价经营者的重要信息，必须在年度股东大会之前直接向股东披露。英国 2008 年实施的一个规则要求上市公司在年度财务决算书中以附录的方式披露有关董事薪酬的信息，尤其强调详细披露薪酬与业绩的关系、股票报酬的业绩基准或每个董事的股票报酬变动、非变动因素。日本《公司法》规定，股东大会享有董事薪酬决定权，公司需要在有价证券报告书的公司治理状况项目下披露有关高管薪酬金额或计算方法的方针，如果没有制定这一方针，则需要披露有关薪酬决定的宗旨，对于薪酬最高限额的修改理由需要在股东大会参考资料中直接披露，但实际支付的薪酬总额则仅仅是在附属明细表中间接披露。[①] 欧洲委员会在 2004 年《关于上市公司董事报酬合理制度培育的建议》中认为，薪酬政策的披露使股东或投资者评价各薪酬体系的主要构成要素的理论依据、报酬与业绩的关

---

① 伊藤靖史「大会社の取締役報酬規制の立法論的検討——業績評価機構確立のための株主総会権限縮小——」インベストメント51 巻 1 号 51 頁以下（1998 年）。

联性等成为可能，也能更好地理解薪酬原则，更容易决定每个董事的薪酬。为强化公司对股东的说明责任，明确建议向股东提供明了且概括性的薪酬政策，要求所有公司应该公开发表有关下一年度董事薪酬方针的报告书。该报告书应该包含固定和变动薪酬的概要、业绩基准、决定年度奖金或非金钱给付的主要条件、公司与董事缔结任用合同的方针等。然而，该委员会2007年对成员国采纳该建议的情况进行评价时发现，这一薪酬政策披露建议没有受到成员国的普遍接受，仅有60%的成员国部分予以接受。例如，《法国强行法》要求年度报告书中记载董事的固定和变动报酬以及这些报酬的计算基准；德国公司治理规则要求监事会主席向股东大会概要说明薪酬体系的重要要点，薪酬政策必须在薪酬报告书中披露。总体而言，多数成员国通常并不鼓励股东广泛介入有关董事会或经营层的薪酬政策决定中，哪怕这一介入是有利的也同样如此。① 2008年金融危机爆发后，欧洲公司治理论坛2009年3月24日就董事和业务执行董事薪酬发表声明，认为薪酬政策及其构成的披露可使股东适当控制董事薪酬，对股东恰当评价薪酬构成带来的风险也是必要的，主张应强制欧盟所有上市公司披露薪酬政策，并且这一披露需要达到能让股东充分理解董事薪酬构成要素的详细程度。②

另外，薪酬委员会自身的运转情况也需要进行披露。英美国家引入薪酬委员会制度的目的主要是为了解决董事自定薪酬合理性缺失、规避利益冲突的问题，薪酬委员会制定的薪酬政策对董事薪酬控制至关重要，薪酬委员会能否正常运转、发挥其应有功能对股东判断董事薪酬合理性具有重要的参考作用，因此，要求披露薪酬委员会的运转情况。美国要求披露薪酬委员会成员与公司的关联性质，确保薪酬委员会成员的独立性；要求披露薪酬委员会对高管薪酬与公司业绩关联性的讨论，采用依据的决定因素和各种业绩指标等，从而为投资者提供判断薪酬与业绩之间关联程度所需的信息。纽约证交所上市规则规定，上市公司必须设置监察委员会、提名委员会、薪酬委员会，并由独立董事构成。薪酬委员会必须根据书面的委员会规则制定委员会目的、责任、委员会运转的年度评价报告，承认和评价与CEO薪酬相关联的公司目标与目的，对照这些目标与目的评价CEO的业绩并基于该评价承认CEO的薪酬标准，向董事会建议其他执行官的薪酬，接受董事会委托对股票期权和股票薪酬进行承认，将薪酬委员会报告书作为委任说明书和年度报告书的一部分向美国证券交易委员会（以下简称SEC）提交。另外，董事薪酬作为公司治理报告的组成内容也需要进行公示。薪酬委员会

① 相原隆、出口哲也、井上佳人、谷口友一译「取締役の報酬に関する2007年欧州委員会スタッフ報告書」法と政治60卷3号111頁以下（2009年）。

② 正井章筰「EUにおけるコーポレート・ガバナンスをめぐる議論——ヨーロッパ・コーポレート・ガバナンス・フォーラムの声明を中心として——」比較法学43卷1号1頁以下（2009年）。

报告书中就董事的薪酬决定需要记载如下事项：薪酬委员会在决定支付CEO长期激励薪酬必须考虑的要素包括公司业绩与股东利益、作为比较对象的其他公司支付给CEO的同样激励报酬的价值、公司过去支付给CEO的薪酬等。英国要求薪酬委员会每年制作薪酬委员会报告书作为年度报告书与财务报告书的一部分向股东大会报告。该报告书必须记载以下事项：模范经营管理章程的遵守情况以及不遵守的理由、报酬委员会构成一览表、有关报酬的政策、报酬额一览表、股票期权表格等，从而使股东能够知晓公司的薪酬政策、每个董事详细的薪酬额。日本董事协会2005年2月发布的《经营者报酬准则》认为，为确保薪酬委员会的独立性、经营者报酬决定的独立性、客观性、透明性，薪酬委员会应披露其活动报告，并对薪酬委员会报告活动情况进行规划。建议短期目标实现薪酬委员会向董事会和监事会提交其活动报告（包括时间、内容以及怎样进行的薪酬决定），中长期目标实现薪酬委员会的年度报告书作为有价证券报告书的公司治理项目组成部分披露其活动，并在商法规制改革展望中认为薪酬委员会的具体活动报告不仅要向董事会报告，更要通过营业报告书向股东披露。

3. 高管薪酬信息披露的模式

在薪酬与业绩联动、会计规则和税务规则的综合作用下，现有的董事、高管薪酬本身越来越复杂，薪酬类型范围越发广泛，为确保股东详细了解薪酬信息，现有披露在英美两国呈现出越来越复杂的趋势而受到学者的质疑与批评。如何在确保股东获得监督必要信息的同时缩减信息披露的范围将是法律规则需要衡量的两难问题。学界认为，应在多大范围内披露薪酬信息主要是对照披露的目的，在不影响信息披露正确性的限度内谋求信息最大限度的明了化，并应采用易读的具有可比性的方式提供给股东，使股东能比较容易地分析董事薪酬与业绩之间的联系、判断薪酬的合理性；原有的仅仅只有部分专家可以理解的薪酬信息披露对发挥信息披露控制机能而言并不充分，需要能让更多人可以理解的薪酬信息披露。[①] 1992年美国根据董事薪酬的复杂性发展趋势修改SEC规则时明确要求信息披露应详细且具有很高的一览性、明了性。这些要求在欧盟、日本等国家和地区也有一定程度的体现。日本要求薪酬应通过不同渠道披露，需要表决的薪酬应记载在股东大会参考资料中、已支付的薪酬在营业报告书中记载、已支付的报酬在有价证券报告书中记载等，并且存在外部董事的情况下，还要区分外部董事和内部董事的薪酬总额。

然而，薪酬应如何披露？是披露董事的薪酬整体还是需要详细披露每个董事的薪酬、是披露每个董事总体薪酬还是需要分门别类披露薪酬组成？对此，各国

① 伊藤靖史「米国における役員報酬をめぐる近年の動向——1990年代の役員報酬額の増加と2000年代初頭の不祥事の後で——」同志社法学58巻3号1頁以下（2006年）。

的规定不完全一致，大致分为全面披露模式与简易披露模式。一般情况下，个别披露、分门别类披露的全面披露模式主要是采用市场控制机制的国家所主张。作为其中的代表——美国薪酬披露规则经过证监会若干次修改后，要求详细披露高管的薪酬构成，呈现出越来越严格的趋势。1992 年规则主要规定上市公司必须以表格的形式披露 CEO 与其他四位薪酬最高的高管过去 3 年中每年的薪酬，薪酬委员会以薪酬委员会报告书的形式向股东说明高管薪酬方针；为了明确业绩与报酬之间的关系，上市公司必须提供市场全体、行业与该公司分配的比较图表。2002 年规则修改时将公司与董事缔结的报酬契约视为公司重大的正式合同，要求在订立之日起 4 个营业日内披露（虽然这一规则 2006 年做了调整，但 CEO 等的报酬契约的披露规则没有变化）。2006 年规则扩大了披露的内容，如增加了退休金的预定支付额、股票期权的价格等披露义务，高管特殊福利待遇的披露义务也从以前的超过 5 万美元调整为 1 万美元；在委托书征集中以“报酬披露与分析”的形式说明报酬制度的目的、支付薪酬种类、金额的确定方法等。英国、法国、意大利等国要求制作、披露经营者薪酬报告并义务化，详细披露单个经营者的报酬。

整体披露的简易披露模式主要是采用所有者控制的国家所主张。例如，德国等少数国家要求披露经营者薪酬总额，不披露单个经营者薪酬，也无薪酬报告制作与披露义务，薪酬总额包含基本工资、分红、消费津贴、保险支出、佣金、其他福利。但随着对薪酬决定的监督、激励机能认识的加深，不少采用简易披露模式的国家也开始转向要求全面披露，尤其是随着各种业绩联动的不确定激励报酬形式使用的增多以及对其存在价值的质疑加深，需要为股东提供详细判断每种薪酬形式是否具有业绩联动效果的信息的呼声越来越高。日本薪酬信息披露的演变很好地反映了这一趋势。日本 2010 年以前薪酬信息披露一直采用整体披露方式，个别薪酬披露并未义务化。2010 年 2 月日本金融厅修改《企业内容等披露内阁法令》，明确要求高管薪酬个别披露。区分职务（董事、监事、执行高管、外部高管）的薪酬总额和薪酬的分类（基本工资、期权、奖金、退休金等）总额，高管如在其他关联公司中领取薪酬，需要汇总合并报告，但可以仅限于薪酬金额为 1 亿日元以上的高管。金融厅同时公告的《个别薪酬披露立法目的解释》中认为，由于仅仅区分职务的原薪酬披露规则无法提供充分的判断公司治理状况的薪酬信息，而每个高管的薪酬信息对薪酬与公司或高管业绩吻合度的判断、薪酬给予高管激励的适当性判断、公司治理结构是否合理的判断等都是重要的信息，披露各个董事薪酬也是国外公司法的普遍做法。金融厅的相关官员在反驳产业界的反对意见时明确表示，高管薪酬透明化、公司治理强化是世界性的潮流，采用全球通用的高管薪酬披露模式已是大势所趋，继续持否定态度对日本企业并非是好事，因此参照各国的通常做法要求个别薪酬披露是恰当的，[①] 立法者试图建立投资者能够评价公司治理的制度从而促进投资者的保护。将1亿日元作为强制个别披露基准的理由是：美国总共约3400家上市公司的CEO的报酬额大多分布在1亿日元左右，日本上市公司董事的平均报酬约为2500万日元，考虑日本高管薪酬比美国高管薪酬低这一现状，设置了1亿日元的基准。这样仅仅披露在日本国内得到过高薪酬的董事而不是披露所有上市公司董事的报酬，涉及的高管比重不大，制度落实的难度不太大，而国民一般也能够接纳。不过，个别薪酬披露依然在理论界和实务界引发很大争论，主要分为反对派与赞同派两派观点。不少实务界的反对派认为，如果只是为了控制高管薪酬的高薪，仅仅披露高管薪酬总额就足够了，没有必要个别披露；日本高管的薪酬与欧美相比已是很低水准了，提高规制强度的必要性很低，没有必要个别披露；个人薪酬额的披露也有损个人隐私；薪酬个别披露可能会带来以个人名字为兴趣本位、单纯关注薪酬额的批判风险；每个职务分薪酬类别进行披露对研究企业来说已经足够了，超过1亿日元的披露所增加的信息非常少。相比反对意见，薪酬个别披露措施更受到理论界的赞成，这些观点主要认为，股东将公司经营委托给董事，知晓委托费用是股东权利的应有之义，仅有薪酬总额是不充分的；从股东行使董事提名权和解任权来看，为了判断每个董事薪酬与委托内容是否相符，明了每个董事的薪酬额也有很高的必要性；公众企业高管薪酬的个别披露在英美两国早已实施，一旦考虑投资活动的国际化，信息披露规则在主要发达国家之间存在很大差异导致投资者丧失对日本企业投资意愿的危险，未必是一件好事；薪酬个别披露为股东是否赞成高管选任议案提供了有力材料；促使监督机构发挥效用而合理决定高管薪酬。甚至还有观点认为，由于日本获得1亿日元以上薪酬的高管人数很少，应降低基准金额，扩大披露的对象。[②] 也有学者认为，从中长期的发展趋势来看，高管薪酬披露内容的扩大是很正常的，股东知晓委托董事经营的费用应是合理的权利；在高度重视资本作用的当前，也有必要与各国保持一致步调；在反对意见中，除了有损个人隐私外，其他认为引入必要性低而主张不引入这一制度的依据很弱。不过，制度导入的时机或披露基准的恰当性也是个问题，特别是1亿日元以上这个披露基准应视时机的不同而做相应的审视。[③]

我国台湾地区学者在台湾的高管薪酬披露程度与公司治理关系的研究中也发

---

① 「概要及びそれに対する金融庁の考え方」，http：//www.fsa.go.jp/news/21/sonota/20100331－8/00.pdf，2010年3月31日。

② 日本証券アナリスト協会「企業内容等の開示に関する内閣府令（案）について」，http：//www.saa.or.jp/account/account/pdf/ikensho100315.pdf，2010年3月15日。

③ 白井正人「役員報酬制度と個別報酬額の開示——内閣府令のポイントと対応策」，http：//www.pricewaterhousecoopers.co.jp/knowledge/research/consulting/pc_1004_01.html，2010年4月12日。

现，整体薪酬披露往往可能影响股东的监督作用。由于不同的薪酬形式对经理人的行为具有程度不一的激励效果，进而影响公司的营运绩效，上市公司不切实按照本薪、现金红利、股票红利等分类科目披露高管薪酬组合，显然无法让广大的投资人进行相关的监督与运用。尤其目前很多上市公司都惯以股票作为奖酬形式，不明确的信息披露更使得多数投资人根本不晓得经理人究竟拿了多少，也无法去观察究竟这些为数可观的长期性激励薪酬是否与公司的经营成长有关系。①

4. 高管薪酬信息披露方式与责任

通常信息披露采用书面形式进行，上市公司必须在公司所在地置备相应资料供股东查询和阅读，还需要通过官方指定的媒体和网络渠道发布信息。考虑电子方式的快捷、方便和成本低廉的特性，不少国家允许公司使用电子方式披露信息，且明确规定这种方式下企业持续披露的期间。另外，由于高管薪酬一般在公司财务报告或年度报告、公司治理报告书中予以展现，非常分散、不便于股东分析，为更能方便股东了解高管的薪酬，部分国家要求以薪酬报告书的形式集中向股东提供，从而形成了两种薪酬披露方式——分散型方式与集中型方式。分散型方式的薪酬信息分散在公司信息披露的各种公开文件中，如年度报告的附录、财务报告、公司治理报告等，与这些专业报告形成整体，利于投资者了解相关公司信息，主要在德国、日本等国公司立法中采用，如日本要求有关决议对象的薪酬需在股东大会参考资料中记载、已支付报酬在营业报告书、有价证券报告书中记载等。集中型方式主要是在证券市场发达的美国、英国、法国等国的公司立法中采用。这种方式将分散的各种薪酬信息集中，通过薪酬报告书等专门形式全面统一披露公司薪酬，为投资者轻易获取公司薪酬信息提供方便，也更有助于股东了解、分析、比较公司薪酬政策、薪酬金额的合理性，从而更好地监督、约束公司经营层。集中披露方式也因此得到各国公司法理论界和实务界的青睐而成为一种发展趋势。另外，为便于股东进行不同公司间的比较，各国在披露格式方面也进行了一定程度的统一。

联合国贸易与发展会议在《披露指导意见》中认为，为股东和其他利益相关者提供关于董事会治理公司的财务状况与经营结果的高质量的信息披露是董事会的主要职责之一。既然薪酬信息披露是公司董事会的义务，为确保这一义务的顺利实现，促成董事会及时、准确披露信息，披露责任的立法必不可少。信息披露责任的确立既能增强法律规制的有效威慑作用，又能给因错误、虚假信息披露遭受损害的投资者提供救济手段。信息披露责任既有披露的义务性责任也有违法披露承担的惩罚性责任。义务性责任一般是指薪酬决定权人在股东大会的说明责

① 李思莹：《高级经理人薪酬的披露程度与公司治理》，台湾中央大学人力资源管理研究所硕士论文，2002 年，第 23 页。

任。由于各国公司法赋予股东质询权，股东大会上股东提出薪酬的质询，董事会成员必须予以说明，这样的说明义务是被动的，没有股东要求董事就可以不予以说明。但是，为更好地保护股东的知情权和控制权，不少国家公司法开始对董事会课以主动性说明义务，即规定董事对某些特殊的薪酬信息必须在股东大会上予以说明，这一义务不以股东的质询为前提，是法律的强制性义务。相比之前的被动性说明义务，主动性说明义务增强了董事的责任，更有助于关键信息的披露和股东利益的保护，如日本《公司法》第361条第二款明确规定提交非确定性报酬或非金钱报酬提案的董事必须在股东大会上说明该提案事项的相当性理由。在惩罚性责任方面，各国公司法和证券法无一例外规定了董事会成员确保信息披露准确性的责任，如果虚假记载或提供信息，必须赔偿因此遭受损失的第三人的损失，这一损害赔偿责任为过失责任。但是鉴于高管职务执行的重大性，高管若要免除自己的赔偿责任必须就职务执行不存在懈怠即无过错承担举证责任。美国1933年《证券法》第17条（a）款规定，在证券的发行、销售中从事下列行为为非法：对重大事实做出不真实的陈述，做出因省略重大事实而误导公众的陈述，运用任何方式、手段和计谋从事欺诈活动，从事任何产生欺骗后果的活动。2002年《萨班斯·奥克斯利法案》（以下简称《SOX法案》）又规定，公司高管对公司财务报告是否公允地反映了公司财务状况和经营成果做出保证，对故意提供虚假信息予以处罚。德国法上虽然课以证券发行人信息披露义务，但是法律要求很宽松，无论是股份法还是其他经济法中都没有规定董事会成员应该对虚假的临时报告承担直接的外部责任，但2004年联邦最高法院在审理“虚假临时报告案”中确定了一个原则性的判决规则——董事会成员原则上必须为虚假的临时报告承担个人赔偿责任，[①] 从而开启了追究董事虚假信息披露个人责任的先河。

从前述分析可以看出，薪酬信息的强制披露为股东评价董事薪酬提供了比较信息，在公愤压力下，对高额薪酬起到了一定的抑制作用，有助于降低股东获取信息的成本，衡平双方的信息不对称，消解代理人的道德风险和逆向选择。同时，披露薪酬政策和薪酬决策过程的考量因素还有助于促进薪酬与业绩之间的关联性，减轻社会对薪酬脱离业绩导致的不合理性批评。为推进适当的高管薪酬的实现，以美国为代表的世界各国进一步推进薪酬披露规则的严格化。但是法律所要求的最低限度信息披露一方面随着披露项目的增多和复杂，增加了公司成本，另一方面所披露的信息有限，无法真正满足股东评判薪酬合理性的要求；薪酬信息披露虽然促进了薪酬与业绩的关联度，但由于仅仅披露薪酬决策的考虑因素，并未详细说明各因素与薪酬之间的具体关系，也未说明薪酬与董事业绩之间的关

① 高旭军：《德国法中公布虚假临时报告时的董事责任——评联邦最高法院判例》，《比较法研究》，2010年第1期，第45页。

系以及是否排除市场自身增长或行业自身增长带来的影响；薪酬披露公开了各个行业各个公司的高管薪酬，使同行业公司高管薪酬具有可比性，但同时也带来公司高管薪酬相互攀比的弊端，致使薪酬水平不断提升。从防止高管高薪过快增长的角度看，严格的薪酬披露规则最终有无作用尚不明了，但有一点是清晰的："如果披露希望通过使人为赚这么多钱感到羞愧来控制薪酬过高，那么我们只能惊讶于提议者的天真"，① 信息披露只不过是提供信息的一种手段而已，如果信息披露不能确保股东获得信息影响薪酬决定，就不会具有防止高额薪酬过快增长的机能。② 鉴于此，今后的信息披露在加强披露作用认识的同时，在披露项目的设定上应重点关注确保股东低成本获得影响薪酬决策的信息，及时增加评判薪酬最关键的信息。

（三）公司高管薪酬的合理性确保义务

在现有公司治理框架下，股东仅仅决定部分高管薪酬，绝大多数高管的薪酬委托给公司高管决定，甚至在英美两国完全委托给董事会决定。如何保证高管决定的薪酬具有合理性成为公司治理必须考虑的一个重要问题。作为立法论，为确保薪酬决定主体维护股东利益，公司法设置了薪酬激励机制。然而，从权利与义务相一致的观点出发，仅有激励机制远远不够，还需要设置相应的约束机制，从而形成薪酬决定主体的激励与约束机制。现有约束机制通常是在赋予董事信义义务基础上进一步强化相关当事人的责任。但基于本书的研究视角，董事的通常信义义务不是本书研究的重点，专门针对高管薪酬的旨在强化相关当事人责任的措施才是本书关注的重点。当前各国在高管薪酬规制中强化当事人责任的做法，比较典型的是德国法上的薪酬合理性注意义务、美国判例中的董事信义义务与薪酬索回制度的配合以及日本学理上主张的善管义务。

1. 德国法上的薪酬合理性注意义务

德国法上有关高管薪酬合理性确保义务的法律规定历史比较久远，1937 年《股份公司法》就导入了有关董事报酬合理性确保的法律规则。20 世纪 30 年代，德国经济不景气，社会上许多劳动者劳动时间大幅缩短甚至失业，而不少公司高管领取高额薪酬，引发了社会广泛的关注。在当时德国全民支持的"社会利益优先于个人利益"的国家社会主义思想的影响下，1937 年《股份公司法》第 78 条规定，监事会需要注意董事的总收入与各个董事的职务以及公司状况之间具有相当的关系。根据德国公司治理结构的安排，股东选任监事并组成监事会，监事会

---

① 何美欢：《公众公司及其股权证券》（上册），北京：北京大学出版社，1997 年版，第 539 页。

② 井川真由美「役員報酬に関する米国の法制度と最近の動向」自由と正義 59 巻 6 号 134 頁以下（2008 年）。

选任董事并决定董事薪酬，因此，第 78 条的规定明确了高管薪酬决定主体的监事会的薪酬合理性注意义务。此后，德国股份公司法虽经历若干次修改，但这一规定仍然得以保留，成为现行德国《股份公司法》第 87 条的内容。《股份公司法》第 87 条规定，监事会有责任保证，董事的薪酬水平必须与其承担的工作和公司的经营状况保持一定的比例，如果支付董事薪酬后，公司的经营状况严重恶化，监事会有权适当降低董事的薪酬。[①] 然而这条规定自存续以来，德国司法实践中几乎没有出现监事因决定支付董事过高的不当薪酬而遭受损害赔偿责任的制裁，这一规定欠缺实效性。为提升这一约束机制的实效性，响应 2008 年以来全球高涨的抑制高管不合理高薪的呼声，2009 年 6 月 18 日德国联邦议会表决通过了《董事薪酬合理性法案》。其主要要点如下：①监事会决定董事报酬之际，负有注意薪酬与该董事职务、业绩、公司状况具有相当关系的义务，没有特别理由不得高于通常报酬；上市公司的薪酬构造必须引导公司持续性发展；股票期权行权等待期间最低 4 年。②报酬确定后，公司状况恶化，支付事前确定的报酬已不合适的情况下，监事会负有削减不相当金额的义务。③确定不相当报酬的监事负有损害赔偿义务。④过去两年内曾担任过公司董事的人不得当选监事，但是持有 25% 以上表决权的股东提议当选的除外。⑤公司因董事职务风险购买责任保险时，董事自己最低负担损害的 10% 至董事固定报酬的 1.5 倍之间。⑥董事报酬由监事会全体会议决议，股东大会可以对董事报酬体系做出没有拘束力的赞同与否的意思决定。[②]

需要强调的是，《董事薪酬合理性法案》明确了享有薪酬决定权的监事的薪酬合理性注意义务、调整义务以及损害赔偿义务，三个义务环环相扣，共同构成了薪酬决定权人的义务群，使薪酬合理性确保义务具有了可操作性。不过德国学界普遍认为，监事会即使违反这一法案确定了不相当的薪酬，其与前述第 87 条一样，在德国法上也不能导致董事任用契约无效，除非薪酬决定违反公序良俗方可认定为无效。也就是说，即使支付给董事的薪酬被认定为不合理、不相当，一般情况下这一支付本身也是有效的，公司和股东不能要求接受薪酬的董事返还不相当部分的薪酬。这是因为，综观整个法案的目的，其仅仅是确认薪酬决定权人的义务，并非为导致无效后果的禁止性规范。另外，与之前的法律相比较，有几点特别值得关注：一是有关高管薪酬合理性的标准问题。此次修改要求董事薪酬与董事职务、业绩、公司状况相适应，新增了董事业绩标准，这既是为了与德国

---

① ［德］托马斯·莱塞尔、吕迪格·法伊尔：《德国资合公司法》，高旭军等译，北京：法律出版社，2005 年版，第 154 页；《德国股份公司法》，贾红梅等译，北京：法律出版社，1999 年，第 71 页。

② 高橋英治「ドイツにおける『取締役報酬の相当性に関する法律』草案の概要——日本法への示唆——」商事法務 1873 号 72 頁以下（2009 年）。

公司治理准则保持一致的要求，也是期待对保持公司持续性发展的长期行为予以激励。二是“通常报酬”的界定问题。一般认为，通常报酬是外在的理性人在充分考虑公司的行业、规模、国籍、公司的工资与薪酬支付体系后确定的一定金额，设定这一理性标准作为高管薪酬的上限，可以有效防止出现英美国家高管薪酬年年非正常上升的弊端。但通常薪酬标准应由法院判断还是应由公司自身判断亦存有疑议，若由法院判断，则可能招致法院没有合适判断能力的非议；若由公司自身判断，则会降低这一上限标准的立法功用。三是薪酬决定权人薪酬调整义务及其前置条件的理解问题。《股份公司法》规定薪酬决定权人调整薪酬的前置条件是“公司状况出现重要的恶化”，由于“重要”一词本身模糊不清很难认定，法案调整了标准，删除了“重要”这一限定性标准，可以说现行法律赋予薪酬决定权人更为明确和严格的责任。何谓“公司状况恶化”，法律亦没有给出明确的标准。有学者认为，诸如“公司不能分配红利不得不采取解雇或减薪措施”的状况就满足公司状况恶化。另外，发生“薪酬支付不合适”的情形主要是董事违反义务的情形，但即使董事没有违反义务，公司状况恶化在该董事任期中发生且该董事负有不可推卸的责任情况下，薪酬的支付也可能成为不合适。① 考虑这一点，法律赋予薪酬决定权人薪酬调整义务试图利用薪酬决定权人的商业经营判断能力实现薪酬的事前控制，将薪酬的不合理性消除在薪酬决定程序中，这一做法相比不合理薪酬事后控制机制更能节约资源从而更具效率。四是薪酬决定权人的损害赔偿责任。这一责任是基于薪酬决定权人对公司负有忠实义务而产生的，隐含的前提是薪酬决定其实就是监事的一项业务执行，自然负有忠实义务，监事履行职责过程中必须维护企业利益，在其他利益与企业利益发生冲突时，必须优先维护企业利益。由于德国监事会的构成比较复杂，特别是根据《共同决定法》设立公司的监事会的构成非常复杂，既有股东监事，又有职工监事，这种安排使集中在职工监事身上的利益冲突异常激烈，原本职工监事代表职工和工会，就应在企业管理和决策中维护职工和工会的利益，职工监事由于受到选任等影响也会直接或间接选择代表职工和工会利益而置企业利益不顾，但依照监事的忠实义务其又必须以企业利益优先。当职工、工会利益与企业利益出现偏差时，如何协调这一矛盾、谁的利益优先就成为职工监事必须回答的问题。法律同样采用“社会利益优先于个人利益”的考量，规定所有监事均负有忠实义务以企业利益优先。据此可认为，既然已经认定监事会做出的薪酬决议是不当的，监事就未以公司利益为重，违反了忠实义务，需要对公司承担损害赔偿责任，法案只不过再次对监事这一责任加以明确和强化。

---

① 高橋英治「ドイツにおける『取締役報酬の相当性に関する法律』草案の概要——日本法への示唆——」商事法務1873号72頁以下（2009年）。

法律赋予薪酬决定权人薪酬合理性注意义务、调整义务和损害赔偿责任，主要是从薪酬决策机制上着眼的，利用决定主体承担不利后果这一经济杠杆引导薪酬决定主体注意、促进薪酬与业绩之间的关联性，从而确保高管薪酬的合理性，具有事前控制的性质。但是考虑德国《公司法》规定监事会每年可以只召开4次会议，监事是否具有评判董事薪酬合理性的能力和是否拥有必要的决策信息，且监事工作并不必然是有偿的，这种情形下课以监事损害赔偿责任对监事来讲可能过于苛严而出现无人愿意担任监事的现象，这一制度的实效性还有待于进一步检验。

2. 美国判例中的董事信义义务与薪酬索回制度

美国公司法理论认为，董事的薪酬决策行为属于董事会的业务执行，对薪酬决策主体的约束主要通过业务执行中董事负有的信义义务加以实现，着眼点也集中在薪酬决策主体身上，已经支付的不相当薪酬同样不予追回。然而，随着美国业绩联动型薪酬的普遍运用，公司支付高管薪酬高度依赖管理层提供的公司业绩即财务报表。但是，正如“安然丑闻”中所揭示的那样，管理层有充足动力粉饰财务报告，建立在粉饰财务报告基础上的公司支付的高管薪酬也就丧失了合法性与合理性，如果依然不予追回，明显有悖于社会一般的公平正义理念。因此美国以《SOX法案》为契机，建立了薪酬索回制度。自此，美国形成了薪酬决策主体信义义务与有条件的高管薪酬索回相结合的薪酬约束机制。

（1）美国判例中的信义义务。董事通常的信义义务一般包括善管注意义务和忠实义务①。美国判例实践普遍认为，高管薪酬也是一个公司治理问题，高管薪酬决定过程既是董事会的业务执行过程，也是董事会利用薪酬决定监督、激励高管积极行为的过程，参与薪酬决定的董事自然也负有其他董事会业务事项决策中的信义义务，公司高管对公司负有忠实义务，“如果高管薪酬过高以至于过度不合理，高管就违反了对公司的忠实义务”。② 一旦违反信义义务，股东往往会提起股东代表诉讼追究董事责任，要求其赔偿公司的损失。在美国有关薪酬的股东代表诉讼的判例实践中，既存在以善管注意义务违反为由追究高管责任的诉讼

① 美国理论界对构成董事信义义务的注意义务与忠实义务之间是否存在区别以及区别何在存有争议。传统观点认为，两者有明显区别。注意义务是指必须以一个谨慎的人在管理自己的财产时所具有的注意程度去管理公司财产，而忠实义务是指必须首先考虑投资者的利益而非个人利益的最大化。法院对声称违反忠实义务的行为审查相当严格，而对声称违反注意义务的行为审查则相对宽松。关涉利益冲突的忠实义务比不涉及利益冲突交易的注意义务更不容易得到司法的宽宥。但有学者认为两者之间并没有明显区别。从经济学上讲，二者在本质上都是由于存在代理成本和利益冲突因而降低了投资者的福利，利益冲突的存在并不能解释两者的差别。不过两种义务导致违反义务的惩处机理和政策取向上不同，忠实义务强调法律责任机制的惩处而注意义务基本可以通过市场机制制裁。

② 朱伟一：《高管薪酬问题的美国经验》，《决策探索》（上半月），2009年第5期，第69页。

也存在以忠实义务违反为由的诉讼。以善管注意义务违反为由的诉讼中，主要争议集中在薪酬决定程序的采用以及应该考虑的信息上。为了履行善管注意义务，在薪酬决定程序上，高管必须要像理性的谨慎的人那样发挥决策应有的技术、注意、勤勉，而在信息采用上，必须考虑自己能够使用的所有的重要信息，同时这一义务违反的归责原则采用过失原则，原告必须证明高管薪酬决策时存在重大过失。以忠实义务违反为由的诉讼中，由于公开公司高管的薪酬体系主要由与高管没有利害关系的薪酬委员会决定，因此，以忠实义务违反为由追究责任的诉讼很少。

（2）薪酬索回制度。薪酬索回制度主要是针对“安然丑闻”中财务粉饰行为而制定的。为了防止高管利用财务粉饰行为获得不当利益，2002 年《SOX 法案》第 304 条规定，CEO、CFO 粉饰财务不当行为的结果构成了证券法等法律中有关财务报告规则的重大违反、公司因而被要求重编会计报表时，必须向公司返还：①公司最初发布该财务报告的时间或向 SEC 提交报告的时间中最早的时点起的 12 个月期间，从公司受领的奖金以及其他激励性报酬或者股票报酬。②该 12 个月期间因出售公司股票实现的利益。这一规定也有学者称为“食言吐利条款”，且不以高管知悉该不当行为、或有故意或重大过失为要件。[①] 索回制度明确规定可以追回支付给董事的基于不当财务报表确定的薪酬，对董事薪酬决策行为进行事后监督，旨在遏制管理层操纵公司绩效、减损企业长期价值的短期行为，以确保薪酬支付的合理性。但这一规定尚存在不少模糊的地方，例如，不当行为具体包含哪些？“重大违反”的标准何在？具体应返还哪些薪酬？要求返还的主体是谁？可否由证券主管机关要求返还？股东可否据此提出股东派生诉讼？2006 年，SEC 修改的《高管薪酬披露条例》要求公司采取适当措施追回基于不正确的财务报表而给予高管的报酬，明确赋予公司享有返还请求权。上述两个法律颁布后，美国上市公司纷纷引入这一制度，截至 2008 年 3 月，道琼斯工业平均指数 30 家代表公司中已有 28 家引入索回制度，其中 23 家公布了具体方案，目的在于追回基于错误的财务报表授予公司高管和员工不合理的激励性报酬。[②]

不过，索回制度尚存在与美国宪法的协调问题。依照美国宪法，未经正当程序，不得剥夺生命和财产。如果薪酬已经发放给公司高管，就可以视其为高管的私人财产，公司要索回就很困难，除非是犯罪所得。由于美国宪法要求的正当程序有可能是立法机构制定的法律，因此从上述引入索回制度公司的方案来看，索

---

① 罗赞兴等：《美国企业改革法案（Sarbanes - Oxley Act of 2002）对我国上市公司管理制度适用性之探讨》（上），《证交资料》，2004 年 5 月第 505 期，第 8 - 34 页。

② 刘京海、陈新辉：《美国企业高管薪酬追回制度及对我国的启示》，《财务与会计·理论版》，2009 年第 8 期，第 71 页。

回也主要基于法律的规定以下述理由启动：财务欺诈、业绩不正确、激励计划违反，这基本吻合了宪法的要求。但是，终极的正当程序掌握在法院手中，能否成功索回主要取决于法院对正当程序的认可，索回成功存在不小的难度。

索回制度还存在侵害高管期待权的危险。由于索回制度不以高管知悉财务粉饰不当行为或有故意或重大过失为要件，因此，只要业绩指标因粉饰“过大”而被调整时，基于这一指标计算的业绩联动报酬中的“过大”部分金额的决定就不能说是合法的决定，该薪酬决定无效，接受该薪酬的所有高管将因不当得利而被追究责任。这一做法在高管薪酬决定程序合法恰当的情况下会有损不知情的善良高管对薪酬的合理期待权，不利于维护公司整体利益。笔者认为，索回制度的立法目的主要在于遏止财务粉饰行为，应区别高管在财务粉饰行为中的不同情况采取不同措施，对粉饰财务具有故意或重大过失的高管行使不当得利的财产索回，而对善意高管的合理期待权应该保护，不行使财产索回，由此造成的财产损失可考虑追究过错高管的损害赔偿责任而加以实现，这样既维护了公司财产的安全，又保护了善意高管的正当利益。

索回制度要解决的是激励高管过程中对高管的约束问题，它与德国的薪酬合理性注意义务的功用相似，只不过一个是事前约束，一个是事后监督。但是二者的作用机理不同，德国法上的薪酬合理性义务群直接赋予薪酬决定权人义务，通过施加不利的经济惩罚制裁义务违反人，而不针对接受不合理薪酬的高管，不合理薪酬支付的状况依然维持，公司财产减少的损害依然存在，其义务只不过是在通常高管的善管注意义务基础上进一步加以明确和细化；索回制度关注的是薪酬支付基础的不合法性，着眼点放在领受薪酬的高管身上，通过行使索回权追回公司因此遭受的财产损失，从而形成薪酬决定、支付过程中的一套责任机制。在利用董事善管注意义务追究义务违反董事损害赔偿责任的基础上建立例外的财产索回，既制裁了薪酬决定权人的义务违反行为，又使领受不合法薪酬的高管无法获得不当利益，公司的财产回复获得双重保障。由此可见，索回制度不是董事善管注意义务的明确而是新的另一制度安排，其与董事善管注意义务一起共同构成对薪酬决策参与人更为严格的约束。目前索回制度受到严格的适用条件限制，其具体功效发挥尚待进一步检验。不过这一制度理念开辟了规制高管薪酬的新路径。欧洲公司治理论坛2009年在其发表的声明中认为，在可以适用的雇佣法和公司法框架范围内，如果事后非业务执行董事根据自己的裁量发表了存有不当行为或违法行为的重要虚假表示的结果，公司应该保留基于这一结果已支付或已授予给业务执行董事的薪酬的索回权，[①] 明确建议在欧盟成员国中加以推广。应该说，

① 正井章筰「EUにおけるコーポレート・ガバナンスをめぐる議論——ヨーロッパ・コーポレート・ガバナンス・フォーラムの声明を中心として——」比較法学43卷1号1頁以下（2009年）。

这一声明认可了美国法律上的薪酬索回权的价值。

3. 日本学理上的董事忠实义务、任务懈怠责任

由于公司与董事之间的法律关系适用委任的规定，根据日本《民法》的规定，董事、执行官负有善良管理者的注意义务（善管注意义务）或者忠实义务，而且忠实义务的规定是善管注意义务内容的具体化和进一步的明确，与通常的委任关系中善管义务没有不同，二者内容同质。[①] 违反这一注意义务怠于执行职务就是任务懈怠，具有债务不履行责任的性质，是过失责任，因此，追究董事责任的一方当事人负有任务懈怠的举证责任，而被追究责任的董事不能证明自己无过失就不能免责。需要强调的是，2005 年之前，日本董事责任的归责原则是无过错原则，考虑到日本十多年的经济低迷，亟须吸引大量有经营能力的国内外企业家经营企业而振兴经济，考虑在经济全球化背景下，法律制度也同产品、服务一样存在世界性的竞争，[②] 日本《公司法》放宽了董事责任的限制，归责原则从无过错原则改为过错原则，并且在不存在故意或重大过失且董事能证明无过失的情况下，同样可以成为责任减免的对象。

在日本，董事薪酬的支付也是公司财产的对外流出，如果股东决定了最高限度额，由于最高限度额的存在满足了法律规制薪酬的目的，理论界普遍认可股东大会仅仅确定最高限额而将具体金额的分配委托给董事会或代表董事的做法。此时，合理决定薪酬成为董事会、代表董事的业务执行事项，接受委托的董事会或代表董事负有善管注意义务，必须考虑各个董事的职务分担、公司全体和各个部门的业绩、经济情势等各种因素，从而决定与各个董事相对应的报酬额，[③] 董事会、代表董事如果做出了不当薪酬决定，董事会成员、代表董事则可能存在任务懈怠被追究损害赔偿责任；日本《公司法》第 404 条第 3 款明确规定薪酬委员会决定每个执行官的薪酬内容，由于薪酬中包含业绩联动型薪酬形式，学界据此认为薪酬委员会的薪酬决定具有监督、激励执行官的机能。以此为前提，薪酬委员会必须行使决定每个执行官薪酬的权限，当薪酬委员会做出不恰当的薪酬决定时，其构成成员就可能存在日本《公司法》第 423 条规定的任务懈怠而将被追究损害赔偿责任。

---

① 日本学界对善管注意义务与忠实义务是否同质存有争议。日本的善管注意义务与通常所讲的善管注意义务内涵不一致，是日本版的经营判断原则。有学者认为，忠实义务是根据美国的信义义务引入的，是禁止董事、执行官违反应该为公司谋求利益的任务而追求自己或他人利益的义务，不同于善管义务。一旦这样理解，不管有无故意、过失，都要发生忠实义务违反责任，其责任范围及于董事、执行官应得利益，但是善管注意义务违反的损害赔偿责任仅仅限于公司遭受的损害范围。

② 落合誠一「会社法制見直しの基本問題」商事法務 1897 号 4 頁以下（2010 年）。

③ 伊藤靖史「大会社の取締役報酬規制の立法論的検討——業績評価機構確立のための株主総会権限縮小——」インベストメント51 巻 1 号 51 頁以下（1998 年）。

二、公司高管薪酬公平偏好型规制措施

如前所述，高管薪酬法律规制对公平性的回应主要是直接针对薪酬数额本身，采用税收、会计等措施来对企业高管薪酬进行不同程度的规制，以遏制高管薪酬增长过快的势头。实践中，公司高管薪酬的公平偏好型规制主要集中在三个方面：针对薪酬数额本身的立法直接强制，利用税收的利益杠杆功能调整薪酬结构，利用会计规则的调整消减薪酬基准中的不合理因素。

（一）公司高管薪酬的立法直接强制①

公司高管薪酬的立法直接强制不同于效率偏好型规制措施，并不遵循市场机制着眼于薪酬决定程序，而是采用法律或行政的手段直接针对薪酬本身进行规定或调整，是“法律规制的最严厉形式”②。

1. 高管薪酬立法直接强制一般规定

实践中，立法直接规制薪酬数额也呈现出不同的强度和方式，归纳各国的具体做法大体可分为以下类型：

（1）数量控制。数量控制即法律直接明确规定高管薪酬的上限，高管薪酬的具体金额由公司决定，但不能超过划定的上限。由于非确定性薪酬数量难以准确计量，因此，数量控制主要集中在薪酬组合中的确定性薪酬上。例如，金融危机爆发后，美国总统奥巴马和财政部长盖特纳 2009 年 2 月 4 日宣布，接受政府救援资金的企业高管年薪不得高于 50 万美元，额外薪酬必须以限制性股票的形式发放，且要等这些公司归还了纳税人的钱之后才能授予。奥巴马称：“为了重振金融体系，我们要恢复信任，为此我们要保证纳税人的钱不会用来补助华尔街高薪计划。在这场经济危机中，高管要以这种薪资计划犒劳自己，这不仅是不利的尝试，而且是糟糕的策略，作为总统我不能忍受这一点。”③ 英国、德国等欧盟国家的救市计划也纷纷采取限制薪酬的措施，德国政府在救市方案中规定，银

---

① 需要说明的是，立法直接强制与政府规制是两个既有联系又有区别的概念，但考虑到薪酬规制实践中的具体做法，高管薪酬的直接规制除了部分通过立法进行外，大量的薪酬直接管制是政府通过行政管理的方式进行的。为便于行文方便，本书此部分忽略两种规制方式的不同，将立法直接强制与政府规制作为同义语使用。

② ［澳］殷·瑞莫塞：《董事和高级职员的报酬：法律的作用》，史晨霞译，载王保树主编：《商事法论集》，第 5 卷，北京：法律出版社，2000 年版，第 438 页。

③ 李爽：《总统奥巴马为受助企业设高管薪资限制，将推更多救助措施》，http：//cn. reuters. com/article/idCNnCN047286720090205，2009 年 2 月 5 日。

行想要从5000亿欧元（6750亿美元）救市方案中受益，就必须接受银行高管薪酬不得超过50万欧元（67.5万美元）等严格限制条件。我国国有资产管理部门对国企高管薪酬也常常采用这一措施，如上海国资委直接规定国企高管的年薪不得超过40万元。[①] 2009年1月13日财政部向有关单位印发的《金融类国有及国有控股企业负责人薪酬管理办法（征求意见稿）》中也规定，国有金融企业负责人最高年薪为税前收入280万元。各国高管薪酬直接控制实践可以发现，数量控制是最常用也是最具争议性的做法，政府管制偏好这一方法主要是为迎合社会公众的公平偏好，这在我国高管薪酬质疑与美国限制接受政府援助企业高管薪酬中表现尤为突出，也有防止不同社会阶层收入差距过大的目的。

（2）倍数控制。倍数控制即法律直接规定，高管薪酬的收入不得超过普通员工薪酬收入的若干倍数。这一倍数是立法者根据社会经济状况、社会收入差距、社会贫富差距认同感等因素事前确定，例如，我国国资委2002年推行年薪制时规定中央企业的高管薪酬不得超过职工平均工资的12倍，2009年9月再次调整央企高管的年薪上限为上年度中央企业在岗职工平均工资的20倍，薪酬标准从12倍涨到20倍。这一做法在一定程度上考虑了高管人力资本投资的特殊性，认可了高管收入高于普通员工的合理性，也考虑了社会思潮的压力、股东的愤怒成本，但这一倍数到底多少才是合理的、科学的？其确定依据本身很难认定，同时上限设置也在一定程度上抵消了高管的激励。著名管理学家德鲁克评价这一措施具有的有效性时认为，其“实际影响范围是微乎其微的，在大部分公司其效果为零，但其心理影响却是不容忽视的”。[②]

（3）行政审批。行政审批这种方式不是直接规定薪酬金额，也未确定倍数，而是由一定的行政主管机构直接审查公司高管薪酬方案，继而做出支持或否决的意见而影响薪酬金额。如2010年7月21日美国总统奥巴马签署的《多德—弗兰克华尔街改革与消费者保护法》允许监管机构强行中止金融机构不恰当的薪酬方案，并规定如果上市公司错误发放高管薪酬，SEC拥有追索权。[③] 我国台湾地区2009年发布的《参与政府专案纾困方案公司发行新股与董事、监事、经理限制薪酬及相关事项办法》明确规定，纾困方案的核定主管机构在纾困期间必须限制或处理接受纾困方案公司的董事、监事、经理人员的报酬。[④] 法国对公用性、垄断性公司高管的工资水平直接参考公务员体系而不考虑市场因素，董事长必须是

① 黄再胜、王玉：《公平偏好、薪酬管制与国企高管激励——一种基于行为合约理论的分析》，《财经研究》，2009年第1期，第16页。

② ［美］彼得·德鲁克：《管理的前沿》，许斌译，上海：上海译文出版社，1999年版，第136页。

③ 谢平：《美国金融监管法案的内容与启示》，http://finance.ifeng.com/opinion/hqgc/20100918/2635388.shtml，2010年9月18日。

④ 林国全：《纾困肥猫条款》，《月旦法学教室》，2009年7月81期，第28页。

公务员，由总理任命，执行公务员工资标准，总经理由董事会招聘，工资标准由财政部确定，没有浮动部分，也不实行年薪制。

2. 高管薪酬立法直接强制的理论分析

各国立法直接介入高管薪酬几乎都是以维护公共利益[①]为理由[②]，根据各国的实践可以发现，立法的直接管制主要集中在国有企业高管或接受政府特殊援助企业高管的薪酬上。一般认为，国有企业资产的全民所有导致治理结构中所有者缺位或虚位，掌握公司财产的经营管理人员极易获得内部人控制的自利机会，为防止全民所有的资产不被非法攫取，确保其保值增值，需要对内部人自利行为进行控制即约束经营管理人员的薪酬获得，但由于监管者缺乏必要的薪酬决定信息或能力，很难低成本获得国有企业经营业绩和经营管理人员的努力状况，为应对信息不对称的劣势防止企业经营管理人员利用信息优势谋求私利，利用法律对国有企业高管薪酬直接强制这一简单而又便捷的手段自然就成为了政府规制的首选。对接受政府特殊援助企业的高管薪酬直接强制的理由在于，动用纳税人的钱去资助陷入困境的自主经营市场主体的前提条件是这些困境可能带来整个社会经济发展的灾难性不利后果，政府的资助具有公益性质，为防止解困资金不被公司高管不当攫取，故立法直接强制高管薪酬。另外，薪酬的倍数限制强行在高管与普通员工之间设定薪酬上限通常被认为有助于缩小高管与员工之间日益增大的收入差距，满足普通员工与社会的公平期望，这一措施由于与普通员工薪酬直接关联，简单明了，在社会收入差距增大等特殊背景下极易受到政府规制者的青睐和推崇。

不过，域外学者普遍不太赞成高管薪酬的立法直接规制，加拿大著名学者柴芬斯认为，设置高管薪酬增长的最高限度额相当于规定了一套管辖高级管理人员对他们的服务所能收取的价格的控制规则，这种控制规则一般是在万不得已的情况下作为应急方案使用的，且一旦危机解除就必须立即取消，因此，价格控制在英美两国很快就被抛弃，即使偶尔出现也是以特殊背景作为条件；倍数控制也是一个可能遇到重大实际困难的策略，可能诱使高管只雇佣高收入的雇员或者将报酬很低的工作外包出去；立法直接固定高管薪酬将会扭曲人才的流动，尤其是在

---

① 何谓公共利益，目前学界尚无统一明确的定义，最有代表性的是美国学者丹尼尔的定义：①唯理性主义的（Rationalist）公共利益是指满足大多数选民的政府行为。②理想主义者的（Idealist）公共利益，是指满足管制者良心的政府行为。③现实主义者的（Realist）公共利益，是指管制者在相互冲突的利益之间作出的权衡。[美] 丹尼尔·F. 史普博：《管制与市场》，余晖等译，上海：上海三联书店、上海人民出版社，1999 年版，第 37 页。

② 这其实就是政府规制的理由。美国学者伯吉斯在分析政府管制变化原因时认为，管制是为或者设计来为公共利益服务的，在管制方面发生的大部分（但不是全部）变化都可以归因于公共利益含义的变化。[美] 小贾尔斯·伯吉斯：《管制与反垄断经济学》，冯金华译，上海：上海财经大学出版社，2003 年版，第 10－12 页。

人才全球流动情况下可能促使人才外流而不利于本国企业经营。①也有学者认为，政府规制者对高管薪酬进行审批是一种并不必要的规制形式，将政府规制者的意志强加于股东似乎不公平、不受欢迎，也没有任何理由可以相信政府规制者具有报酬的必要专门知识，并且，公共压力会导致公司之间、行业之间报酬同等化，但商业实践需要薪酬方案在公司与行业之间存有相异性，②政府规制者的审批会进一步加剧二者之间的对立，进而背离现代"根据业绩支付报酬"的理念。换言之，立法直接规制薪酬所提供的普遍适用的薪酬标准无法适应现代经济生活中高管激励多样性的需要，立法规制者缺乏市场经验导致薪酬激励失效、标准滞后，立法者制定的各种规制措施能被市场中的智慧轻易规避，立法直接强制的效益值得怀疑。

我国学者也普遍质疑立法直接强制薪酬的正当性。虽然立法规制高举维护公共利益的旗帜，但是这一公共利益是否成立受到人们广泛质疑，尤其规制可能被俘获而代表某些利益集团时其正当性更为人们诟病；学界通常认为薪酬应该是公司自治的范畴，应由市场自主决定，薪酬的国家强制介入可能引发国家强制与公司自治关系的争议，国家是否超越自己的职权？是否有必要取代股东做出决定？同时立法对高管薪酬直接强制除了经济上的原因外，更多时候体现出很强的政治因素，尤其是在社会阶层收入差距拉大而直接规定倍数限制时政治因素的考量非常明显，薪酬的管制成为"运用公共权力解决社会分配不均"③的一个手段，这就使原本属于经济问题的薪酬变为了政治问题。对这一管制的效率，学者们从不同角度加以比较和分析，认为国企薪酬管制存在突出问题：人们的工资是身份工资而非职务工资，是资历导向而非能力和业绩导向，制度内工资等级差别很小，不能体现职位的价值和工作绩效的差别。有学者研究发现，由于薪酬管制的存在，在职消费成为国有企业管理人员的替代性选择，国企中这一外生性薪酬安排缺乏应有的激励效率；④也有学者认为，市场经济里不可能存在一个理想的立法、行政或司法报酬数额标准，合理的高管报酬数额只能由市场决定。⑤即使实践中存在临时性的立法管制，也只是一种"临事而议的激进策略"⑥，政府如果

---

① ［加］布莱恩·R. 柴芬斯：《公司法：理论、结构和运作》，林华伟等译，北京：法律出版社，2000年版，第759－761页。

② ［澳］殷·瑞莫塞：《董事和高级职员的报酬：法律的作用》，史晨霞译，载王保树主编：《商事法论集》，第5卷，北京：法律出版社，2000年版，第438页。

③ 黄福宁：《上市公司经理人员薪酬的法律规制》，中国政法大学博士论文，2005年，第29页。

④ 陈冬华等：《国有企业中的薪酬管制与在职消费》，《经济研究》，2005年第2期，第100页。

⑤ 郁光华：《从代理理论看对高管报酬的规范》，《现代法学》，2005年第2期，第182页。

⑥ 傅穹、于永宁：《高管薪酬的法律迷思》，《法律科学》（西北政法大学学报），2009年第6期，第127页。

越俎代庖，对企业高管薪酬进行直接的数量限制，除了会造成企业高管激励机制的进一步扭曲，别无他益。①

总之，高管薪酬立法直接强制的批判和质疑远远超出了对其价值的认识，各国几乎放弃了这一手段的使用，对国有企业高管薪酬要么采用公务员薪酬体系要么逐渐采用市场评价体系，避免直接强制确定薪酬的盲目性和非科学性。现有生活中可见的诸如美国金融监管改革法、台湾纾困企业办法采取的几个少数例子也仅仅限定在特殊条件下政府干预的短期行为，注定很难在较长时间内维系。

（二）公司高管薪酬的税法调控

1. 公司高管薪酬税法调控机理

理论界通常认为，税收具有分配社会财富、调节收入差距的职能，在高管高薪逸脱公司业绩引发社会广泛关注薪酬正当性的背景下，利用税收工具引导、调节高管薪酬使之发挥维护股东利益的功能就成为各国立法者的自然选择，而在高管薪酬过分高于员工收入并呈现不断扩大趋势时，“缩小收入分配差距扩大的趋势，也需要相应的规制体制设计，特别是用以弥合过大的收入差距的税收监管体制来实现公平与效率的均衡”。②

综观域外市场经济发达国家的实践，税法对高管薪酬的规制动机大致可以分为两类；一类是调整社会收入差距过大，主要谋求高管群体与公司员工等其他社会群体之间的公平调整；另一类是引导公司采用立法者期望的能促进薪酬与业绩相联系的薪酬形式，谋求高管与公司、股东之间利益的一致性。基于两者不同的目的，笔者将前者税法规制称为外部公平性的税法调控，将后者称为内部公平性的税法调控。

但无论哪一种目的，税法总是通过经济杠杆这一诱致性手段实现其调控目的。各国的税法调控实践基本上都采取这一措施，在企业所得税法中规定一定数量的薪酬或某些薪酬形式可否税前扣除来增减公司的经济负担，削弱公司支付高薪的激励，或者对高管高薪课以较重的个人所得税税负，削弱高管对某些薪酬形式的激励，或对需要鼓励的高管薪酬形式给予个税优惠措施，从而诱使公司采取立法者认可的能增加股东利益或满足社会公平要求的薪酬结构，实现对高管薪酬的调控。英国《卫报》在一篇报道中认为，由于2010年4月起，英国针对高收入者的所得税税率提高至50%，英国最大的几家公司立即制定了复杂的薪酬方

---

① 黄兴庭、邱本：《高管薪酬相关问题研究》，《中国石油大学学报》（社会科学版），2010年第2期，第20页。

② 谢地：《规制下的和谐社会》，北京：经济科学出版社，2008年版，第9页。

案，以帮助公司高管能够规避这一所得税新规。[①] 由此可见，税法的规定将直接影响公司的薪酬结构。

2. 公司高管薪酬的外部公平性税法调控

税法对薪酬的外部公平性调控主要是不允许薪酬中不当高额的部分计入企业所得税税前扣除而享有税收优惠，并对获得薪酬的高管个人征收高额附加税削减高管实际获得的财产，进而达到限制某些不合理薪酬形式的运用和满足社会公平分配的需要。

一般而言，公司支付给员工的薪酬是员工提供劳务的对价，能给公司带来利益，因此作为成本允许在计算企业所得税时进行税前扣除而一般不考虑员工薪酬的具体数额。但是，不少国家企业所得税法却对高管薪酬税前扣除做出了与普通员工薪酬税前扣除不同的规定，支付给高管的所有薪酬并不必然能够税前扣除，而是根据各国具体情况，在外部公平性的要求下不允许高管薪酬中不当高额的薪酬部分进行税前扣除，并配合个人所得税的附加税征收，从而调整不同薪酬形式的实践运用。美国、日本税法近年对高管薪酬控制采取的措施就是一个典型例子。20 世纪 80 年代，美国企业兼并重组活动频繁，金色降落伞广泛使用，为遏止这一计划的滥用，1984 年《预算削减法案》第 280 条 G 款规定，凡是支付金额超过 CEO 最近 5 年平均薪酬 3 倍的金色降落伞计划应认定为过度，不得减免公司所得税，对享受过度计划的企业高管征收 20% 的附加税。[②] 20 世纪 90 年代初美国经济陷入不景气，而企业高管薪酬持续十多年快速上涨，在这一背景下，业务执行高管的高额薪酬、高管与普通从业人员薪酬差距的扩大受到全社会的高度关注，议会甚至提出了高管报酬金额超过最低从业人员 25 倍的部分不能税前扣除的法案。1993 年美国修改国内税收法，明确规定高管薪酬中金额超过 100 万美元部分的非绩效型薪酬不能税前扣除。“安然丑闻”中，问题公司的高管在公司出现危机后依然通过非限定递延薪酬的形式获得高额薪酬的现象受到社会广泛批评，2004 年美国国会再次修改税法，规定对不符合绩效型薪酬条件的递延薪酬计划的高管薪酬征收附加税。2008 年美国财政部根据《紧急经济稳定法案》规定，凡向财政部出售问题资产 3 亿元以上的公司，在新招聘高管时不得规定优厚的离职金并可征收 20% 的消费税。

日本 2006 年修改前的原企业所得税法将高管薪酬区分为高管报酬与高管奖金进而采取不同的税收政策，定期定额支付的薪酬具有盈亏交易性质归为高管报

---

① 《英国大企业正在设计旨在避税的高管薪酬方案》，http：//www.28hr.com/Html/？7297.html，2010 年 3 月 22 日。

② 黄再胜：《企业高管薪酬规制理论研究：动因、实践与启示》，《外国经济与管理》，2009 年第 8 期，第 22 页。

酬，除此以外的薪酬属于资本交易性质纳入高管奖金范畴，高管报酬可以税前扣除，但不当高额部分除外，而奖金则全部不能税前扣除。由于2005年公司法修改时引入了业绩联动型报酬形式和非金钱报酬形式，为消除税法对这些新的薪酬形式引入可能造成的障碍，2006年日本修改了企业所得税法，大幅放宽了税前扣除的范围，但依然维持了不当高额薪酬（包括退休金）不能税前扣除的规定。

美国、日本税法限制过高薪酬不得税前扣除主要基于以下考虑：①站在薪酬确定的角度，高管薪酬不同于员工薪酬，可以有弹性地进行确定，给高管谋取过高利益提供了机会，不允许过高薪酬税前扣除可增大公司税负成本，高管担心因此增大股东的“愤怒成本”而自觉限制薪酬，同时税法制定的合理性标准也为社会提供了一个统一的评判高管薪酬是否合理的参考标准，使高管薪酬比较成为可能，有助于发挥司法力量和社会舆论对高管薪酬的约束。②与董事职务执行相当的报酬具有费用性质，但超过这一相当报酬数额的报酬金额实质上符合利益处分，可能被公司滥用，假借薪酬支付行分红之实，规避税法对股利的双重课税①而有损税收制度的统一性。对高管因某些薪酬形式带来的过高薪酬附加课税的目的也是试图通过税负的增加削减高管的实际收入，并向高管传递立法者对某些薪酬形式反对的信息，高管为确保自身利益不受影响，自然会回避立法者所不期望的薪酬形式，从而实现对某些薪酬形式的抑制。

笔者认为，在公司治理现实中，股东利用薪酬支付行分红之实以规避税法的行为大量存在，为防止规避法律而设定税前扣除标准的理由有其合理性，但这不是本书所要讨论的高管薪酬规制范围的问题，而税法试图通过设定一个所谓的合理性标准限定高管高薪或者让高管降薪具有的实际效果值得怀疑。尽管限制过高薪酬不能税前扣除和对某些薪酬形式课以高额税收负担，这些税收调整的利益直接反映在公司和高管的成本收益中，通过利益的增减调节企业的薪酬组合可以达到促进薪酬与业绩的相关性、诱导企业高管实施符合企业利益的决策与行为的目的。换言之，税收立法可以发挥税收的杠杆作用，引导公司制定“按绩付酬”的高管薪酬确定原则，努力提高高管薪酬数额与经营业绩的相关性。② 但是，公司对超过合理标准的金额所承担的企业所得税税额本身具有隐蔽性，除非公司信息披露中专门进行披露，否则普通股东很难获得这一信息，也就无法发挥“愤怒

① 按照企业所得税和个人所得税的相关规定，公司从税后利润中支付红利，股利所在资金在分配前已经征缴过企业所得税，向股东支付时股东还需要缴纳个人所得税，股利金额负担了两次税负。然而如果公司假借薪酬支付行分红之实时，原本应以股利形式向股东支付的金额变身为高管薪酬，如果对高管薪酬不做任何限制，这一金额税前扣除后享受了企业所得税税收优惠而仅承担个人所得税税负，同时各国对股利和薪酬采取不同的个人所得税政策，薪酬的税率往往低于股利的税率，还享有了个人所得税的税率差的优待。这一结果不仅带来国家税收的流失，还有损税收公平。

② 李建伟：《高管薪酬规范与法律的有限干预》，《政法论坛》，2008年第3期，第111页。

成本”的约束作用；而且在实践中，不允许过高薪酬税前扣除的税法制度出台后，高管薪酬也并未降低反而不断增长，可见这一制度对过高薪酬的约束力很低甚至没有。至于对某些薪酬形式带来的过高薪酬课征附加税做法的实效也是值得怀疑的，因为高管虽然承担了较重的税负，但高管可以进行转嫁，通过提高相应的报酬额依然可以享受高额薪酬，公司反而支付了更多的金钱和承担了更多的税负转嫁。同时，高管拥有企业发展必不可少的人力资本，高管的管理是社会经济发展的重要生产要素之一，对高管薪酬课征过高附加税可能降低高管工作积极性，带来社会总福利的损失，因此，高管薪酬课征税收必须在限制高管过高薪酬的公平需要与促进社会整体福利之间做价值取舍。在社会普遍接受“多劳多得”价值观情况下，通常也很容易认可高管在促进社会整体利益方面的价值，对高管的薪酬不会过多苛求，即使考虑社会公平的要求，往往也通过个人所得税对工资课税的方式进行调节；从美国税法实践也可以看出，课征附加税的方式也仅仅在收入差距过大导致社会公平呼声很高或者企业陷入困境接受公共财政援助等非常状况时采用。因此，笔者认为，税法上不当高薪不能税前扣除的规制以及个税课征附加税的规制在解决高管高薪问题上的政策宣示意义多于薪酬管制意义。

这一税法规制措施限制的是不当高薪，不当高薪的判断就成为理论上与立法上一个无法绕开的问题。不当高薪的判定标准其实也是薪酬相当性的实质性审查标准，只是这是税法上的标准而非商法上的标准。不同国家税法对不当高薪的认定采用不同模式，美国税法针对不同薪酬形式先后采用了不同认定方法：倍数方法或数额方法作为标准，甚至直接用合理作为标准，倍数方法如前述的 1984 年规制金色降落伞的 5 倍标准，数额方法如 1993 年规制高管薪酬的 100 万美元标准等。合理性标准曾在 20 世纪 80 年代的税法中使用过，1984 年国内税收法针对闭锁公司可能利用高额薪酬支付转移公司利益行分红之实、少缴企业所得税税额的规避法律行为，设置了薪酬的合理性测试，规定可以税前扣除的支付给管理人员的薪酬只能是与管理人员提供的服务相对应的合理的薪酬部分，法院判例通常在个案中根据公司财务状况、雇员提供的服务、相关的可资比较的公司高管薪酬水平、公司高管对公司的实际控制能力等因素进行衡量和评判。日本税法则采用规定形式标准和实质标准的方式确定不当薪酬。日本《企业所得税法实施细则》第 69 条第 1 款、第 2 款分别规定了不当薪酬的实质标准和形式标准，依任何一个标准所产生的不当薪酬部分均不能税前扣除。实施细则第 69 条第 2 款的形式标准规定，公司章程或股东大会确定了薪酬支付限额的公司中，每一营业年度支付的薪酬总额超过该薪酬支付限额时，超出部分的金额不能税前扣除。商法上一般认为，超过章程等确定的限度额而支付的金额不是职务执行的对价，符合“自肥”的结果而不恰当，税法的形式标准沿袭了这一理念。实施细则第 69 条第 1

款的实质标准规定，对照该高管的职务内容（职务、经验、年数）、公司的收益情况、公司员工的工资支付情况、同种类类似规模的公司高管薪酬支付情况等进行综合考虑，确定该职务对价相当的金额，超过该金额的薪酬部分构成不当薪酬，不能进行税前扣除。

各种合理性评判方法各有利弊，数量限制方法直接明了，非常明确，给社会公众提供的评价信息非常及时，但是存在不考虑不同行业、不同贡献的“一刀切”弊端，且数量固定无法随着社会经济发展及时调整，且数量本身的科学性也容易受到质疑；倍数方法无论以高管平均薪酬还是以公司员工薪酬为基础，高管都可能通过提高基础薪酬加以规避。美国税法的合理性测试和日本的形式标准与实质标准审核既考虑了不同行业、不同贡献的区别，也能及时适应社会经济发展的需要，但其的判断相对耗时，成本较高，对规则运用评判者的能力要求较高，并且由于是否合理的信息通常隐藏在公开性远不如法律法规的法院判决中，公众及时知晓的可能性小得多，舆论对高管薪酬的压力相应降低，消解了税法对高管薪酬的规制效力。鉴于此，为降低合理性的评判难度，有学者认为，税法不允许不当高薪税前扣除主要是为了防止高管的“自肥”行为，因此高管薪酬合理性的实质标准可只考虑高管职务执行情况，如果高管获得的薪酬作为其职务执行对价是恰当的金额，则属于合理范畴，超过职务执行对价范围则属于不当高薪。①

3. 公司高管薪酬的内部公平性税法调控

税法对薪酬内部公平性的调控主要通过给予某些薪酬形式税前扣除的优惠以及对高管个人采用延迟纳税的方式给予鼓励来实现，诱使公司采纳有利于股东利益的业绩联动薪酬方式。

（1）薪酬的税前扣除优惠。这一手段将税前扣除优惠作为经济杠杆，对符合薪酬与业绩联动理念的、需要鼓励公司采用的对股东利益有益的薪酬方式给予税前扣除优惠，而对风险大、与业绩无联动的或规制者试图废止的薪酬形式取消税前扣除优惠，通过调整公司所得税税负的手段诱使公司采取社会所期望的薪酬形式。各国的税法实践证明，这一机理非常有效，并为各国税法规制高管薪酬经常采用。美国1993年修改国内税收法时明确规定高管薪酬中金额超过100万美元部分的非绩效型薪酬不能税前扣除，这一规定将高管薪酬分为绩效型薪酬和非绩效型薪酬，工资、各种福利待遇、限售股等属于非绩效型薪酬，而将满足“公司经营绩效目标由外部董事组成的薪酬委员会确定、经股东大会批准并由公司薪酬委员会证明已经实现”条件的股票期权、奖金和长期激励计划等纳入绩效型薪酬范围。从前述的规定看，这一规则本身蕴含着鼓励绩效型薪酬的价值取向。因

① 三上二郎、坂本英之「役員報酬、ストック・オプション」商事法務1776号28頁以下（2006年)。

此，规则生效后，美国各公司纷纷修改薪酬方案，将原有的非绩效型薪酬大量减少，大幅采用绩效型薪酬，事实上促成了20世纪90年代末高管薪酬的高速增长，这与立法者试图降低高管薪酬的初衷背道而驰。客观地讲，尽管这次税法的改革未能实现降低高管薪酬的目的，但意外加强了薪酬与业绩的联动，促进了绩效型薪酬方式的采用，以至于有学者得出税收政策是美国20世纪90年代股票期权薪酬盛行的主要因素之一[①]的结论。

同样，在日本，公司一直大量采用的退休金制度由于计算方法没有明确提示，计算基准以固定报酬为基础计算导致退休金仅仅根据工作年限的长短确定，而不问工作期间的业绩，工作年限越长的高管退休金也越高，并且通常的惯例是将其全权委托给董事会决定，缺乏客观性和透明性。为了推行成果主义薪酬体系，学界和实务界普遍主张改革这一薪酬形式——要么废除，要么引入业绩因素。日本董事协会在2005年推出的“经营者薪酬指引”中也明确建议，退休金改革的中长期目标应导入业绩联动薪酬的方法，能充分反映各个企业竞争力的差异，因此，应改变原有的退休金税前扣除政策，不允许过大的退休金金额税前扣除；建议退休后以临时金或年金方式领取的退休金在领取时课以工资所得同等的个税处理，而对以股票期权等业绩联动方式支付的退休金在一定条件下可免征个税。[②] 这一观点为后来的日本税法修改所采纳。同样地，由于奖金也有可能与公司业绩挂钩，虽然每年都要支付但依然可构成短期激励，符合薪酬业绩联动理念故而受到一定程度的肯定和支持。为鼓励企业采用业绩联动奖金这一薪酬方式，日本董事协会2005年12月在“关于高管业绩联动型报酬的税制修改展望”中建议，应当允许薪酬满足一定条件即可税前扣除，并进一步建议这些条件：股东大会或薪酬委员会承认的固定金额奖金或不确定金额奖金；薪酬委员会或半数以上外部董事组成的薪酬咨询委员会或外部董事担任委员长的薪酬咨询委员会进行奖金支付的决定；业绩联动奖金的评价指标以财务指标以及其他可以参考的各类经营指标为中心，事前决定评价指标和支付额的决定公式。[③] 由于认识到奖金具有的与业绩联动的短期激励作用，也为了与公司法、会计准则将奖金作为薪酬计入成本处理的规则相协调，2006年《企业所得税法及其附则》修改时，一改以前将奖金视为利益处分不允许税前扣除的惯常做法，将与业绩联动的奖金纳入税前扣除优惠范围。

同时，日本理论界和立法界普遍认为，在促进企业灵活运用非金钱的中长期期权报酬形式方面，税法制度应该发挥较强的支持作用。因此，2006年企业所

---

① 郑晓玲：《美国股票期权激励的经验和启示》，《国际金融研究》，2007年第4期，第32－34页。

② 日本取締役協会『経営者報酬の指針』（2005年2月16日）。

③ 日本取締役協会『役員の業績連動型報酬に関する税制改正の要望』（2005年12月8日）。

得税法及其附则修改时，明确规定利益联动薪酬满足计算程序适当透明的下列要件可以税前扣除：非股票转让受限公司，支付金额的计算方法以有价证券报告书记载的利益指标为基础客观确定，薪酬委员会或股东大会、薪酬咨询委员会决定，[①] 确保支付决定程序透明性的信息披露方法；新创设了股票期权费用税前扣除制度，允许作为职务对价的股票期权的费用在行权人行权利益被课征个人所得税时纳入期权发行人企业所得税税前扣除范畴。

需要说明的是，虽然日本税法制度大幅放宽了税前扣除的要件，但公司高管的所有薪酬并不必然均可税前扣除，仅有满足一定条件的薪酬方能税前扣除。税法与公司法、会计准则保持较远的距离，采取独立的规则制度，究其原因，主要出于以下考虑：高管薪酬不同于其他费用，其具有“自肥”等肆意性支付的性质，如果允许容易的税前扣除将不利于课税公平；高管薪酬所得中起征点之下部分不缴纳个人所得税，在公司与高管之间，这部分收入的税负减轻效果非常明显，允许税前扣除的弊端将非常大，因此，能够税前扣除的高管薪酬范围应当限定在与业务执行对价相当的范围内。[②]

（2）薪酬的迟延纳税优惠。所谓薪酬的迟延纳税优惠主要是指满足税法规定条件的某些薪酬形式，股东获得这一薪酬时享有一定期间的个税缴纳迟延期。由于获得该薪酬形式时享有一定的纳税迟延期，高管就会倾向采纳这一薪酬形式，立法者往往利用这一规律引导企业采用立法者认可的有助于维护和促进股东利益的薪酬形式。这可从美国税法利用这一措施对股票期权进行政策影响得到佐证。美国20世纪50年代引入股票期权时，税法规定，满足一定条件[③]的股票期权在期权授予时不征个税，改在行权后出售股票时征税，这一优惠措施的出台促成了美国20世纪50年代大量企业使用期权作为经营者薪酬方式。然而1964年

---

① 薪酬委员会要求由过半数的外部董事构成，薪酬咨询委员会也要求独立于公司，总之，薪酬决定机构必须保持与公司董事会的独立性。如果不能保持独立性，则利益联动薪酬可能存有“自肥”的危险而不能税前扣除。

② 三上二郎、坂本英之「役員報酬、ストック・オプション」商事法務1776号28頁以下（2006年）。

③ 这些要件是：期权行使价格为交付日股票公正市场价值的85%以上；期权行使期间为交付日起10年之内；除期权授予人死亡外，禁止期权转让；期权必须在授予人与公司存有雇佣关系期间或雇佣关系终止后3个月内行使；期权授予人因期权行使取得的股票自交付日起2年内或期权行使日起6个月内不得出售；期权授予人持有公司10%以上股份时，期权行使价格必须在交付日股份公正市场价值的110%以上，行使期间必须是交付日起5年内。学者将满足这些要件的期权称作限定股票期权。

税法修改严格了延迟纳税条件[①]，一定程度降低了股票期权的魅力，但仍被多数企业采用。进入20世纪70年代，美国经济下滑不景气，高管薪酬却持续增加，为改变这一状况，1976年再次修改税法，直接废除了迟延纳税的优惠，股票期权的使用立即大为降低。20世纪80年代初，机构投资者要求积极利用股票期权增加高管薪酬与企业价值的联动，1981年的税法修正再次给予了这一优惠，要件也比适格股票期权缓和了许多[②]，促成了整个20世纪80年代股票报酬在高管薪酬结构中的比重不断增加，高管薪酬持续增高。日本2006年税法修改时同样引入了这一做法，日本税法对取得股票期权的高管课征个人所得税通常是在期权权利行使时而非期权授予时，但是为了鼓励公司设置较长期限的股票期权，将满足一定条件[③]的期权作为税法适格期权不在权利行使时课征个税而是延后到股票出售时课征。

4. 高管薪酬税法调控的作用评价

从前述的分析可以看出，各种税收制度中的利益杠杆对薪酬形式的采用影响深远，既促进了税法鼓励薪酬形式的采用，又间接促成公司高管为回避高税负制裁而发展新的薪酬形式，丰富了薪酬实践，使薪酬形式多元化。各国税法正是利用这一功能诱使公司采用与业绩相联动的薪酬形式，实现维护股东利益的立法目的。然而，税法调控本身具有宏观性，直接作用于高管薪酬这一微观领域稍显力不从心。税法本身的作用机理决定其不可能直接削减高管的薪酬，高管可以通过转嫁的方式将税负转移给公司承担而不影响自身利益，反而增大了公司负担，减少了股东利益，有违税法规制高管薪酬的初衷；另外，在丰富的公司治理实践面

---

① 修改后的要件为：发行的股票总数与期权授予人依特定计划确定且该计划在采用前后的12个月之内获得股东承认；期权行使价格超过交付日股票公正市场价值；期权行使期间为交付日起5年内；期权自计划采用或股东承认之日起10年内交付；除期权授予人死亡之外，禁止期权转让；期权必须在授予人与公司存有雇佣关系期间或雇佣关系终止后3个月内行使；期权授予人因期权行使取得的股票自交付日起3年内不得出售；期权授予人在以前授予的限定股票期权或适格股票期权未行使期间不能行使新给付的适格股票期权；期权授予人不得持有公司股份5%以上。学者将满足这些要件的期权称为适格股票期权。

② 新的要件为：发行的股票总数与期权授予人依特定计划确定且该计划在采用前后的12个月之内获得股东承认；期权行使价格超过交付日股票公正市场价值；期权行使期间为交付日起10年内；期权自计划采用或股东承认之日起10年内交付；除期权授予人死亡之外，禁止期权转让；期权必须在授予人与公司存有雇佣关系期间或雇佣关系终止后3个月内行使；期权授予人因期权行使取得的股票自交付日起2年内或期权行使日起1年内不得出售；期权授予人在以前授予的激励股票期权未行使期间不能行使新给付的激励股票期权；期权授予人持有公司10%以上股份时，期权行使价格必须在交付日股份公正市场价值的110%以上，行使期间必须是交付日起5年内；期权计划中可能行使的期权股份的公正市场价值总额不超过10万美元。学者将满足这些要件的期权称作激励股票期权。

③ 税法设置的适格期权条件是：期权权利行使限定在期权决定日2年后10年之内；期权行使价额的年度合计额不能超过1200万日元；期权每股行权价格高于期权合同缔结时公司每股股票价格；禁止期权转让。

前，作为外控手段的税法试图直接调控高管薪酬、限制甚至降低具体金额的努力都注定会失败，如果仅仅为回应社会公众公平要求的税法调控，则不得不冒着扭曲公司治理行为的风险带来更大的社会利益损失，立法者必须在二者间谋求衡平，以实现社会福利的最大化。因此，在高管薪酬规制过程中，不能过分扩大税法的作用，需要与其他手段相配合，发挥税法在薪酬形式选择上的作用，促进薪酬与业绩联动从而实现对股东利益的保护。

(三) 公司高管薪酬的会计规则约束

在高度强调薪酬业绩联动的当前，准确计算公司的成本与利润、反映和体现高管管理水平和贡献对高管薪酬的合理性评判至关重要。在传统的现金薪酬条件下，支付的薪酬直接作为公司的成本在财务会计报表中得以明确体现，然而非确定性薪酬形式尤其是股票期权等薪酬形式的出现打破了这一平衡。由于股票期权的行使是一或有事件，股票期权本身的成本如何确定、怎样反映在公司的财务会计报表中就成了会计规则必须解决的问题。这一问题的处理将因不同的会计规则而对公司产生不同的成本，也就给公司高管利用会计规则操纵公司利润提供了可能性。就现有的高管薪酬实践来看，公司高管利用会计规则操纵公司利润一方面客观促成了股票期权的广泛采用，另一方面也在事实上虚增了公司利润、夸大了高管的业绩贡献进而不恰当地拔高了高管薪酬，这违背了薪酬业绩对应的理念而受到质疑。因此，会计规则对薪酬的约束主要是通过不同的成本处理引导薪酬体系的设计尽量往业绩与薪酬相关联的方向发展，规避和降低现有业绩联动型薪酬类型可能蕴含的风险。现有的会计规则在高管薪酬方面的规范主要体现在股票期权怎样纳入会计成本处理以及奖金是否作为成本处理等方面。

1. 股票期权的会计成本处理

公司高管传统薪酬结构一般是由基本工资和年度奖金构成的，股票期权出现后，会计规则采用内在价值方法确定其计入公司财务报告的成本，即行权价格与期权授予之日的股票市场价格的差额作为公司支付高管薪酬的成本，如果期权的行权价格小于期权授予之日公司股票的市场价格，这一差额就成为公司支付此项薪酬的补偿成本，需从损益表中相应抵扣公司的利润，但是如果行权价格等于或大于股票市价，则公司对此项薪酬的补偿成本为零。投资者很快发现，采用股票期权方式支付高管薪酬公司可以少承担费用，用比传统薪酬更少的代价达到同样的高管激励效果，高管则可因股票期权能够带来无风险的比传统薪酬更高的或然收入，同时也降低了高管和董事会关于股票期权的感知成本，因此，趋之如鹜，股票期权受到公司的普遍追捧，公司的薪酬构成也就变成基本工资、年度奖金、股票期权，且股票期权占据绝大多数的比重。内在价值法的会计规则事实上促成了股票期权这一被人们认为具有业绩联动性质的薪酬形式的广泛采用，在当前主张薪酬业绩联动的主流观点视野中无疑具有积极的价值。然而，随着股票期权性质认识的深入以及“安然丑闻”的出现，人们发现，现行的股票期权制度安排无法剔除市场和行业自身发展带来的业绩提升、以股价作为高管薪酬评价指标并不能真正体现高管管理水平和努力程度的同时，内在价值法这一会计规则也存在很大的缺陷，由于股票期权的不同会计处理能够影响公司的成本进而影响公司的利润，因此，高管有理由和动力大量采用股票期权，这样原本应该计入成本的传统薪酬金额锐减导致成本降低，人为扩大公司的利润获得更好的业绩从而提升股票的市场价值，为高管带来更高的期权收益，即使在公司的业绩没有任何变动的情况下，高管通过减少传统薪酬支付可以扩大公司的利润，造成高管工作努力的假象攫取“规则性不当利益”①，内在价值法的内在缺陷助长了近年来企业高管实施股票期权的不断膨胀，② 也成为“安然丑闻”中的企业高管惯用的粉饰手段。股票期权的支付肯定对公司会产生成本，但内在价值法的会计规则事实上使其无法费用化，导致企业的业绩无法真正反映和评价高管的价值，也使高管薪酬丧失合理性而广受世人诟病。舆论普遍主张应调整会计规则，规避或减少股票期权蕴涵的风险，要求采用公允价值法将股票期权费用化，即以期权授予日信息充分的公平交易中交易双方自愿进行资产交换的金额也就是市场价值作为公允价值计入期权薪酬的成本。公允价值法受到投资者的欢迎，因为这一会计规则改变了董事利用内在价值法不将股票薪酬作为成本计入公司财务报表的做法，所有公司向董事支付的股票薪酬必须以一定的补偿成本方式列入公司的财务报表中，避免公司账面利润的虚增，有助于真实了解董事业绩对公司的影响，消解董事不恰当利用股票薪酬影响公司业绩而为自己谋利的危险。但是，这一方法受到企业界的强烈反对，尤其是高科技公司的反对最为强烈。这是因为，一方面高科技公司吸引优秀人才的重要手段之一就是股票期权，没有股票期权，高科技公司很难吸引到优秀的员工，股票期权的会计处理方式应当便利这一制度的运用，③ 另一方面股票期权费用化带来分摊期权费用较高的弊端，直接增加公司成本，企业利润大幅缩水，可能致使公司股价下跌而导致董事股票期权丧失价值，这直接威胁着股票期权在董事薪酬结构中占据很大比重的董事利益。尽管如此，主张采用公允价值法将股票期权费用化成为当前公司法制的主流，美国会计规则有关股票期权费

① 熊海斌、谢茂拾：《基于“规则性不当利益”的经理股票期权制度亟需改革》，《管理世界》，2009 年第 9 期，第 178 页。

② 黄再胜：《企业高管薪酬规制理论研究：动因、实践与启示》，《外国经济与管理》，2009 年第 8 期，第 23 页。

③ 黄福宁：《上市公司经理人员薪酬的法律规制》，中国政法大学博士论文，2005 年，第 74 页。

用化的态度变化对此做了很好的注解。

美国对股票期权是否纳入会计成本一直采取的方式是由企业自行决定。美国1972年《会计原则委员会意见书》第25条规定，股票期权如果确定了行使价格，则行使价格与期权给付之日的时价之间的差额计入会计成本，即采用内在价值法的会计规则，这样的话，如果设定的行使价格超过或等于给付之日的时价，则没有必要计入会计成本。1995年财务会计基准委员会基准书第123条对此做出调整，希望以股票期权给付之日的公正价值计入会计成本，即采用公允价值法的会计准则，但也允许按照1972年内在价值法的规则行事。由于董事的薪酬多数与公司业绩关联，公司业绩直接影响着董事的薪酬，同等情况下，股票期权计入会计成本与不计入会计成本相比会直接减低公司业绩，董事为维护自身利益不愿将股票期权纳入会计成本中，实践中多数企业依然选择有利于董事利益的1972年内在价值法的规则进行会计处理，并且多数将行使价格设定为与给付之日的时价相等，实现股权期权不用计入会计成本的目的。"安然丑闻"暴露了财务报告的这一缺陷，股票期权不计入会计成本导致公司业绩的报告不明了，有损财务报告的透明度，理论界强烈要求将股票期权纳入会计成本中。2004年财务会计基准委员会基准书修改，明确将股票期权以给付日公正价值计入会计成本义务化，废除了企业可以选择使用的1972年内在价值法的规则，从而使股票期权的成本处理统一化。

上述分析可以看出，就会计规则的作用而言，股票期权如何费用化其实是一个政策考量，如若董事激励不足，可采用有利于董事薪酬的内在价值法进行处理，如果激励过度，可采用强制费用化的公允价值法。美国自20世纪50年代开始引入股票期权到2004年长达50多年的时间内一直沿用内在价值法，为高管尤其是高科技高管提供了强有力的激励，极大地促进了美国企业的创新与发展。美国的做法为股票权费用化的政策考量提供了一个鲜活的样本。

2. 高管奖金的会计成本处理

高管奖金是否列入会计成本处理在学界曾有争议，主要有利益金处分说与薪酬说两种观点。利益金处分说认为，奖金是作为高管努力谋求公司利益的功劳而支付的金钱，究其财产本质来讲，是股东将原本属于自己的利益部分转让给高管，属于公司利润分配的范畴，"其的支付是利益处分，在是否对公司产生利益方面与薪酬不同，而在支付奖金的决定上，虽然与薪酬决定一样也需要股东大会决定，但其的根据是利益处分。换言之，董事奖金支付决定是利益处分，自然需要股东大会决议，与此相对，董事薪酬的股东大会决议是以防止'自肥'弊端这一政策为基础的”。[①] 高管报酬作为职务执行对价，无论公司有无利润均要支付，而奖金作为对公司利润有特别贡献的酬劳，仅在公司有利润存在时从利润中支取，因此奖金不能作为公司经营的成本计入。薪酬说认为，高管奖金作为薪酬的一个形态，与职务执行对价的薪酬没有任何不同，对高管而言只不过是追加的报酬，具有成功报酬的特点，[②] 同样包含在薪酬当中，与薪酬一样作为费用计入会计成本。高管奖金的不同性质认定在成果主义薪酬体系中对高管薪酬产生不同影响，很明显，薪酬说将奖金纳入成本将直接减少公司的利润进而影响公司业绩，而利益金处分说不将薪酬纳入成本处理，将产生少计成本增加利润的效果，在公司其他条件不变情况下，后者的处理将增加高管的业绩进而为高管带来更多的奖金，夸大了高管对公司业绩的贡献。笔者认为，由于高管奖金通常与公司业绩相联系，将高管奖金作为薪酬组成部分纳入会计成本处理具有两个益处：奖金对应部分金额作为成本在税前扣除，企业少缴对应部分的企业所得税，企业所得税税额的降低有助于鼓励企业采用奖金这一薪酬形式；同时从财产流向看，奖金也是公司财产的真实流出，将奖金作为成本处理可以真实反映公司的业绩和高管对公司的贡献，因此，笔者认为应将奖金纳入会计成本处理。日本理论界与立法界也基本采纳了这一观点，2005 年《公司法》修改之前，日本的通说和判例均把奖金作为利益金处分处理而不计入会计成本，2005 年新《公司法》修改时将奖金一并纳入薪酬范畴，与此相对应，日本修改了有关高管奖金的会计准则，将奖金作为发生奖金的会计期间的费用处理，[③] 其理由在于奖金的经济形态与业绩联动型报酬同样具有职务执行对价的性格，即使奖金和报酬支付程序不同也不改变业务执行对价的性质，更何况现在公司法中已将奖金和报酬做同一支付程序处理了[④]，因此奖金与报酬一样计入会计成本。

总之，无论是股票期权费用成本化还是奖金的会计成本处理，会计规则的改变可能促进高管薪酬与业绩的联动性，从而间接约束高管的自利行为。当然，我们也要看到，会计规则的单独运用“难以对管理层自利行为构成有效约束”[⑤]，必须与其他措施相结合方能发挥其作用。

---

① 前田庸『会社法入門』323 頁以下（有斐阁，第 9 版，2003 年）。

② 山口孝浩「役員賞与、役員報酬を巡る問題——改正商法等の取扱いを問題提起として——」税務大学校論叢 48 号 181 頁以下（2005 年）。

③ 但是，将奖金纳入成本处理并享有税前扣除必须满足一定的条件：奖金必须与有价证券报告记载的有关利润的指标相联动（利润联动薪酬）或者在次年的基本薪酬中得以反映。

④ 「会社法下の役員報酬と税制改正」商事法務 1752 号 54 頁以下（2005 年）。

⑤ 刘燕：《股票期权激励的约束路径：法律与会计的互动——伊利股权激励事件的启示》，提交“中国法学会证券法研究会 2010 年年会”的论文，深圳：深圳证券交易所，2010 年 5 月 6 日至 7 日。

第三章　公司高管薪酬的司法介入

在立法对高管薪酬设置控制的情形下，还有无必要引入法院对薪酬进行审查，或者股东有无权利就高管薪酬向法院提出诉讼？如有必要或股东享有诉讼权则法院审查高管薪酬以何种方式启动？其审查基准又是什么？

理论上，司法介入高管薪酬的审查可以区分为合法性审查和合理性审查。合法性审查主要涉及薪酬决议的内容或程序是否符合法律、行政法规、公司章程的规定，进而撤销薪酬决议或确认薪酬决议无效；合理性审查是指法院审查高管薪酬的合理性，如果认定为不相当，则不相当的薪酬支付无效，薪酬领受人必须返还公司财产，并追究董事的义务违反责任。① 这样界定的合理性审查就包含两个方面的内容：不合理的认定、责任的追究。前一问题涉及不合理的审查基准，后一问题涉及董事义务违反责任的处理。② 学界与实务界对合法性审查争议不多，但对合理性审查的争议非常集中，因此，本章的重点集中在合理性审查的探讨上，并且针对的主要是董事薪酬决议的合理性问题。

一、高管薪酬司法介入的理论阐析

（一）高管薪酬司法介入的理论争议

学界和实务界就司法介入高管薪酬合理性审查问题上存在很大争议。学界分为否定说与肯定说；在实务界，绝大多数国家的法院以高管薪酬合理性属于公司商业经营判断原则保护范围为由不予受理，少数国家法院虽然介入判断，但仅限于很小范围的谨慎介入。

---

① 伊藤靖史「取締役・執行役報酬の相当性に関する審査について」同志社法学58卷5号55頁以下（2006年）。

② 需要说明的是，有关董事薪酬决定中的义务违反责任追究问题参见第二章有关薪酬合理性确保义务的内容，此处仅重点讨论合理性审查基准。

1. 否定说

否定说为目前日本理论界的通说。该说认为，高管薪酬是否合理，其是否与对公司做出的贡献相当，这是公司自治范围的事情，也是股东自行判断的问题，如果没有特殊的情况，法院不介入公司股东大会的判断，同时法律上也未就法院审查董事、高管薪酬设定特别的程序。这一观点发端于日本著名学者矢沢惇教授于1961年发表的《董事报酬法律规制》论文中，并支配了其后有关董事报酬的争论。矢沢惇教授在分析日本原《商法》第269条（日本《公司法》第361条）董事薪酬规制宗旨时认为，在《商法》的语境中，法院不审查董事报酬的合理性。[①] 同时这一观点在东京地判平成19年（2007年）6月14日判决理由中得到充分体现。在该判决中，法院的立场非常明确："我国的公司法律制度规定，除了依据法律规定外，董事报酬的决定均是各股份公司自治的事项，根据章程或股东大会决议反映公司所有者的意思而做出决定"；"法院在没有特别事情的情况下，不介入董事报酬多寡的实质性恰当与否的判断"；"作为报酬决定对象的董事对公司贡献程度的判定依然应该是公司自治的问题，很难说我国的法律制度事前设定了这样的安排：法院基于证据，在认定任职董事的作用或这一作用对公司产生利益的事实基础上，与其他董事或公司从业人员的作用相比较，从而评价该董事的作用并判定董事的贡献度"。[②] 由此可见，日本学界和理论界普遍主张否认法院介入高管薪酬合理性的评判，其主要理由在于法律没有相应的规定。

与日本学者的角度不同，英美学者主要从两个角度否认法院的介入。一是依据高管薪酬问题的社会危害性。美国著名公司法学者克拉克认为，"与那些促使立法者在其他领域施加价格管制的许多社会问题相比，一般认为过高的经理报酬问题并不是一个严重的社会问题"。[③] 既然高管薪酬过高的社会危害性尚不足以引起严重的社会后果，司法这一公权力介入公司自治领域就缺乏正当性。二是从法院介入高管薪酬合理性审查的可行性出发，对司法干预的有效性持有极大的怀疑态度。法院没有足够的人力去判断薪酬包和薪酬政策是否令人满意；[④] 法官个人缺乏足够的专业素养、丰富的市场经验、充足的交易信息和适当的交易环境进

① 矢沢惇「取締役の報酬の法的規制」『企業法の諸問題』225頁以下（商事法務研究会，1981年。初出は商事法務研究219号8頁以下，1961年）。

② 木村真生子「職慰労金支給議案提出に関する取締役の善管注意義務」ジュリスト1391号155頁以下（2009年）；伊藤靖史「取締役報酬規制の問題点——東京地判平成19年6月14日判決を素材として——」商事法務1829号4頁以下（2008年）。

③ ［美］罗伯特·C. 克拉克：《公司法则》，胡平等译，北京：工商出版社，1999年版，第159页。

④ ［美］卢西恩·伯切克、杰西·弗里德：《无功受禄：审视美国高管薪酬制度》，赵立新等译，北京：法律出版社，2009年版，第39页。

行判断；[①] 法院的判断是事后判断，无法还原当时的决策情景，且具有用事后信息进行判断的嫌疑；高管报酬很大程度上依存于每个高管的具体情况，很难在市场上找到判断公正性的类似交易，而且高管薪酬的支付也不能用市场中第三人的交易取代；[②] 同时由于商业经营判断规则的普遍确立，法院一般会尊重董事会的决定，对董事会薪酬决定权长期持消极的态度。据美国学者 1992 年的一项研究发现，事实上美国法院几乎在 1900 年以来的所有案件中都拒绝推翻上市公司董事会做出的薪酬决定。[③]

2. 肯定说

尽管如此，不少学者从司法控制的价值、公司治理的机能等角度主张司法介入公司治理，为高管薪酬的司法介入寻求正当性。

有学者认为，司法介入具有基于向后观察的信息——过去的经理没有按照公司利益行事的信息[④]——的投机型监督[⑤]机能，这一机能为高管薪酬决定机制的运转、高管薪酬合理性确保提供了一个“安全阀”保障机能，为偏离市场控制和程序导向的法律控制的非正常报酬的纠正提供给了司法上的可能性。[⑥] 美国学者戴维·罗森伯格也认为，“应允许法院对公司董事是否做出明智的决定进行实质性的审查，特别是如有证据表明，董事会未经明显的合理性讨论做出决定的场合下——如 2005 年迪士尼董事会批准 1.4 亿美元遣散费的决定之情形下，特拉华州法院做出保守的审判是‘愚昧无知’的”。[⑦] 也有学者根据美国公司治理中司法扩张与司法谨慎演变发展变动规律，认为美国的“积极的司法介入一般是发生于公司治理危机时，是背负了社会正义的使命、为矫正市场失序而进行”。[⑧]

---

① 黄福宁：《上市公司经理人员薪酬的法律规制》，中国政法大学博士学位论文，2005 年，第 66 页。

② Melvin Aron Eisenberg. Self - interested Transactions in Corporate Law, 13J. Corp. L. 1988, pp. 997, 1006.

③ Linda J. Barris. The Overcompensation Problem: A Collective Approach to Controlling Executive Pay, Indiana Law Review, Vol. 68, 1992, p. 82.

④ ［法］让·梯若尔：《公司金融理论》（上），王永钦等译，北京：中国人民大学出版社，2007 年版，第 36 页。

⑤ 所谓投机型监督，是相对积极型监督而言的。积极型监督与控制权的行使紧密相关，而投机型监督则与控制权无关。投机型监督是向后看的，即它不是提升公司价值，而是去估计公司价值，这种价值不仅反映了公司的外部前景，也反映了过去的管理层投资。因此，投机型监督的目标仅仅是为一段时间内某个特定时刻的公司状况拍照，即对以前和现在管理层完成的事项进行评判。股东对经理提出诉讼就是其中一种监督形式，它不是要提高公司的未来价值，而是制裁过去的不良表现。有关投机型监督的具体内容，详见［法］让·梯若尔：《公司金融理论》（上），王永钦等译，北京：中国人民大学出版社，2007 年版，第 35 - 37 页。

⑥ ［美］罗伯特·C. 克拉克：《公司法则》，胡平等译，北京：工商出版社，1999 年版，第 160 页。

⑦ David Rosenberg. Galactic Stupidity and the Business Judgment Rule, 32 J. Corp. L. , 2007, p. 301.

⑧ 官欣荣：《我国司法介入公司治理的迷惑及对策——华尔街金融危机背景下的新思考》，《政法论坛》，2009 年 4 期，第 133 页。

另外，最近以伊藤靖史为代表的部分日本学者也主张应该引入法院对高管薪酬合理性的审查，这一观点一经提出很快就在日本《公司法》学界形成一股新的潮流，并可能成为未来日本公司高管薪酬规制的一个发展方向。伊藤靖史认为，2005 年《公司法》注重公司治理结构中的业务监督权与业务执行权的分离，将业务执行人员的股票期权给付明确规定为薪酬委员会应该决定的事项，这一规定说明法律制度明确确定了业务执行人员薪酬决定具有监督、激励机能，薪酬委员会作为监督机构必须行使对每个业务执行人员的薪酬决定权利，如若做出了不相当的薪酬决定，则薪酬委员会成员可能被追究任务懈怠责任。这一观点对于设置董事会公司而言也是恰当的，董事会承担着对业务执行人员的监督、激励机能，在董事会做出不相当的薪酬决定时，董事会成员同样可能被追究任务懈怠责任。[①] 也就是说，既然薪酬委员会或董事会成员可能因不相当的报酬决定被追究责任，法院审查被告是否承担相应责任时必须审查、评判薪酬是否相当，从而实现法院对公司自治领域的介入。因此，基于薪酬决定本身具有的监督、激励机能，法院应当对薪酬决定的相当性进行审查。同时，考虑到日本《公司法》第 361 条规制的目的，股东大会决议是薪酬支付的效力要件，如果没有股东大会决议而进行薪酬支付，事后也未追认，此时若股东以薪酬不合理为由提出诉讼，法院就不得不进行薪酬额的合理性审查，实践中也不乏这样的事例。就连提出法院不审查董事薪酬相当性观点的矢沢惇教授在分析美国判例法对董事薪酬合理性审查判例后也认为，在商法中如果采用程序是否公正来审查董事薪酬决定是否合理，对闭锁公司的中小股东利益保护也是有益处的。日本著名的公司法学者江头宪治郎也主张重视公开公司高管薪酬合理性的审查。[②] 我国学者朱羿锟教授认为，由于“薪酬程序公平并不能保证薪酬合理，好的程序未必产生好决策，只是增加了产生好决策的可能性而已”，只要董事会决定高管薪酬，一旦出现问题薪酬，就应当对其进行实体合理性审查，这“既是司法审查技术的需要，也是确保高管薪酬合理性的需要”；同时，针对法院审理能力的质疑，朱教授认为，如果将薪酬合理性标准确立为相对合理性标准，“只要围绕是否有利于促进企业价值最大化这一指针，借助薪酬标准合理性、薪酬水平合理性以及薪酬结构合理性的要求，构建相应的评价高管薪酬合理性的参照标准，法院完全可以做出适当的判断”。[③]

---

① 伊藤靖史「取締役報酬規制の問題点——東京地判平成 19 年 6 月 14 日判決を素材として——」商事法務 1829 号 4 頁以下（2008 年）。

② 江頭憲治郎「会社役員の報酬に対する法の規制」法学教室 6 巻 2 期（1974 年）。

③ 朱羿锟：《论高管“问题薪酬”的董事问责》，《现代法学》，2010 年第 4 期，第 180 页。

（二）高管薪酬司法介入的必要性

法院介入薪酬合理性审查的肯定与否定的争论在公司治理结构不同的国家表现不一。股东中心主义国家认为，薪酬的恰当性本身委托给股东自己评判，法院应否介入成为争论的焦点；董事会中心主义国家则认为，法院审查本身就是市场机制运转的一个保障措施，司法实践中也存在不少审查判例。另外，虽然英、美两国法律和德国法律对法院介入薪酬合理性审查的正当性予以了明确，但法院介入的恰当性成为争议的要点。

笔者认为，在公司治理结构失衡的背景下，为纠正高管薪酬决定中的不相当薪酬决定，司法介入薪酬合理性审查有其必要性和正当性。

首先，在股东中心主义国家的公司治理结构中，决定高管薪酬的决议分为股东大会决议和董事会决议。通过股东大会决议决定的高管薪酬，学界通常认为，股东决定高管薪酬的实质是自己处置自己的财产，自无合不合理的问题。但是，在一股独大或存有控股股东的公司中，如果控股股东滥用多数决支付高额薪酬有害于中小股东利益，公司的薪酬安排可能成为大股东攫取公司利益的工具。尤其在闭锁公司股东参与公司经营的情况下，董事报酬的支付实质上具有利益分配的性质，为了保护中小股东和公司债权人的利益，有必要审查报酬的合理性。在股权分散的公司中，由于股东的理性冷漠与“搭便车”的集体行动，[①] 理性股东参与公司决策的可能性不大，而各国公司法制度的安排“没有一个国家试图将众多分散股东参与公司治理的成本最小化”，[②] 以及弱董事罢免权的设置等，致使股东约束董事的能力极大降低，法律所假定的股东判断薪酬合理性的可能性微乎其微，董事实质上成为自定薪酬。对于通过董事会决议确定的高管薪酬，薪酬决定委托给代理人，站在委托人角度，代理人决定的薪酬可能不符合委托人的利益，高管薪酬存在不合理的可能性。虽然公司法赋予股东许多控制董事的权利，如股东可以通过提案权行使修正不合理薪酬，也可行使董事选任权解任不尽责董事，也可通过否决董事会决议的方式控制不合理薪酬议案的通过等，但基于前述原因股东约束董事的能力极大降低，法律所假定的前述控制手段几乎不能实现。虽然公司法遵循公司自治的理念充分尊重股东对公司内部事务的处理，但是当股东“竭尽公司内部救济”仍无法解决问题时，作为私人权利保护最后一道防线的司

---

① 有关集体行动的相关理论，详见［美］曼瑟尔·奥尔森：《集体行动的逻辑》，陈郁等译，上海：上海三联书店、上海人民出版社，1995 年版。

② ［美］克拉克曼、［英］戴维斯等：《公司法剖析：比较与功能的视角》，刘俊海等译，北京：北京大学出版社，2007 年版，第 48 页。

法救济进入也就自然而然了。[①] 因此，在股东用尽公司内部所有救济方式依然无法解决高管薪酬过高、不合理问题时，法院的介入就具有了必要性。

其次，在董事会中心主义国家的公司治理结构中，一个不容否认的事实是，法院遵循经营判断原则虽然不愿介入高管薪酬合理性的判断，但其司法实践中依然存在谨慎的介入，历史上也曾出现过直接因薪酬不合理取消高管薪酬支付的判例，因此，质疑法院没有相应的评判能力有失偏颇。当然，就域外司法介入高管薪酬的判例来看，法院的介入主要是发生在薪酬结构相对简单的20世纪四五十年代，在当今公司薪酬结构发生急剧变化、异常复杂的情况下，薪酬组合的专业性致使法官无法胜任这一评判也是合理的。但是这一状况仅仅增加了法官评判薪酬合理性的难度，“即使我们相信高级职员的报酬受到交易中某些现实因素的影响，从而使报酬的确定程序不如理想的竞争性市场那么完美，这也只是恶化了司法监督的可操作性问题”，[②] 并不能成为否认法院介入薪酬合理性判断的理由。另外，经营判断原则的尊重也不能成为法院不介入合理性审查的借口。美国法律协会《公司治理原则》4.01条归纳的经营判断原则规定，如果薪酬决定权人或薪酬领受人满足以下要件，则履行了他在本条项下的职责而不被追究义务违反：一是与经营判断事项没有利害关系；二是有关经营判断事项的信息了解达到适当的合理可信程度；三是合理相信该经营判断符合公司最佳利益。从这一规定可以看出，经营判断原则得到尊重需要具备两个前提条件，即与交易没有个人利益冲突与已经履行了注意义务。当这些条件无法得到满足时，经营判断原则自无尊重的可能和必要，法院必须介入。因此，经营判断原则的尊重仅仅只是法院不愿介入薪酬决定的一个借口，经营判断原则本身并不拒绝法院的介入。此外，股权高度分散带来所有权与控制权分离，“大部分所有者对于企业几乎没有任何控制能力”，所谓的股东大会即使运转，股东也“仅仅是充当橡皮图章的角色而已”。[③] 高管薪酬支付具有分配公司财产的性质，不合理薪酬支付间接影响股东利益，在股东无法对影响自己利益的行为充分表达意见的现有公司治理安排下，为保护股东利益需要另行安排一道救济防线，作为社会提供的私人权利保护最后防线的司法自然是当然之选。

不过，笔者在赞同法院介入薪酬合理性审查的同时，考虑法院法官的业务专长在于规则解释和违规识别，并不善于实体内容妥当性的商业判断，不能过于高估法院介入薪酬合理性审查的作用，高管薪酬适当性的确保主要还是应该依托公

---

① 常健：《股东自治的基础、价值及其实现》，《法学家》，2009年第6期，第62页。

② ［美］罗伯特·C. 克拉克：《公司法则》，胡平等译，北京：工商出版社，1999年版，第159页。

③ ［美］阿道夫·A. 伯利、加德纳·C. 米恩斯：《现代公司与私有财产》，甘华鸣等译，北京：商务印书馆，2005年版，第99页。

司股东对相关薪酬决定人的责任追究来实现，法院的合理性审查只能作为一种补充和辅助手段，发挥“达摩克利斯之剑”之功效。

二、司法介入的启动方式

司法介入高管薪酬存在合法性审查和合理性审查两种类型。根据审查内容不同，其启动方式也有区别。实践中薪酬合法性审查主要是通过决议瑕疵之诉启动，而高管薪酬的合理性挑战主要通过股东代表诉讼启动。需要说明的是，这种划分或这种说法本身并不严谨，股东就高管薪酬不合理提出代表诉讼的过程中，往往伴随着对薪酬决议本身的效力质疑，或提出决议无效请求，或提出决议撤销请求，在此基础上请求薪酬领受人返还公司支付的不合理薪酬。

（一）决议瑕疵之诉

高管薪酬的董事会决议或股东大会决议一旦有效做出就被拟制成公司的意思，对公司全体股东、经营者乃至未来加入公司的股东具有拘束力。但公司决议具有拘束力必须满足一个前提条件，即决议的成立程序和内容不存有瑕疵。然而大量公司实践表明，公司决议在内容、程序上存有瑕疵是非常普遍的事情。决议内容瑕疵常见于股东大会决议或董事会决议的内容违反法律、行政法规的强制性规范或违反章程规定，而程序瑕疵主要发生于股东大会决议或董事会决议违反召集程序、表决方式等的要求。考虑决议采取多数决的方式，决议存有瑕疵可能影响全体股东的利益，站在保护股东利益立场上，存有瑕疵的公司决议应该做无效处理。但是许多交易关系、公司内部团体关系也是建立在这些决议基础之上，瑕疵决议一律做无效处理也会影响法律关系的统一确定与法律的稳定性，法律必须平衡公平与效率在公司决议中的对峙。因此，法律一方面允许股东就瑕疵决议提出诉讼，另一方面又可能要求股东提供担保，对股东诉权的行使设置一定的障碍，既不能无视瑕疵损害公司与股东利益而不顾，也不能容忍当事人随意发动推翻公司决议效力的诉讼。[①] 通常认为，决议瑕疵之诉主要涉及决议无效确认之诉和决议撤销之诉。如果公司决议内容违反法律法规强制性规范，则可提出决议无效确认之诉；决议程序存在瑕疵以及决议内容违反章程规定，则可提出决议撤销

① 刘俊海：《新公司法的制度创新：立法争点与解释难点》，北京：法律出版社，2006 年版，第 231 页。

之诉。[①]

股东以薪酬决议内容存有违反法律、行政法规强制性规范向法院提出决议无效这一“确认之诉”[②] 时，必须注意决议违反的强制性规范包含的命令规定和效力规定的不同效力区别。由于违反命令规定仅仅带来一定法律责任的承担，行为本身并不因此而无效，而对于效力规定的违反则直接带来行为本身效力的丧失。因此，此处强制性规范的违反应当限缩在强制性规定的效力规定范围内，对其的违反直接导致决议自始、确定、当然、绝对无效。故也有学者认为，这一无效主张任何人、任何时候都可以主张，而且不经过诉讼采用抗辩方式也可以主张。[③]对于内容违反命令性规定的决议，学者建议参照内容违反章程规定的原理处理为撤销原因。[④]

股东以薪酬决议程序存在瑕疵或决议内容违反章程规定向法院提出撤销决议这一“形成之诉”[⑤] 时，只能在撤销权的除斥期间行使。法律做这样处理主要是因为与内容违反强制性规范相比，“其瑕疵较为轻微，且判定往往因时间经过而生困难”。[⑥] 决议内容违反章程规定做撤销处理而不做无效处理也是考虑这一瑕疵只不过是公司内部自治规则的违反问题，只要股东等公司关系人不对此持有异议就没有将决议做无效处理的必要。[⑦] 因此公司法不将这些瑕疵做无效处理，而是股东、董事、监事、清算人等关系人以公司为被告向法院提出撤销该决议且被法院采纳时，该决议才做无效处理。各国对撤销原因的立法规定不一，一种立法例认为，只有召集程序或决议方法等决议程序违反法律或章程的公司决议可撤销；另一种立法例认为，除了前述决议可以撤销外，决议内容违反公司章程也可

---

① 关于股东决议瑕疵诉讼的认识学界存有“两分法”和“三分法”的观点。两分法将股东瑕疵诉讼分为无效诉讼和撤销诉讼，决议内容违法属于无效诉讼，决议程序瑕疵属于撤销诉讼，采用这种分法的如德国；三分法是在两分法的基础上认为决议瑕疵诉讼还会涉及一种情形：决议不成立，如日本等。有关“两分法”和“三分法”的内容，可参见李建伟：《公司决议效力瑕疵类型及其救济体系再构建——以股东大会决议可撤销为中心》，载王保树主编：《商事法论集》，2008 年第 2 卷总第 15 卷，北京：法律出版社，2009 年版，第 54－56 页。

② 有关公司决议无效之诉的性质，学界有确认之诉、形成之诉、特殊确认之诉等观点，刘俊海：《新公司法的制度创新：立法争点与解释难点》，北京：法律出版社，2006 年版，第 233 页。本书采通说确认之诉。

③ 弥永真生『会社法』163 頁以下（有斐阁，第 11 版，2007 年）。

④ 刘俊海：《新公司法的制度创新：立法争点与解释难点》，北京：法律出版社，2006 年版，第 233 页。

⑤ 形成之诉是指原告主张法律上一定事由存在，当此种存在为法院所认可时，根据法院的判决形成新的法律关系。股东请求法院撤销有瑕疵的公司决议的权利就是撤销权，因此形成诉权。刘俊海：《新公司法的制度创新：立法争点与解释难点》，北京：法律出版社，2006 年版，第 236 页。

⑥ 王文宇：《公司法论》，北京：中国政法大学出版社，2004 年版，第 275 页。

⑦ 弥永真生『会社法』159 頁以下（有斐阁，第 11 版，2007 年）。

以撤销。如前所述，也有学者建议内容违反强制性规范中的命令规定的决议也应做撤销处理。具体撤销原因大致存在召集程序瑕疵、表决程序瑕疵、决议内容违反章程等[①]几种。需要强调的是，如果召集程序和表决程序中的瑕疵不是重大的且不对决议结果产生影响，对决议能否撤销学界也存有两种意见。主张撤销的观点坚持程序公正，公司的程序必须得到恪守，“极小的瑕疵都是不可容许的”；[②]主张没有必要撤销的观点从决议的实质内容出发，认为撤销没有任何实质意义，既然瑕疵对决议结果没有影响，即便撤销了这一决议，股东依然可以再次做出同样内容的决议，撤销决议徒增无益。[③] 对此，日本《公司法》引入了裁量驳回制度，即法院可以支持原告诉求撤销公司决议，也可以驳回原告的撤销决议请求，但是即使这一瑕疵明显不对决议结果产生影响，如果从股东、公司的利益来看不能说是轻微的瑕疵，法院就不能驳回撤销请求。[④] 如股东要求说明薪酬决议的相关内容，但董事会没有做必要的说明，无论做不做说明对决议都不会产生非常明显的影响，但是董事的说明义务违反是重大的，法院也不能驳回请求。[⑤]

不过对于董事会决议瑕疵的处理，日本学者提出了不同的观点。日本学者认为，由于日本法律没有设置类似股东大会决议瑕疵诉讼的制度，而且董事会决议存有瑕疵也可以很容易被再次决议，因此，程序或内容存有瑕疵的董事会决议原则上应做无效处理。任何人、任何时候采用任何方式都可以主张决议无效，当事人如果向法院提出决议无效确认之诉或决议撤销之诉也是合法的。[⑥]

另外，法律为了衡平公平与效率，防止股东滥用决议瑕疵诉权，不少国家公司法设置了原告担保制度，主要是被告公司认为股东滥用诉权具有恶意时有权请求法院责成原告提供合理的诉讼费用担保，法院根据被告的请求可以裁定原告提供相当的担保。原告如若被法院裁定提供诉讼费用担保则会增加原告的诉讼成本，对股东滥用诉权有阻遏效用。但为平衡双方的权益，法律要求被告必须提供证据证明原告存有明知有害公司而无追求原告正当利益之目的的恶意。担保的范围也仅限于被告参与诉讼可能发生的合理诉讼费用。

---

① 刘俊海：《新公司法的制度创新：立法争点与解释难点》，北京：法律出版社，2006 年版，第 236 - 239 页。

② 褚红军：《公司诉讼原理与实务》，北京：人民法院出版社，2007 年版，第 450 页。

③ 钱玉林：《股东大会决议瑕疵研究》，北京：法律出版社，2005 年版，第 306 页。

④ 有关日本裁量驳回制度的利弊分析，详见褚红军：《公司诉讼原理与实务》，北京：人民法院出版社，2007 年版，第 449 - 451 页。

⑤ 这里还涉及一个问题争论，即公司法有关股东大会、董事会决议的程序规定是强制性规范还是任意性规范？进而引出公司法是强制法还是任意法的争议问题。相关论述详见赵旭东：《新公司法制度设计》，北京：法律出版社，2006 年版，第 347 - 362 页。

⑥ 弥永真生『会社法』182 頁以下（有斐阁，第 11 版，2007 年）。

（二）股东代表诉讼

股东代表诉讼又称股东派生诉讼、股东衍生诉讼、股东传来诉讼、股东代位诉讼，是指股东为了公司利益，取代公司以自己的名义提起的以追究董事、监事、高管等人责任、义务为目的的诉讼。其对保证公司业务的执行、监督公司董事或其他代表公司从事活动的人的行为及纠正公司内部违反章程和管理规则的行为具有重大意义。[①] 在薪酬方案经过法定程序获得通过后，公司支付薪酬减少的是公司自身的财产，因此，如果不当支付薪酬公司利益受损，主张损害赔偿的权利主体只能是公司。然而公司利益受损间接致使股东利益受损，因此，法律允许股东在公司不追究相关责任人责任时以自己的名义代为维护公司利益提起股东代表诉讼。美国法院倾向于将对价不充分的股票期权发行禁止之诉视为股东代表诉讼，有关薪酬不合理的诉讼基本上也是采用这一方式提起。例如，在美国著名判例 Rogers v. Hill 案中，原告股东在奖金计划获得股东大会同意的情况下依然主张无效，要求法院调整高管因此获得的过于高昂的薪酬，这一诉讼直接针对的股东大会决议本身是合法有效的，只是长时间未加审查变得过时不合理，就诉讼本身而言，属于代表诉讼范畴；在 1952 年特拉华州最高法院 Kerbs v. California 案中，原告股东以薪酬计划是有利害关系的董事会同意、期权给付是无效的赠与、利益分配计划中的利益支付与董事职务提供的价值之间没有合理关系为由申请禁止期权支付与利益分配；1960 年 Beard v. Elster 案原告股东也是以期权支付是对公司资产的无效赠与为由提起代表诉讼。日本学者在阐述有关薪酬合理性审查的内涵时也认为，美国判例法上要求报酬与其职务相当，“不相当的部分股东可以通过代表诉讼方式要求返还”。[②] 故而，股东要想以内容不合理为由挑战程序和内容均无瑕疵的薪酬决议，主要依靠代表诉讼的方式进行。

然而，法律虽然为薪酬合理性审查提供了进入司法渠道的路径，但由于采用的是股东代表诉讼，因此，股东提出的薪酬不合理审查诉讼在进入法院实质审查之前，还必须跨越代表诉讼设置的几道障碍。

一是股东资格维持障碍。无论英美法系国家还是大陆法系国家，公司法都允许股东为公司利益提起诉讼，但是在股东资格、范围上采用了不同的规则。有的国家不设置任何限制条件，允许所有公司成员均可以提出诉讼，如加拿大公司法；有的国家则要求起诉股东资格自起诉起一直维持到诉讼结束，甚至有的国家还要求起诉股东必须满足“当时所有原则”或满足“净手原则”等。“当时所有

① 张明安：《公司法上的利益平衡》，北京：北京大学出版社，2003 年版，第 286 页。

② 矢沢惇「取締役の報酬の法的規制」『企業法の諸問題』225 頁以下（商事法務研究会，1981 年。初出は商事法務研究 219 号 8 頁以下，1961 年）。

原则”[①] 是美国法上的一个原则。《联邦民事诉讼程序规则》规定，必须断定派生诉讼原告所控诉的交易行为发生时是股东，或者此后他的股份是依法律的实施移交给他。美国《标准商事公司法》承继了这一规则，明确要求起诉股东在被控诉的作为或不作为发生时为该公司股东或合法的转让从一名当时股东手上受让股票而成为公司的股东。[②] 克拉克在此基础上认为，还应该在提起诉讼并贯穿整个诉讼过程中维持股东资格。[③] 我国学者分析《中华人民共和国公司法》中代表诉讼股东资格维持的要求时认为，原告股东资格不仅在起诉时应当具备，而且应当贯穿于整个诉讼过程，如股东提起代表诉讼后将股份转让，除非由其他适格股东作为原告继承该代表行为，则法院应当裁定终结诉讼。[④] 日本《公司法》则规定原告需持续持有公司股份6个月。“净手原则”也是美国法上的一个原则，股东如果同意了不适行为或明确批准了该种行为，则其不享有派生诉讼提起权。如果该股东因疏忽或仅仅因为没有反对不适行为而默认了该种行为的话，那么，他亦无派生诉讼提起权。[⑤] 另外，为防止股东诉权滥用，维护公司合法利益，不少国家公司法还要求起诉股东行使诉权时目的正当。美国《标准商事公司法》明确要求股东只有在行使公司权利公正、充分地代表了公司利益时方能启动诉讼；日本《公司法》虽然没有明文规定这一要求，但日本判例历来认为，股东提起诉讼是为不当谋求自己或第三人利益或是给公司造成损害为目的时，不能向公司提出起诉请求，也不能提起代表诉讼。[⑥]

二是竭尽公司内部救济障碍。公司的起诉权和追诉权由股东控制还是由董事控制是派生诉讼最为重要的一个问题。是否起诉对公司而言是经营判断事项，它不仅取决于公司的决策者认为公司是否有合法的请求权，也取决于他们对试图起诉的成本以及对胜诉可能性的评价，[⑦] 而且利益受损的直接主体是公司，公司才是真正的原告，公司起诉权和追诉权应当掌握在董事会手中。为确保公司自主行使这一权利，股东代行诉权提起代表诉讼之前，各国法律无一例外规定股东首先必须要求公司董事会采取行动，即先诉请求。只有在公司董事会拒绝股东请求或置股东请求不顾时，股东才能向法院提请代表诉讼。法律之所以设置这一障碍，

---

① 有关当时所有原则的评价与例外情形，详见施天涛：《公司法论》，北京：法律出版社，2005年版，第521－523页。

② 沈四宝：《最新美国标准公司法》（2006最新版），北京：法律出版社，2006年版，第84页。

③ ［美］罗伯特·C. 克拉克：《公司法则》，胡平等译，北京：工商出版社，1999年版，第539－540页。

④ 刘俊海：《新公司法的制度创新：立法争点与解释难点》，北京：法律出版社，2006年版，第260页。

⑤ 张民安：《公司法上的利益平衡》，北京：北京大学出版社，2003年版，第287页。

⑥ 弥永真生『会社法』239頁以下（有斐阁，第11版，2007年）。

⑦ ［美］罗伯特·C. 克拉克：《公司法则》，胡平等译，北京：工商出版社，1999年版，第534页。

主要是考虑是否起诉一般属于商业经营判断的事项，公司的经营管理权委托给董事会而非股东，董事会提出诉讼是应有之义，要求股东在起诉前通知公司，既是确保公司亲自行使诉权的机会，也可阻却董事免受好讼股东的干扰与无关紧要的诉讼干扰。不过不少法律也根据诚信原则和公平原则设置了绿色通道，允许股东例外提起诉讼。如美国《标准商事公司法》规定，股东只有在向公司书面要求采取恰当行为90日后方能启动派生诉讼，除非在此之前公司已经通知股东其要求被拒绝或等待90天期限结束将会使公司遭受难以弥补的损失。《中华人民共和国公司法》也规定，在情况紧急、不立即起诉将会使公司利益受到难以弥补的损害时，股东可以不通知公司而直接起诉。

三是特别诉讼委员会的裁量障碍。所谓特别诉讼委员会的裁量是指董事会接到股东的派生诉讼请求之后，指定独立董事组成特别诉讼委员会，由特别诉讼委员会对先诉请求进行审查，评判该代表诉讼对公司最佳利益维护的利弊并向公司提出相应建议。如果建议认为该派生诉讼的维持不利于公司最佳利益的保护，公司可以请求法院驳回派生诉讼，该委员会对是否继续进行代表诉讼做出的决定因为属于经营判断事项，法院一般都会尊重。然而法院对特别诉讼委员会裁量的态度和审查标准存有差异，纽约州判例法理要求法院服从独立的善意特别诉讼委员会的商业决定而不做司法审查，特拉华州判例法理则赋予法院对特别诉讼委员会提出的驳回或终止派生诉讼的建议进行评估的权力。① 美国《标准商事公司法》规定，达到法定人数的独立董事多数或获得独立董事多数选任的由两个以上独立董事组成的委员会的多数进行合理调查后，善意地认为该派生程序不能实现公司最大利益，法院可以按照公司的申请不予受理该派生程序。特别诉讼委员会的裁量实质上是董事会应对股东挑战的一个防御对策，间接增加了股东挑战的难度，在美国引起较大争议。

四是诉讼费用担保障碍。为防止股东滥诉甚至恶诉，② 法律普遍设置了诉讼费用担保制度。所谓诉讼费用担保是指派生诉讼的原告股东应当向公司提供一定的担保以期对公司或其他被告可能要承担的合理费用给予补偿。换言之，原告股东可能滥用诉权恶意提起诉讼，这会给被告造成不必要的损失，为制裁原告的恶意，法院允许被告在原告败诉后请求相应的合理赔偿，并为保障被告这一赔偿请

---

① 施天涛：《公司法论》，北京：法律出版社，2005年版，第533－540页。

② 股东代表诉讼费用担保的立法目的，学界尚有争议。有观点认为是为防止破坏公司的行为，抑或期待发挥防止诉权滥用的作用，也有观点认为这一担保只不过是诉讼法上的一种措施而已，是为确保当事人诉讼行为给相对方造成损害的赔偿而要求诉讼方提供担保；还有观点取其折中，认为这一担保虽有防止滥诉的目的，但直接目的仍属于被告享有的对原告不法行为产生损害赔偿请求权的担保。蔡元庆：《日本股东代表诉讼中的担保提供制度》，载渠涛：《中日民商法研究》，第6卷，北京：北京大学出版社，2007年版，第227页。

求权的实现，也允许被告要求原告事前提供费用担保。因此，如果被告有证据证明原告是恶意的并向法院提出担保请求，法院可以命令原告提供担保。可见，原告的恶意是诉讼费用担保的前置条件。目前，对于股东的这一“恶意”的内涵，学界尚有分歧。一种观点认为，原告具有不当的损害董事利益的意图即为恶意；另一种观点认为，知晓被告没有责任或者原告故意惹人讨厌等不当目的提起诉讼符合恶意。日本法院判例也认为，原告“知晓追究被告责任没有事实上、法律上的根据或者知晓超出股东代表诉讼制度的目的而以不当目的损害被告的事实仍然提起诉讼”[①] 则具有恶意。诉讼费用担保在实践中存在很多问题，原告被要求提供担保的金额可能非常巨大，原告往往不能或不愿提供担保，从而导致这一法律制度在实践中无法发挥其应有的作用，也成为提起派生诉讼的重大障碍。[②]

从后文所述的以迪士尼判例为代表的美国司法实践中也可以发现，被告常常利用法律为股东代表诉讼设置的几道障碍阻却原告股东的起诉，尤其利用竭尽公司内部救济、特别诉讼委员会的裁量将代表诉讼阻却在起诉阶段，不少薪酬合理性审查的起诉请求尚未进入实质审查阶段就被法院驳回，进一步增大了股东挑战董事的难度。

三、司法介入的审查基准

（一）合法性审查基准

1. 法律规则范围

判定决议是否合法，各国主要根据决议是否违反法律、法规公司章程以及公共政策。日本《公司法》规定，以决议内容违反法令为由可以诉讼请求确认决议无效，而在股东大会的召集程序或决议方法违法法令或章程，或明显不公正，或决议内容违反章程，或决议因有特别利害关系者行使表决权而做出明显不当决议，可以诉讼请求撤销决议。德国《股份公司法》将决议无效的原因归纳为决议违反公司法形式规则和程序规则、违反原则性法律规定和第 241 条规定的下述一般性条款：决议与股份公司的本质相违背、决议内容违反法律的规定、决议完全或主要违反保护公司债权人利益的法律规定或违反应予保护的公共利益的规

① 酒巻俊雄、上村達男「会社法（現代法学叢書）」162 頁（青林書院，2003 年）。

② 施天涛：《公司法论》，北京：法律出版社，2005 年版，第 541 页。

定、决议内容违反善良风俗或者违反强制性法律规范。[①]

2. 效力认定

公司决议不合法时其效力如何处理？如前所述，各国公司法一般根据决议瑕疵程度区分为无效和撤销两种认定，通常将内容违反法律法规强制性规定和公共政策的决议做无效处理，而将召集程序、表决方法等违反法律、章程规定的程序瑕疵做决议可撤销处理，但对决议内容违反章程规定的效力处理程序则表现出较大差异。日本明确做效力可撤销处理；韩国初始规定为决议无效，后调整为决议可撤销处理；我国台湾地区“公司法”则做了截然不同的处理，将决议违反章程与决议违反法律同做无效处理。[②] 这是考虑公司章程对于公司的重要性而做出的。通常认为，公司章程作为充分体现公司自治精神的法律文件，是公司生活中的“宪法”，是公司法的重要渊源，[③] 违反公司生活“宪法”的行为当然是无效的。对此，有学者提出疑议，公司章程究其性质而言不过是“规范公司、股东及管理层的文件，股东大会决议违反公司章程的，第三人往往无从知晓，如将决议内容违反公司章程认定为无效，会导致决议无效具有对世效力的结局，严重影响交易安全及社会秩序，于第三人也不公平”，[④] 因此主张认定为可撤销更为合理。

存有瑕疵的决议可否经过一定的条件转化、治愈瑕疵而为有效决议？这一问题的回答因决议瑕疵性质不同而异。一般认为，决议程序上的瑕疵可以治愈，这是因为各国公司法都允许决议程序瑕疵可撤销，并对撤销权的行使赋予了起诉期间的限制，这意味着一旦该期间届满，决议就不能撤销，相关利害关系人就不能再行提出决议撤销之诉，起诉期间的限制本身就表明瑕疵经过一段合理期间后可以自动治愈。对董事会决议程序瑕疵，如果涉及股东利益，经过股东大会决议的认可也可治愈，1952 年特拉华州最高法院 Kerbs v. California 案认为，虽然董事会决议是由具有利害关系的董事决议做出的，但是股东大会过半数决议认可了这一决议，股东大会的承认治愈了董事会决议存在可被撤销的瑕疵。[⑤] 对于股东大会决议程序的瑕疵，也有学者认为，法律上关于股东大会会议程序上的要求是为了赋予全体股东出席的机会和必要的准备时间，如果全体股东出席了会议，则该种

---

① ［德］托马斯·莱塞尔、吕迪格·法伊尔：《德国资合公司法》，高旭军等译，北京：法律出版社，2005 年版，第 263－268 页。

② 钱玉林：《论可撤销的股东大会决议》，《法学》，2006 年第 11 期，第 36 页。

③ 刘俊海：《新公司法的制度创新：立法争点与解释难点》，北京：法律出版社，2006 年版，第 231 页。

④ 李建伟：《公司决议效力瑕疵类型及其救济体系再构建——以股东大会决议可撤销为中心》，载王保树主编：《商事法论集》，2008 年第 2 卷总第 15 卷，北京：法律出版社，2009 年版，第 62 页。

⑤ 伊藤靖史「取締役・執行役報酬の相当性に関する審査について」同志社法学 58 巻 5 号 55 頁以下（2006 年）。

瑕疵可经全体股东出席而得以治愈。[①] 不过，决议内容违反章程规定可否治愈问题则存在不同争议。通常的观点认为，公司章程是依据公司成员合意规定的规范，股东大会的决议也具有股东合意的性质，因此，股东大会违反章程具有违反原合意的性质，[②] 不能治愈。这一理由并不太周延，其存在一个疑问，若股东大会决议采用绝对多数决方式做出，虽然没有明确表明是章程修改，但与章程修改的决议规则一致，是否可以将新的股东大会决议视为对原有股东合意的修正，即将其视为新的公司章程内容而获得治愈？笔者认为，公司在经营过程中随着经营情况的变化，完全可能调整原有的合意，虽然也可通过章程修改得以实现，但如果机械遵循“章程修改”这一“形式”的或“名义”的决议范围而不顾公司多数股东的意思实质，则有违公司法维护效率的原则，因此有必要认可这一条件下的治愈。

（二）合理性审查基准

1. 审查基准

股东以高管薪酬不合理为由提起诉讼后，法院以什么标准审查高管薪酬合理性不仅决定着法院介入高管薪酬决策的广度和深度，还影响着高管与股东之间的利益分配。美国法院在秉承尽量不介入公司经营决策的理念下，发展出浪费公司财产的合理性审查标准（实质公正审查），但随后特拉华州一系列判例的发展，对高管薪酬合理性的评判标准逐渐变得宽容，从均衡理论的相对严格到浪费理论的相对宽松，再到商业经营判断原则（程序公正）的确立，为法院介入高管薪酬审查划定了一个严格的界限。同时，德国法律也为司法介入高管薪酬合理性判断提供了合理性审查标准。

（1）美国判例中的薪酬合理性审查原则。

1）浪费原则。所谓浪费就是用超过合理交易者之间交易的不相称小的对价与公司资产进行交换。美国 1933 年的著名判例 Rogers v. Hill 案认为，如果一项额外报酬与它为之给付的贡献没有联系，在一定程度上，它就是一种事实上的赠送，并且大多数股东无权不顾少数股东的反对赠送公司财产。[③] 如果“奖金实质上和结果上构成对公司财产的掠夺和浪费，则奖金是不合理的”。[④] 这一判例受到高度关注在于其首先在高管薪酬审查中使用了浪费原则，也是首次直接对高管薪酬合理性评判后法院支持了高管薪酬不合理的主张而取消了高管的薪酬，这在

---

① 施天涛：《公司法论》，北京：法律出版社，2005 年版，第 404 页。

② ［韩］李松哲：《韩国公司法》，吴日焕译，北京：中国政法大学出版社，2000 年版，第 416 页。

③ ［美］罗伯特·C. 克拉克：《公司法则》，胡平等译，北京：工商出版社，1999 年版，第 162 页。

④ 朱伟一：《高管薪酬问题的美国经验》，《决策探索》（上半月），2009 年第 5 期，第 68 页。

美国判例中非常少见，因此备受关注。不过 Rogers v. Hill 案发生在美国经济大萧条时期，公司高管领取的高额薪酬与社会成员的收入相比无异于是天文数字，并且当时社会上大多数人尚在死亡线上苦苦挣扎，这一高薪受到社会广泛批评，因此法院认定高管薪酬不合理具有深刻的社会背景，并且随着均衡理论的提出与发展，法院使用浪费原则评价高管薪酬合理性开始谨慎，特别是商业经营判断原则确立后，特拉华州法院以及其他美国法院越发不愿直接介入高管薪酬合理性的评判而否认薪酬合理性。

均衡理论是根据美国合同法上的对价理论①展开的判例理论，主要在公司高管接受的薪酬与公司从高管职务执行中获得的对价之间的均衡上着眼。判断高管薪酬合理性主要有两个要件：能够合理地预测存在这种均衡状态，公司高管接受的薪酬与公司接受的对价之间存有合理性关系。这一理论最早在 1952 年特拉华州最高法院 Krebs v. California Eastern Airways 案中得到详细解说，该案的原告股东以期权计划由具有利害关系的董事会承认、期权交付是无效的赠与、利益分配与董事提供劳务之间没有合理关系为由提出诉讼。该案的判例理由认为，既然股东大会已经追认了该期权计划，如果不是基于该计划符合公司财产的赠与、超出能力之外、违法或者欺诈等理由则不能对该计划产生争议。"董事会行为中包含的可能被取消的瑕疵因股东大会过半数承认而治愈，有关期权计划的对被告的攻击也就限定在是否构成对高管的公司资产赠送上，如果是资产赠送，则该瑕疵若没有全体股东一致同意就不能治愈。期权计划的有效性直接依赖对公司对价的存在，依赖期权计划中能否保证公司获得这一对价的现实期待……为使计划有效的充分对价可依特定事实和状况确定，诸如从业人员职务保持、取得新的从业人员的职务等等，但是，从业人员提供的职务价值与作为薪酬支付的期权价值之间必须具有合理的关系。"② 换言之，法院将股东可以主张的理由限定在"公司财产的浪费"上，判断是否构成"公司财产的浪费"，需要接受两个测试：一是价值测试（Value Test），即判断公司是否接受了充分的对价；二是利益测试（Benefit Test），即判断保障公司现实地获得股票期权中设想的对价这一前提条件是否存在，或者说必须存在公司可以期待这一对价的状况。并且，即使股票期权获得了拥有充分信息股东的同意，为使其具有效力也必须接受测试。价值测试和利益测试任何一个不满足都构成公司财产的浪费。这是由于在股票期权利用初期，法官对这一薪酬形式持怀疑态度从而课以严格要件。在这一标准之下，法院只要认为

① 有关美国合同法上的对价，参见徐罡等：《美国合同判例法》，北京：法律出版社，1998 年版，第 25－43 页。

② 伊藤靖史「取締役・執行役報酬の相当性に関する審査について」同志社法学 58 巻 5 号 55 頁以下（2006 年）。

期权支付没有充分的对价或没有确保公司合理期待对价，薪酬支付就会构成对公司财产的浪费，董事会的决议很可能就会被否决。换言之，法院只有认为薪酬支付具有充分的对价、公司可以合理期待该对价时，该薪酬支付才是合理的，没有浪费公司财产。

1960 年的 Beard v. Elster 案进一步明确和修正了这一合理性判断规则。判例依然认为是否构成浪费需要进行前述两个测试，只是对两个测试的内涵做了变动。价值测试是判断公司得到的利益与支付的期权价值之间是否存在“合理的关系”，而利益测试则判断公司能够合理期待得到股票期权中设想的利益这一前提条件是否存在。这里做了两个大的调整，一是将原来的非常模糊的“充分对价”修改为“公司得到的利益与支付的期权价值之间的合理关系”，二是将对价修改为利益。特拉华州最高法院认为，两个测试中将公司接受的利益称为对价是错误的，对价这个术语容易给人以其应该作为审查对象的误会，公司从股票期权中获得的利益由于不能测定，因此绝不可能成为法院审理的对象。[①] 并且法院认为，只要有证据证明期权是为确保主要高管而设计的且在实现这一目的上有实效，就可以据此认定期权计划满足利益测试，只要该期权行使期间高管向公司提供的职务与交付的期权价值具有合理的关系，就可以据此认定满足价值测试。1968 年的 Olson Bros v. Englehart 判例同样沿袭了前述的合理性判断规则，法院同样认为股票期权的有效要件包括以下内容：公司因期权交付而获得相当的利益应认为是合理的，交付的期权价值与公司获得的利益之间存在合理的相关关系。两个判例的标准相较 1952 年判例标准，法院已经不再关注对价充分与否，只要认为薪酬支付具有合理关系且公司可以合理期待，该薪酬支付就是合理的，标准的放松表明法院的天平已经逐渐向董事会偏移。

2）至此，特拉华州法院判例基本确立了均衡测试这一判例法理。但是这一法理以对价作为理论基础，价值测试中使用的是充分对价或利益，法院审查仅仅是衡量相互进行交换的对价价值，并没有看到浪费基准，而利益测试想要实现的是公司谋求对价利益的充分性保障，也与浪费的实质相去甚远。所以特拉华州衡平法院首席法官 Allen 认为，初期特拉华州法院所使用的浪费基准实际上并不是浪费基准，而是某种合理性或均衡性审查，这种测试现在常常被称为中间性审查或均衡性审查。Allen 将其称为“传统的浪费基准”，并且认为在机构投资者力量强大、信息更容易传递的时代，股东大会的承认比法院评判对价的充分性或公正性更为恰当，这一传统的浪费基准仅仅只是在脱法事件或拟制欺诈的角度提供某

① 西窪丈夫「会社役員報酬の対価性と合理性（二・完）——米国デラウェア州判決を中心に——」早稲田大学大学院法研論集 108 号 173 頁以下（2003 年）。

种程度的保护而已。①

经营判断原则。由于评价股票期权的价值极其困难，也不存在客观的事前测定期权激励董事效果的方法，特拉华州法院在1979年Michelson v. Duncan判例中改变原来的均衡理论，采用一种全新的浪费理论。新的浪费理论不再要求均衡理论中公司高管接受的报酬与公司获得对价之间的均衡，而是认为具有通常的健全经营判断能力的人全体认定公司接受的对价不具有与公司支付的报酬相当的价值，该报酬才是公司财产的浪费。如果参与薪酬决策的人有一人赞同该薪酬支付，其也不符合公司财产浪费。Allen在1995年Steiner v. Meyerson案中将其进行归纳整理，认为公司的浪费就是公司在拥有通常健全经营判断能力的人不能得出公正交换条件下进行交易所产生的不利后果。在这种条件下，如果有合理的人认为该交易是有价值的，法院的审查就终止。② 换言之，原告要想证明董事会的薪酬支付是浪费公司财产，则必须提供所有的具有通常经营判断能力的人都认为不合理的证明，法院也只有在满足这一要件情况下才会认定浪费公司财产。这一标准相较之前的标准对原告来说难度进一步增加，甚至可以说是极端的标准，满足这一测试的原告股东极其稀少，董事被追究责任的可能性进一步减低，其实质就是公司法理论中的经营判断原则。董事会薪酬合理性判断标准改采经营判断原则实质上放松了对薪酬合理性的认定，股东要想以薪酬不合理推翻董事会的薪酬决议更难。事实上，这一判例之后，法院几乎不审理薪酬的合理性，而是充分尊重董事会或薪酬委员会的决定，1952年判例中严格的浪费基准适用的可能性已经几乎不存在了。

此后，特拉华州法院判例基本沿袭了这一经营判断原则，但是衡平法院又采取了比这一要件更为缓和的认定。1997年Lewis v. Vogelstein判例中，原告股东以股票期权与高管职务相比过大为由提起诉讼，衡平法院认为，“原告主张公司财产浪费，则必须证明基于自由意思表示的合理的人不会同意该期权支付条件”。这一标准采用自由意思表示的合理的人的判断同意，而非之前判例中所有通常的健全经营判断能力人的判断同意，原告需要证明的范围更为宽泛，对董事薪酬合理性规制判断标准进一步缓和，天平进一步向董事倾斜。本案的审理法官Allen也认为，与司法审查公正性或对价的充分性相比，这一浪费原则（经营判断原则）是更为合理的薪酬控制手段。

之前特拉华州有关薪酬合理性审查的判例主要是围绕股票期权展开的，迪士尼股东代表诉讼则为世人展示了特拉华州法院关于高额退休金支付的合理性审查的态度和基准。1995年时任迪士尼公司CEO的Eisner说服董事会按照自己的意

①② 伊藤靖史「取締役・執行役報酬の相当性に関する審査について」同志社法学58卷5号55頁以下（2006年）。

向聘请自己的好友 Ovitz 担任董事长，Ovitz 14 个月后被公司无正当理由解任，根据雇佣合同公司支付了高额的退休金，对此该公司的股东以 Ovitz、Eisner 以及其他该公司的董事为被告提起了诉讼，被告以该诉讼原告未向公司请求为由要求驳回起诉，法院未认可被告的申请，案件经审理做出驳回原告请求的判决。该案争议的问题主要集中在支付过大金额的退休金的雇佣合同缔结、Ovitz 无正当理由解任过程中高管们有无违反忠实义务和浪费公司财产的责任等方面。

首先，判例认为，Ovitz 没有参与解任的决定、也没有参与其雇佣合同中无正当理由解任责任的意思决定，因此，在没有正当理由被解任时接受公司的退休金支付没有违反忠实义务，即使 Ovitz 在上述决定做出期间负有高管的忠实义务并且不适当介入公司的意思决定过程，但只要没有操纵意思决定过程，也不构成本案的忠实义务违反；在 Ovitz 是否浪费公司财产问题上，法院认为 Ovitz 对是否解任、解任是否是无正当理由没有决定权，而 Ovitz 工作期间的公司业绩虽然不太好但尚未达到解任的程度，也不存在重大过失或不正当的行为，因此，其的解任不能说是正当理由的解任，其的解任与没有正当理由解任的退休金支付不构成浪费，并且通常的健全经营判断能力人也不能得出此退休金支付是公司没有受领适当对价的单方面交换的结论，被告并不违反浪费。

其次，对于公司董事或其他高管在 Ovitz 雇佣合同缔结中约定高额退休金有无义务违反的问题，法院分别进行了分析。对于 Ovitz 的好友 Eisner 是否违反董事义务，法院认为，缔结这一雇佣合同的决定是经营判断之一，经营判断原则推定适用，原告要想推翻这一推定，必须举出更优的证据证明董事在承认雇佣合同中存在重大过失或实施了不诚实行为。虽然 Eisner 在 Ovitz 的雇佣合同订立过程中没有很好参与董事会，也不应该避开董事会签订合同，其行为应该受到正当的批评，然而法官经过仔细考虑、衡量所有证据后认为 Eisner 的所有行为是在拥有必要信息的基础上抱着对公司最佳利益的主观信念而实施的，因此是善意的。虽然高成本雇佣 Ovitz 没有得到两个有经验的高管的完全支持，但是 Eisner 相信其快捷、固执的行为有利于公司最佳利益，即使这些行为外在表现为故意的法律违反，但也不能证明是对义务的有意识的无视，因此 Eisner 善意而为、没有重大过失，也就没有违反注意义务。对于其他董事，法院主要根据各个董事在该雇佣合同中的作用、拥有何种程度信息进行判断，认为参与合同缔结磋商的董事获得了被雇佣者的信息，信息充分因此没有义务违反，其他未参与合同缔结的薪酬委员会成员只能在董事会会议的很短时间内根据提供的信息做出判断，同样不能追问义务违反责任，其余董事成员不存在薪酬决定权利也就没有义务违反。

最后，在解雇问题上，法院认为，解任高管是董事会拥有的权利而不是义务，因此不存在注意义务的违反，实施的行为也不是不诚实而为。

总之，迪士尼案中法院始终坚持以董事的职务为前提，采用经营判断原则在董事决策是否合理获得重要信息、是否不诚实地实施行为方面审查高管是否存在义务违反。判例确定了不诚实行为的基准：义务有预谋地放弃、责任有意识地无视；判例同时根据经营判断原则推定董事实施的行为是诚实的，原告必须拥有更为优越的证据方能推翻这一诚实行为的推定；具体列举了三类不诚实行为类型——行为人以增进公司最佳利益之外的目的而有预谋地实施的行为、行为人有预谋地违反实体法而实施的行为、行为人知晓作为义务但怠于行为的有意识无视义务的行为。①

至此，特拉华州法院判例中确立的薪酬合理性判断基准——经营判断原则基本成形，其推定董事基于信息诚实地、正直地相信其的行为符合公司最佳利益而进行经营上的决定，质疑这一经营决定的人必须推翻推定。也就是说，董事要想得到经营判断原则的保护，必须没有利害关系，必须合理地获得所有可能的重要信息实际实施行动。法院的审查集中在信息的获得和诚实性要件上，并不对董事决定的内容做实质审查。作为经营判断原则的例外，如果判断董事的决定对公司所有相当的事业目的都无用时，法院介入决定的实质性审查，这一审查基于董事决定过分超过合理判断范围、以致用不诚实以外的理由不能本质性地说明的观点实施。换言之，董事过分超过合理判断范围的不相当决定如果只能用不诚实的行为加以本质理解时，董事的决定行为受到法院的审查。不过，由于这一不相当标准本身是浪费基准的等价物，不相当的决定表明决定行为没有诚实进行，这一审查也只能与浪费基准做同样程度的审查，可以说与浪费基准的审查具有同样的机能。② 特拉华州法院判例采用经营判断原则的基准也得到理论界的认可，不过采用这一基准本身并非不言自明的事情，而且在司法界也有试图更进一步审查薪酬合理性的努力，是否要求法院更进一步进行审查也成为美国学界的一个争论点。

目前，美国法院普遍像特拉华州法院一样，采取不干涉主义的理念，尽量避免参与公司的薪酬安排，对高管薪酬尤其是公开公司的原告股东依然采取严格的判决态度，而对领受薪酬的高管责任追究采取极其缓和的态度，即只要现有薪酬决定程序得到遵循，董事会的决定就会得到尊重，除非这一程序本身不公正，原告只要不主张欺诈或利益冲突，法院就不实质审查公司缔结的合同，导致原告胜诉的案例极其少见。美国法律协会“公司治理原则”也基本采纳这一消极观点。《公司治理原则》5.03 条明确规定董事与高级管理人员的公正交易义务（Duty of Fair Dealing）。该条规定：酬决议获得没有利害关系股东的同意时，薪酬在股东同意时点上如果不是公司财产的浪费，薪酬受领人不构成义务违反；获得没有利

①② 伊藤靖史「取締役・執行役報酬の相当性に関する審査について」同志社法学58卷5号55頁以下（2006年）。

害关系董事承认时，如果薪酬满足经营判断原则获得承认，则薪酬领受人不构成义务违反；没有前述承认时，薪酬承认时点上如果对公司来说是公正的，则薪酬领受人不构成义务违反。从这条规定来看，对薪酬决定权人和薪酬领受人都采纳了经营判断原则，如果薪酬决策没有违反经营判断原则，则不构成义务违反。应该说美国法律协会的公司治理原则采用的经营判断原则基本上与特拉华州判例法理没有什么不同。

法院的消极态度与整个社会要求规制高管薪酬的呼声尤其是在金融危机下高管薪酬正当性普遍被质疑的状况背道而驰，也与学者的理解方向相反。对于这一现象的可能性理解是：法院认为由具有独立性的薪酬委员会决定薪酬能够确保薪酬决定的第三者性、独立性，不存在利益冲突等不恰当的因素，薪酬委员会自身能够恰当地进行薪酬决策，因此法院没有介入的必要。不容否定的是，美国公开公司的薪酬委员会的独立性确实很高，几乎由独立董事构成的薪酬委员会基本能实现薪酬决定的第三者性。然而，法院的这种假设未必符合薪酬决定实情，学界对薪酬委员会的独立性也提出了许多质疑。当前企业界和学术界奉行的中心信条是假定薪酬委员会决定高管薪酬时，二者之间存在公平交易，伯切克认为，公平交易论潜藏着一个推定，即董事是为股东服务的，与公司的高管不同。这一假定存在一个问题，既然高管是理性的人会为自己谋求私利，那么就没有理由相信董事不会这么做，董事也受到个人私利和偏好的影响，出于各种经济的、非经济的利益驱动，董事可能会偏向高管一边，或至少选择与高管相安无事。伯切克进一步认为，管理层利用手中的权力影响高管薪酬决定，攫取“规则性不当利益”，具有强烈动机掩饰薪酬水平和薪酬的不合理性，① 薪酬委员会无法恰当进行薪酬决定；现实中高管兼任董事的情况比比皆是、薪酬委员会成员自身的聘用与薪酬取决于高管等因素的存在也无法保障薪酬委员会的独立性，法院不介入薪酬决定的假设并不能成立。以 Vetlev Vagts 为代表的学者甚至建议法院应进一步审查经营者的报酬，Vagts 认为，虽然经营者薪酬存在经理人市场、产品市场、资本市场以及公司内部制度的制约，但法院的审查作为后备也是很重要的。虽然法院不太容易判断高管薪酬，但是也并不是不可能的事情，Vagts 根据审查税法中过高薪酬不得税前扣除规定的判例认为，既然税法方面的判例采用同行业、同等规模公司比较的方式能就高管薪酬的合理性得出具有说服力和较为全面的分析，这一方法在公司法中也可以采用，其的运用可能因公司规模不同难度不同，但这也仅仅是程度上的差异而已，因此在小规模公司中，法院通常可以运用数据比较的方式判断同一规模企业薪酬的恰当性，而对于公开公司，高管接受高额薪酬带来特

---

① ［美］卢西恩·伯切克、杰西·弗里德：《无功受禄：审视美国高管薪酬制度》，赵立新等译，北京：法律出版社，2009 年版，第 20－38 页。

别风险或实施的特别赠送不能正当化时，法院特别留意对明显超过限度的报酬仔细审查、追回异常金额的报酬也是有可能的，或者说法院应该这样做。[①] 这些观点和现象驳斥了法院不干预主义态度的理由。当然也有学者从不同角度为法院不介入进行辩护，如前所述否定说中的法院能力缺乏等理由。

无论对法院不介入薪酬合理性审查做法是辩护也好，是质疑也好，一个不容否认的事实是高管薪酬涉及影响因素太多，确定一个合理性判断标准相当困难，美国法院尽管在合理性审查标准上一再退让，但依然在合理性的实质内容审查上努力，只是现在这一实质性审查标准——意思自由的合理的人不会同意——几乎没有实现的可能，因此，美国的判例也首先注重薪酬决定程序是否公正，法院倾向认为，只要薪酬合同得到董事会的批准并且没有董事间的冲突、恶意或欺诈的证据，它就是公平的或合理的。[②] 反过来讲，法院首先推定高管薪酬决策直接适用经营判断原则，薪酬决定本身是合理的，除非有证据证明这一薪酬决定程序存有重大瑕疵，如未经董事会同意且存有董事的利益冲突（诸如自我交易等情形）、董事主观恶意或存有欺诈等情形，方可认定薪酬的不合理性，这里罗列的几种支持不合理性的情形其实也是经营判断原则的例外情形。法院现实的倾向事实上选择了站在高管方面的立场，基本放弃了薪酬合理性审查。

（2）德国公司法上的薪酬合理性判定标准。在德国，法律直接规定了薪酬决定权人的薪酬合理性注意义务，并明确要求薪酬决定时董事的薪酬水平必须与其承担的工作和公司的经营状况保持一定的比例，而2009年的《董事薪酬合理性法案》则明确要求董事薪酬与董事职务、业绩、公司状况相适应，且薪酬总额没有特别理由不能高于通常报酬。这一规定事实上明文确定了高管薪酬合理性的实质性审查基准——董事职务、公司状况、业绩、通常性。四个标准中董事职务和公司状况两个标准容易确定，而业绩和通常性标准容易发生理解上的歧义。如何理解业绩与通常性成为高管薪酬合理性判断的重要内容，然而法律对此并未做出严格的限定，而是留给了解释论解决。学者普遍认为，根据《董事薪酬合理性法案》的立法目的，业绩标准通常只能采用未来业绩作为基准，但在董事任用合同延长的特殊情况下，业绩标准也应当包含该董事过去的业绩；同时从法案的用语上看，业绩不仅指每个董事个人的业绩，也包含董事会内部的协助或者董事会整体的能力。在通常性的理解上，一般的理解是将该董事的薪酬与同行业、类似规模公司董事报酬、德国国内董事报酬进行比较，判断是否属于通常水平，同时

---

① Detlev Vagts. Challenges to Executive Compensation: for the Markets or the Courts?, 8 J. Corp. L., 1983, pp. 231, 245 -246.

② ［美］罗伯特·C. 克拉克：《公司法则》，胡平等译，北京：工商出版社，1999年版，第162页。

还必须要考虑本公司薪酬结构的情况。[①]《董事薪酬合理性法案》草案的修改理由中也曾提出，通常报酬应是外在的理性人在充分考虑公司所处行业、规模、国内薪酬水平等横向比较因素以及公司的工资与薪酬支付体系等纵向比较因素后确定的一定金额。不过这一理解受到质疑，有学者认为，考虑全球化交易活动的广泛存在，横向比较因素中仅考虑国内薪酬水平过于狭隘，还有必要加入国际性薪酬结构与金额这一要素。[②]

从法案"没有特别理由不得高于通常报酬"的规定可以看出，通常报酬成为了薪酬的上限。即董事获得的薪酬在通常范围内属于合理薪酬，高于通常薪酬且又无合理理由，则薪酬数额不合理。但这一标准并非一个绝对标准，只要有合理的特别理由，董事薪酬就可以高于通常标准。从这一柔性的规定可以看出，立法者试图通过通常标准的设定为薪酬合理性提供一个标准，但又担心将其设定为绝对上限可能无法照顾到现实需要，故而做柔性化处理。不过法案也没有明确特别理由的范围，学界根据业绩标准的理解，认为特别理由可以包含董事业绩、公司经营状况、企业的可持续发展等。

另外，还存在业绩标准与通常标准的协调问题。当某个董事的薪酬仅满足其中一个标准时，两个标准孰先孰后，在实务处理中必须明确。笔者认为，从法案规定的先后顺序以及上文分析的通常标准的柔性化处理来看，业绩标准优先于通常标准。即首先考虑业绩与薪酬的关系，如果薪酬与业绩具有合理关系，再看薪酬是否符合通常标准，如在通常标准范围内则是合理的；如果超过通常标准且又有特别理由也可认定为合理，仅在超过通常标准又无特别理由时方可认定为不合理。并且，通常标准本身不是确定合理性的特质也限制了其无法成为首要标准。这是因为，通常标准的薪酬只有在满足薪酬合理性业绩判断标准的情况下才可能是合理的薪酬。实际中可能存在所有董事薪酬都出现问题的情形，在这种情况下确定的通常报酬也就会过高，即使通过前述横向与纵向因素考虑后得出的通常薪酬，从业绩标准的角度来看也是不合理的。以至于有学者认为，法案确定薪酬合理性业绩标准和通常标准，"并非是规定董事薪酬的绝对性最高限额，除了董事薪酬明显不合理的情况外，不存在可以客观化、一般化的标准"。[③]

尽管判定标准存在理解上的争议，但不容否认的是，法案的这一规定事实上为法院审查薪酬合理性确定了标准。一旦股东对董事薪酬提出诉讼，法院就必须考虑薪酬与职务、业绩、公司状况的关联情况、是否超过了通常薪酬标准，进而

---

①③ 伊藤靖史「ドイツにおける取締役報酬に関する規律——近年の動向——」同志社法学 62 巻 2 号 143 頁以下（2010 年）。

② 正井章筰「ドイツにおけるコーポレート・ガバナンス強化への取組み（上）——『取締役報酬の適切性に関する法律』を中心として」月刊監査役 564 号 59 頁以下（2009）。

确定薪酬是否合理，一旦不合理就需要追究薪酬决定权人的损害赔偿责任。不过，德国法院对薪酬不合理认定的效力与美国不同，并不直接及于薪酬领受人，即使法院支持了原告的薪酬不合理主张，这一不合理薪酬的支付对薪酬领受人来讲也是有效的，除非能证明违反了德国民法上的公序良俗原则方可能使其无效，法院的支持效力仅仅只能产生对薪酬决定权人合理注意义务违反的责任。美国判例则不同，其薪酬不合理效力直接及于薪酬领受人，如若原告主张薪酬不合理而得到法院支持，则会对薪酬领受人产生薪酬削减或取消的不利后果。

从美国公司治理的发展变迁来看，美国判例中高管薪酬合理性审查的浪费标准从均衡理论到经营判断原则的逐渐减少干预的趋势，正好与董事会中心主义的公司治理机能逐步完善相吻合。随着经理人市场的发展与完善、信息披露更加全面、薪酬委员会的建立以及主要甚至完全由独立董事构成提升其独立性与第三人性、税法优惠引导下许多薪酬计划得到股东大会事前或事后承认等公司治理措施的发展，高管薪酬数额的合理性交由市场进行判断是最好的方式，法院基于对市场机制的信任逐步减少干预是再正常不过的事情。然而法院事实上退出薪酬合理性的实质审查有无纵容董事攫取公司高额财产的贪婪行为、对高管薪酬失控有无推波助澜作用等，目前尚无明确证据证实。同样，德国法上薪酬合理性审查标准的确立能否有效遏止高管薪酬的不合理现象，其有效性也尚待实践检验。

2. 证明责任的配置

高管薪酬是否合理，其证明责任的不同配置也会极大影响诉讼双方的利益。由于董事薪酬支付也是自我交易危险的高发区，如果薪酬方案未经股东大会同意，原则上高管作为受托人，有义务证明其报酬是合理的。美国初期判例基本采取这一规则，一方面是与薪酬合理性审查原则相匹配，法院采取均衡原则判断薪酬合理性的两个测试，都需要薪酬接受者证明其合理性，一方面是为与股东代表诉讼制度设置的障碍相衡平。如前所述，追究薪酬的不合理性主要是通过股东代表诉讼进行，由于法律设置了大量阻却代表诉讼提起的程序，为平衡诉讼双方的利益，一旦诉讼提出后薪酬的合理性证明责任就要由薪酬领受人承担。尤其在薪酬计划是由具有利害关系的董事做出且又没有得到独立董事承认的情形下，接受薪酬的董事必须证明计划的有效性和合理性。

但是报酬一旦经过无利害关系股东的批准，其不合理的证明责任就转移到股东身上，1953 年特拉华州衡平法院 Gottlieb v. Heydon Chen. Corp 案的判例认为："在股东大会承认情况下，董事报酬总额与同等的其他董事报酬相比不是合理的证明责任由股东承担。"在其后高管薪酬诉讼案件中，股东大会决议的有无占据了法院判断要素的绝大比例。1979 年 Michelson v. Duncan 判例也认为，如果股东大会追认股票期权计划，证明责任分配给主张浪费公司财产的原告，原告必须证明，所有的拥有通常的健全经营判断能力的人都断定，与公司支付的期权相比，高管提供的职务不充分。特拉华州 1995 年 Byrne v. Lord 判例中认为，股东的承认不是法院支持股票期权计划的要件，只是使证明责任向争论该计划的人转移。换言之，期权计划得到股东的承认，则主张期权支付浪费公司财产的人负举证责任；如果计划未经股东同意，则由支付期权的董事会证明期权支付没有浪费公司财产。

随着 1997 年 Lewis v. Vogelstein 案以及美国判例首先注重薪酬决定程序是否公正的发展，法院越发注重对董事会决策的尊重，证明责任也悄然发生转变，股东必须证明该报酬的不合理性以至于构成了浪费或违背了基本的商业经营原则。1997 年特拉华州衡平法院 Lewis v. Vogelstein 案的判例认为，“原告主张公司财产浪费，则必须证明基于自由意思表示的合理的人不会同意该期权支付条件”。也就是说，在法院对薪酬合理性采不干涉主义态度下，挑战董事决策不合理的证明责任配置给原告方。同样，美国法律协会的公司治理原则也采用类似规则分配举证责任，在前述 5.03 条则规定的三种情形下，一般情况下证明责任由挑战董事、高级管理人员薪酬支付合同的人承担，但如果挑战者证明薪酬支付构成财产浪费或违反经营判断原则，则薪酬领受人有责任证明薪酬对公司是合理的。

第四章 公司高管薪酬法律规制的域外经验

在经济全球化、人才国际化背景下，商事公司高管薪酬在“世界市场经济各国都具有相似性，全球各地的公司法必须妥善解决这些问题”。① 虽然各国公司治理制度体现出很强的路径依赖性，但在“逻辑、竞争、利益集团压力、立法借鉴、兼容性等因素的影响下，各国的法律选择了大致类似的问题解决方案”，②呈现出很强的公司治理“功能性融合”。③ 不可否认的是，美国、英国、日本等市场经济发达国家已经围绕高管薪酬争议展开了一系列法律变革，不仅丰富了高管薪酬规制的实践经验，夯实了法律根基，还为公司治理结构的完善提供了新的思路。因此，本章试图研究有关国家和地区高管薪酬规制的制度成果和规制经验，梳理制度演进原因及其发展规律，以期为我国高管薪酬规制制度的建立和完善有所裨益。

一、美国高管薪酬法律规制立法实践及其经验④

（一）立法实践

美国司法机构在20世纪初就开始介入高管的薪酬判断，其后成文法也进行了一定的立法规制，但在20世纪80年代之前，高管薪酬总体上与普通员工、社会成员收入之间的差距并不太大，成文法对高管薪酬的规制并不多见。然而，20世纪80年代以来的30多年间，美国经济多次出现波动，企业财务丑闻屡次被曝

---

①② ［美］克拉克曼、［英］戴维斯等：《公司法剖析：比较与功能的视角》，刘俊海等译，北京：北京大学出版社，2007年版，第5页。

③ 公司治理功能性融合，这一术语详见［美］罗纳尔·J. 吉尔森：《公司治理全球化：形式性抑或功能性融合?》，黄辉译，载王保树主编：《商事法论集》，2006年第2卷总第11卷，北京：法律出版社，2006年版，第245－273页。

④ 美国司法介入高管薪酬的问题在第三章已有论及，因此本部分略去司法对高管薪酬的规制，仅讨论成文法立法方面的动态。

光，股票期权等薪酬形式的采用，诸多因素使得高管与普通公众之间的收入差距逐渐拉大，高管过高薪酬引发的不合理争议逐渐成为社会问题而备受关注，美国政府逐渐加强了成文法对高管薪酬的规制力度。总体上，美国的高管薪酬法律规制呈现出司法弱化与成文法强化的发展态势，司法从主动介入薪酬合理性判断逐渐向消极态度演变，[①] 成文法则经历了零星规制到全面规制的过程，尤其是近30年的立法规制非常活跃。其中，四个薪酬规制立法改革最具代表性——以信息披露强化和税制改革为代表的1992年薪酬规制改革、以《SOX法案》为代表的2002年薪酬规制改革、以美国证券交易委员会规则修改为代表的2006年薪酬规制改革以及以金融监管法案为代表的2010年薪酬规制改革。

1. 1992年高管薪酬规制改革

20世纪70年代以前，美国高管薪酬主要由基本工资和与年度利益相联动的奖金构成，这种薪酬结构极易激励高管对公司进行非效率性扩张，从而通过提升年度利益增加自己的薪酬，但这对公司价值与股价提升无益。进入20世纪80年代，企业恶意收购盛行美国，为应对恶意收购，股东特别是机构投资者的持股比例上升，加之业绩评估等指标的运用，售股退出渠道变难，机构投资者不得不追求公司业绩提升的长期性利益，因而强烈要求公司积极利用股票期权等业绩联动型报酬，使高管薪酬与公司价值联动，高管薪酬也因此被赋予了激励企业价值提升的新使命。这一时期，美国理论界也围绕高管薪酬与业绩的联动问题进行了深入探讨，其中最有代表性的是Jensen和Murphy的观点。Jensen和Murphy认为，“公开公司股东与CEO之间的利益冲突是代理问题的一个例子。股东不能完全观察经营者的行为与投资机会。实际上股东几乎不知道CEO会采取什么行为以及这些行为中哪些行为会增加股东利益。在这种情况下，薪酬政策的制定必须给予经营者激励，使其选择增加股东利益的行为而行动”。“如果不考虑CEO的风险规避因素，CEO利益与股东利益联动的薪酬政策将有助于促使CEO采取私人费用、收益与社会性费用、收益相一致的行为，给予CEO采取适当行动的激励……能够给予增加股东利益激励的薪酬政策构造在多数情况下是存在的，比如业绩与薪酬联动的奖金或薪酬修改、股票期权、与业绩联动的解任决定等”；[②] “CEO的报酬问题是一个深刻的社会问题，但过大的报酬额不是最大的问题，争执于CEO应该获得多少报酬这一问题会偏离公众真正关注的CEO是怎样获得报酬的问题。在绝大多数公开公司中，高管报酬与业绩几乎没有联系”。“薪酬与业绩联动的机制能使缺乏能力的经营者被有能力的经营者所替代，能力更强的经

① 具体情况可参见第三章有关高管薪酬司法介入的相关内容。

② Michael C. Jensen，Kevin J. Murphy. Performance Pay and Top - Management Incentives，Journal of Political Economy，Vol. 98，1990，pp. 225 - 264.

营者能使公司获得更好的业绩从而获得更高的薪酬。因业绩提升带来的薪酬增加并不表明股东利益向高管转移，而是对经营者承担更大风险、付出更多努力和才智所带来成功的回报。"① 同时，整个20世纪80年代高管薪酬持续上升，经营者与普通员工收入差距不断加大，加之企业收购带来大量员工解雇，引发社会对高管高薪强烈不满。于是美国20世纪90年代初对高管薪酬进行了一系列促进高管薪酬与业绩联动的法律规则改革，期待“董事会或薪酬委员会考虑股东利益决定最恰当的高管薪酬，有效利用股票期权等业绩联动型报酬”。② 这些改革主要集中在信息披露和税法修改两个方面。信息披露改革主要通过采用明了简洁的方式向股东提供薪酬数额与薪酬决定根据、强化董事会或薪酬委员会对股东的说明责任谋求薪酬决定的恰当化，以回应机构投资者为主的股东对报酬额与业绩联动的关心，而税法修改主要回应社会公众对高管过高薪酬的批判，以减少高管薪酬绝对数额为目的。③

1992年，美国证券交易委员会修改证券法，对高管薪酬披露做出根本性修改和扩充。这些规制主要集中在三个方面：

一是为谋求股东能够对所有高管薪酬快捷地加以了解，明了公司过去几年的薪酬支付动态，从而便于与其他公司高管薪酬相比较，要求上市公司必须以薪酬表格的形式披露CEO及其他四个最高薪酬的高管（限于该年度工资和奖金总和超过10万美元）④ 每人最近三个营业年度的年度薪酬，并且要求详细区分为工资额、奖金额、其他年度报酬额、支付的限售股份数额、应该支付的股票期权或股票增值权股份数、其他长期激励计划的支付额以及其他的报酬额，还需要详细披露股票期权给付表、价值表以及长期激励计划表、高管与公司之间的雇佣合同条款。

二是与前述高管薪酬数额的披露相对应，为了给予股东判断薪酬决定之际董事会或薪酬委员会是否发挥保护股东利益作用的根据，要求薪酬委员会以“董事会薪酬委员会报告书”形式向股东说明高管报酬的方针、薪酬与业绩的关系等。

三是为了明确业绩与报酬的关系，上市公司必须分别提供市场整体分红、同行业分红与该公司分红的比较图表。

这些改革试图向股东明确展示某一年度支付的高管薪酬数额、董事会或薪酬

---

① Michael C. Jensen, Kevin J. Murphy. CEO Incentives - It's Not How Much You Pay, but How, Harvard Business Review, May - June 1990, pp. 138 - 139.

② 伊藤靖史「米国における役員報酬をめぐる近年の動向——1990年代の役員報酬額の増加と2000年代初頭の不祥事の後で——」同志社法学58卷3号1頁以下（2006年）。

③ 伊藤靖史「業績連動型報酬と取締役の報酬規制（一）——アメリカ及びイギリスの報酬規制改革を参考に——」民商法雑誌116卷2号222頁以下（1997年）。

④ 但是2006年将需要披露薪酬的高管范围修改为CEO、CFO以及其他3个最高薪酬的高管。

委员会决定某一高管薪酬的依据以及向股东充分说明薪酬与业绩之间的关系等信息。

在税法修改上，主要是1993年国内税收法的修改。国内税收法明确规定高管薪酬中金额超过100万美元部分的非绩效型薪酬不能税前扣除。这一规定将高管薪酬分为绩效型薪酬和非绩效型薪酬分别设定不同规则。非绩效型薪酬包含工资、各种福利待遇、限售股等，税法允许其作为成本进行税前扣除的上限为100万美元，超过上限部分则无法享受税前扣除优惠；将满足“公司经营绩效目标由外部董事组成的薪酬委员会确定、经股东大会批准并由公司薪酬委员会证明已经实现”条件的股票期权、奖金和长期激励计划等纳入绩效型薪酬范围，对其税前扣除未设置数额限制。

同时，在个税优惠方面，规定满足一定条件的股票期权可以享受税收迟延纳税和税率的优惠。即对满足条件的股票期权在行权日发生的行使价格与市场价格之间的未实现利益不征收个税，留待股份出售实现利益时按照行使价格与出售价格的利益差征收个税，适用优惠税率28%，而对不满足条件的股票期权不仅按照39%的税率在行权日对未实现利益征收个税（当然这一利益对应金额可以在计算企业所得税时进行税前扣除），并且在股份售出时还要对利益差征收28%的个税。个税优惠规定具体包含以下要件：期权行使给予的股份数、从业人员的种类必须明确确定；方案在决定股票期权前后一年内得到股东大会承认；股票期权从前述计划决定日或股东大会承认日中最早的日期开始10年内进行支付；行权价格不低于交付日股价；交付日起10年内行使；期权非当事人死亡不得转让；不拥有该公司或其母/子公司表决权总额10%以上股份；每年应给予的股份总额（交付日的市场价值）不超过10万美元；股票期权交付日起两年内以及行权日起一年内不能处分股份；被授予者必须在交付日起至行权日3个月以前维持与公司或其母子公司的雇佣关系。

2. 2002年高管薪酬规制改革

20世纪90年代初期进行了一系列法律规制改革后，以CEO为代表的高管薪酬依然持续高涨。由于美国2000年前后经济不景气以及2001年安然、世界通讯等美国大企业的丑闻或破产相继出现，高管薪酬再次引发世人的高度关注。一方面，高管薪酬过高以及非固定型报酬比重大幅上升被认为是导致“安然丑闻”的原因之一；另一方面，由于非固定型报酬比重增大，经营者重点关注公司股价的短期动向，也有很强动力进行违规财务会计操作，以违规财务获得的薪酬自然成为质疑的对象。“安然丑闻”动摇了世人对美国公司治理的信赖，为恢复投资者对股票市场的信心，美国在2002年前后又进行了一系列法律规制改革。2002年国会制定了著名的《SOX法案》，纽约证交所和纳斯达克证交所相应修改上市规则，公司治理规则和会计规则同时做出修改。此次改革在进行会计制度改革与公司信息披露强化的同时重点强化公开公司的治理结构。

《SOX 法案》重点是以强化公司治理为立足点，其中涉及不少高管薪酬的法律规制。这些规制主要涉及几个方面：

（1）提供信用的禁止。公司向高管提供高额贷款在“安然丑闻”中受到强烈批评，舆论要求对企业信用提供进行规制。此前的法律仅要求公司披露向高管提供的信用信息，《SOX 法案》则直接禁止公司提供信用。《SOX 法案》第 402 条规定，禁止公司直接或间接向其董事或业务执行高管提供贷款等信用。违反此条规定进行的信用提供行为无效，对故意违反此条规定的人单独或并处 500 万美元以下的罚款或 20 年以下的监禁。公司向高管提供的信用如果属于公司通常业务过程中向公众提供的一般性信用种类且是按照市场条件或不比向公众提供的更为优越的条件提供的则不在此限制之列。

（2）利益修正时的报酬返还。针对“安然丑闻”中暴露出来的高管操纵公司会计报表以达到期权授予条件获得利益的问题，《SOX 法案》第 304 条规定，CEO、CFO 粉饰财务不当行为的结果构成了证券法等法律中有关财务报告规则的重大违反、公司因而被要求重编会计报表时，必须向公司返还以下利益：①公司最初发布该财务报告的时间或向 SEC 提交报告的时间中最早的时点起的 12 个月期间从公司受领的奖金，以及其他激励性报酬或者股票报酬。②该 12 个月期间因出售公司股票实现的利益。

（3）信息披露的强化。高管薪酬依然失控说明 1992 年谋求高管薪酬适当的目的没有实现，高管薪酬的复杂性导致现有的信息披露尚未达到向投资者提供明确信息的程度，现有薪酬信息披露也不具有阻止薪酬高额化的机能。[①] 因此《SOX 法案》第 409 条重新对披露项目做出调整——上市公司财务或业务发生重大变更时必须迅速披露最新信息。SEC 接受这一规定，要求公司在缔结或变更重要的正规合同时，必须在 4 个营业日内将缔结或变更日期、当事人、合同条件概要等以临时报告书形式披露。通常公司与高管之间订立的薪酬合同也属于这一重要的正规合同，因此高管薪酬的信息披露速度得以加快。

纽约证交所和纳斯达克证交所根据《SOX 法案》相应调整了上市规则。[②] 纽约证交所上市规则主要严格了独立董事的条件并对薪酬委员会的运作提出要求。为提高董事会监督质量，减少公司因利益冲突可能遭受的利益损失，纽约证交所

① 井川真由美「役員報酬に関する米国の法制度と最近の動向」自由と正義 59 巻 6 号 134 頁以下 (2008 年)。

② 纳斯达克证交所在高管薪酬方面的规则修改基本与纽约证交所相同，因此此处以纽约证交所为例进行说明。

要求上市公司必须拥有过半数的独立董事，且必须公示独立董事名单以及确定独立董事的依据，并列举了不能评价为独立董事的范围。上市规则303A.02（b）规定，下列人员不能评价为独立董事：当前或过去3年曾是公司从业人员以及其家属当前或过去3年曾是公司的高管；最近3年内连续12个月从公司获得10万美元以上（不包含董事会、委员会成员的劳务费、年金、其他过去职务对价延后支付性质的报酬）收入者或其家属领取同样收入的人；该上市公司内外部监察法人的当前控制成员或其直接家庭成员是控制成员以及该监察法人的从业人员，或者直接家庭成员是该监察法人的从业人员且参与该监察法人的监察、确认财税法遵守业务，或者本人以及家庭成员最近3年是该监察法人的控制成员或从业人员且当时从事上市公司的监察业务但现在已不处于这一位置；本人或家庭成员现在或最近3年内是其他公司的高管且上市公司的现任高管又在该其他公司兼任薪酬委员会成员；最近3个营业年度内从上市公司获得或向上市公司提供财产或服务的公司的从业人员或其家庭成员是该公司的现任高管，但仅限于获得或支付的金额超过100万美元或该公司总收益2%两个金额中最高金额的情形。同时要求上市公司必须设置由独立董事构成的薪酬委员会，薪酬委员会必须采用书面形式确定委员会规则、目的、责任以及年度活动评价。委员会必须履行下述最低限度的责任：审查承认与CEO薪酬相关联的公司目标与目的，据此评价CEO的业绩，并基于这一评价承认CEO的薪酬水准；向董事会建议其他高管的薪酬，承认激励性报酬和非固定性报酬；制作向SEC提交的作为委任说明书、年度报告书组成部分的薪酬委员会报告书。另外，要求薪酬委员会在确定长期激励授予因素时，必须考虑公司的业绩与相对的股东利益、作为比较对象公司的CEO获得的同样激励的报酬价值、公司过去支付CEO的报酬情况。在雇佣薪酬顾问辅助评价董事、高管薪酬时，依照委员会规则决定薪酬顾问的任用、终了、报酬等条件的权限只能授予薪酬委员会。

在公司治理方面，全美公司董事协会提交的建议案中明确建议，必须采用业绩联动型报酬给予增进公司长期利益的激励，高管必须持有一定比例与期限的本公司股票；在高管薪酬决定上，建议由独立董事构成的薪酬委员会负主要责任，董事会具体将哪些薪酬决定权委托给薪酬委员会由公司自行采用书面方式决定，但公司整体的薪酬结构、政策、计划建设，高管业绩目标的设定与业绩达成过程的评价，以及CEO薪酬的决定或向董事会建议等职责必须赋予薪酬委员会，且薪酬委员会有雇佣独立外部薪酬顾问的权利。另外，薪酬委员会在决定高管薪酬时不能过分依赖高管薪酬的统计和调查资料，应充分考虑各种情况，综合考虑薪酬合同给高管带来的收益与给公司带来的费用；要求薪酬委员会必须为业绩联动型报酬设置目标，必须考虑股价、资本风险、股东资本利润率、经济性附加价值、品质、环境等各种量与质的指标，还应在公司整体业绩基础上反映个人业绩，考虑经济发展与行业发展给公司业绩带来的外部影响因素；在信息披露问题上，建议披露薪酬决定过程中考虑的各种要素、报酬给股东和公司带来的经济性成本、高管处分自己持有本公司股票的事前安排表、高管的任用合同等信息。

会计规则方面的调整主要是股票期权的费用化。针对“安然丑闻”中的会计粉饰行为，美国财务会计准则委员会（FASB）2004 年发布修改意见书，将之前的任意性股票期权费用化的规定义务化。修改意见书第 123 号规定，上市公司必须将高管股票期权授予日的公正价值作为费用计入财务报表中。①

总体上，美国 2002 年规制改革的重点集中在公司治理机制的强化上，本身并未变更股东与高管之间权利的分配，也未改变高管薪酬规制的基本构造，仅仅只在董事独立性、薪酬委员会职责严格化以及其在高管薪酬决定中的作用发挥等方面部分进行了强化，以谋求高管薪酬问题的解决。

3. 2006 年高管薪酬规制改革

为向投资者提供更容易理解的高管薪酬信息，谋求高管薪酬适当目标的实现，SEC 2006 年 1 月再次对高管薪酬披露规则进行大幅修改并于同年 7 月正式采用。首先，SEC 大幅扩大披露表中的必要披露事项，如要求披露高管获得的所有薪酬，包括之前并未要求披露的薪酬总额、退休金金额、股票期权现金价值等被课以披露义务；大幅下调了高管福利（诸如公司专车专机的使用、免费提供的住房、无息贷款等）的披露基准额度，之前仅要求合计金额超过 5 万美元才披露，现修改为超过 1 万美元即需披露；新增披露高管手中持有的限售股股票价值，比照高管薪酬概述表新增一张董事薪酬表格。若企业并购导致控制权发生变更，企业则必须说明高管从企业并购中获得的经济利益。其次，SEC 充分利用了 3 个披露工具——薪酬讨论与分析、表格、叙述性描述。薪酬讨论与分析作为高管薪酬概述性披露工具，重点对薪酬政策进行阐述、分析和讨论，具体包括薪酬方案的目的、所采取的报酬方式、选择报酬方式的原因、如何确定报酬的金额、报酬是否与薪酬目标相匹配等；表格这一工具主要具体披露高管薪酬数额，而叙述性描述则在表格后用文字形式为表格数字提供背景信息，以帮助投资者更好理解表格中的数字。3 个工具相辅相成，薪酬讨论与分析解决薪酬背后的薪酬政策，表格披露具体薪酬情况，使薪酬信息简洁可比，叙述性描述提供薪酬有关背景信息，增加披露的灵活性和信息的可理解性。②

---

① 具体内容详见第二章相关内容。

② 查婧：《中美高管薪酬披露规则比较》，《财会通讯·综合》（上），2009 年第 4 期，第 122 页。

4. 2010 年高管薪酬规制改革

金融危机爆发后，高管薪酬再次受到社会的广泛质疑。美国从 2008 年开始掀起了强化高管薪酬规制的新浪潮。美国财政部 2009 年 6 月提出金融监管改革方案，2009 年 12 月 11 日命名为《多德—弗兰克华尔街改革与消费者保护法》的法案在众议院以 223 票对 202 票获得通过；2010 年 5 月 20 日该法案修正案在参议院以 59 票对 39 票获得通过；参、众两院组成的联合大会委员会所提交的该法案报告于 2010 年 6 月 30 日在众议院以 237 票对 192 票获得通过，7 月 15 日在参议院以 60 票对 39 票获得通过，7 月 21 日奥巴马签署了这一“大萧条”以来美国最为严厉的金融监管法案。至此，该法案正式成为法律。

在分析金融危机原因时，人们发现，薪酬机制过于奖励短期财务业绩，会助长高管的过度风险承担行为，鼓励过度投机；业绩激励与股价挂钩使金融机构倾向于市值最大化，而在有限责任制和金融安全网的保护下，股东对风险的容忍度可能高到损害其他利益相关者的程度，从而对金融机构或整个金融体系的稳健和安全构成威胁；当前的薪酬激励机制很难保证收益与风险的匹配，在公允价值会计①下，金融机构大部分利润是因市值或估值变动而产生的应计利润，而非已经实现的现金利润，根据应计利润发放的不能追回的现行现金薪酬制度使银行为实际并未获得的利益奖励管理层，薪酬不能被追回意味着管理层可以分享银行在经济上行期的利润，却不用承担在经济下行期的风险和亏损。② 因此，鼓励高管追求过高风险的薪酬制度已经危及企业经营的健全性或长期的成长性，为防止金融危机的再次爆发，有必要重新审视高管薪酬制度。③ 危机初期，美国仅对获得政府公共资金资助的金融企业高管薪酬进行了限制，④ 但随着危机影响的深入以及对薪酬机制缺陷认识的加深，这些规制措施逐渐扩展到所有上市公司。这可从该法案修改审议的过程上得以佐证。

金融危机后，由于动用政府公共资金救助企业，其正当性受到纳税人的质

---

① 公允价值会计是相对传统的以交易价格为基础的历史成本会计模式而言的一种新的会计模式，是以市场价值或未来现金流量的现值作为资产和负债的主要计量属性的会计模式。

② 谢平、邹传伟：《金融危机后有关金融监管改革的理论综述》，《金融研究》，2010 年第 2 期，第 9 页。

③ みずほ總合研究所『米国における役員報酬規制強化——政府による金融支援対象企業から全上場企業に適用拡大へ——』みずほ米州インサイト（2009 年 8 月 11 日）。

④ 赞成接受政府救助的金融机构高管薪酬受到严格规制的理由在于这些金融机构的很大部分利润来自政府担保或救助，并非完全是金融机构自己经营的成果。不过金融机构高管薪酬规制也受到不少质疑：劳动力市场的流动性可能使金融人才流失到其他领域；金融机构在限薪行动上如果没有协调一致，首先进行限薪的机构可能面临“先发劣势”，其员工可能流失到竞争对手的机构中；人才很难定价，很难确定最佳薪酬水平。谢平、邹传伟：《金融危机后有关金融监管改革的理论综述》，《金融研究》，2010 年第 2 期，第 1 - 17 页。

疑。为回应人们的质疑，美国财政部2009年6月出台政策对接受援助企业的高管薪酬进行规制。其规定：禁止向薪酬前5位的高管支付促成追求高风险的激励报酬、高额退休金、奖金等，以明显不合理业绩为基准支付的奖金应返还；对高管薪酬课以股东表决的义务；新增设对特别援助企业高管薪酬拥有审查、承认权限的特别报酬监督官员，撤销了原有高管薪酬上限50万美元的规定等。

随后，为强化金融机构的健康发展、保护投资者利益，美国财政部向议会提交立法建议，建议将股东投票表决与薪酬委员会独立性确保的措施扩展适用到所有上市公司。下议院在接受这两点建议的基础上还赋予金融机构主管机关（美联储）更多规制高管薪酬的权限，即对企业高管薪酬进行监督，确保高管薪酬制度不会导致过度追求风险，要求美联储提供纲领性指导而非制定具体规则，一旦发现薪酬制度导致企业过度追求高风险业务，美联储有权加以干预和阻止。

此次高管薪酬改革的一个亮点是加强薪酬委员会和薪酬顾问的独立性。为确保薪酬委员会能够得到客观独立的薪酬建议，法案引入了薪酬顾问的独立性标准和确保这一措施实施的保障措施。具体而言，法案中的高管薪酬规定主要包括：高管报酬的年度股东大会承认——高管薪酬需要股东大会决议，但这一决议没有约束力；薪酬顾问的独立性——薪酬委员会须在考虑SEC特定的以下因素后方能选任薪酬顾问：薪酬顾问雇佣者对公司提供的其他服务、薪酬顾问雇佣者从公司领取的报酬额占其总收入的比例、薪酬顾问雇佣者为防止利益相反而制定的方针和程序、薪酬顾问与薪酬委员会成员之间的私人关系、薪酬顾问持有公司的股份数；薪酬顾问的雇佣权限——薪酬委员会自行裁量决定薪酬顾问的雇佣，且对薪酬顾问的任命、报酬、业务监督负有直接责任，公司应当披露薪酬顾问的聘用、薪酬顾问业务中有无利益相反情况及其性质与处置对策，并为薪酬顾问雇佣提供适当的必要资金。

同时，为增加公司高管薪酬披露的透明性，SEC要求公司提供5年内高管薪酬和股票表现的对比图，以促使机构按照业绩、而不是基于错误的会计信息来支付高管薪酬，恢复基于合理激励的薪酬计划；要求公司至少3年进行一次专门的股东投票，对高管薪酬和金色降落伞机制进行表决，使股东获得更多关于高管薪酬支付的话语权；要求披露CEO年度报酬总额、CEO之外的高管年度报酬总额的中间值以及两个数值之间的比例关系。

另外，2009年1月21日，美国众议院还通过了《TARP改革与问责法案》，其中同样包含了高管薪酬规制条款：公司前25名高收入的高管在救援期间不得领取奖金；因做假账获取的奖金或其他奖励必须退回企业；禁止使用金色降落伞机制；支付高管薪酬减免公司所得税的优惠上限由100万美元调整为50万美元；公司不得拥有或租用私人飞机，如有私人飞机则首先用于救援计划的安排；禁止任何有可能操纵公司盈利提高雇员薪酬收入的方案。

（二）主要经验

1. *综合利用各种法律制度规制高管薪酬*

由于高管薪酬本身性质的复杂性，且逐渐衍生为社会问题，因此对其的规制注定不可能由一部法律完成。从美国高管薪酬规制的百年历史可以看出，成文法未介入之前，法院通过判例法方式进行规制。在薪酬越来越复杂、越来越专业化，法院消极介入高管薪酬判断的情况下，成文法开始介入完成这一任务。成文法各个法律之间协调配合，各自发挥作用。总体上，公司法努力构建和完善高管薪酬决定机制，证券法为确保股东利用薪酬决定监督高管而不断拓展薪酬信息披露范围与方式，会计法则通过薪酬是否计入成本影响薪酬形式的运用，而税法则在通过利益机制诱导不同薪酬形式采用的同时兼顾社会公平诉求，对高管薪酬进行规制。

2. *以董事会中心主义为基础，完善高管薪酬决定机制*

美国公司治理结构采用董事会中心主义，在高管薪酬规制上非常注重公平议价模型机能的正常发挥，所有薪酬规制措施无不围绕高管薪酬决定机制的完善展开。其具体包括以下内容：强化薪酬议价中处于弱势地位的股东权限，如引入无拘束力的股东投票制度，要求部分薪酬需要股东大会决议等，但考虑股东作用本身的有限性，法律规制的中心依然集中在薪酬决定的独立性与专业性上，在将薪酬决定权依然赋予董事会的前提下，为防止自定薪酬的弊端增设了薪酬委员会并逐渐增强甚至完全要求其成员保持独立性，并在独立性的标准上不断完善，以尽可能促进业务执行机构与监督评价机构的分离，允许雇佣薪酬顾问为薪酬决定提供辅助并提升薪酬顾问的独立性；为确保薪酬监督的准确性，采用了更严格、更广泛的信息披露措施，力图为股东提供非常详尽的高管薪酬信息。

3. *多种手段提高薪酬与业绩的关联度，尝试薪酬领受人责任追究*

美国高管薪酬规制制度基本沿着促进薪酬与业绩挂钩、薪酬与长期业绩挂钩、薪酬短期激励与长期激励相协调这一思路演变。在新的薪酬形式不断被演化出来的背景下，通过税法、会计规则等调整、诱使公司采用立法者期望的薪酬形式，实现了股票期权等业绩联动型薪酬的大量采用。同时利用法案首度确认了薪酬领受人特定要件下的薪酬返还责任，开启了薪酬规制的一个新领域——关注薪酬决策参与者的责任建构。

4. *以特殊事情为契机，及时修正薪酬制度暴露的问题*

从30多年的美国高管薪酬规制演进可以看出，每一次高管薪酬规制总是在一定公司治理问题或社会经济问题出现后进行，每一次高管薪酬法律规制改革总是以特殊事件为契机。由于公司治理这一世界性难题本身就没有一劳永逸的解决方案，在美国高管薪酬规制实践中，主要将高管薪酬置于公司治理结构完善的一环，及时总结经验教训，修正薪酬制度暴露的问题，以弥补法律规制的滞后性。

二、英国高管薪酬法律规制立法实践及其经验

（一）立法实践

英国 1985 年《公司法》除了信息披露对高管薪酬有所涉及外，[①] 对高管薪酬本身几乎没有规定，章程规定高管薪酬成为惯例。然而 20 世纪八九十年代英国撒切尔政府掀起的民营化运动中，民营化后的企业高管因股票期权获得高额利益，高级管理人员的报酬出现了前所未有的增长，并且薪水的增加与公司业绩的改善无关，从而引发了社会对经营者高额薪酬的强烈批判，经营者的薪酬问题成为公司治理争论的重要问题。英国伦敦证券交易所于 1991 年成立了公司财务治理问题坎德伯里委员会，专门负责调查和研究公司治理问题，发布了 1992 年《坎德伯里（又译作凯德伯瑞）报告》（Cadbury Report），拉启了高管薪酬规制序幕。随后 1995 年格林伯里（又译作格林伯利、格林伯瑞）报告》（Greenbury Report）、1998 年《汉姆伯尔（又译作哈姆佩尔）报告》（Hampel Report）、1998 年《公司治理委员会综合规范》、2002 年《董事报酬报告书规则》等相继发布，2006 年公司法进行了修改，2010 年又发布了薪酬制度准则等。总体而言，在 2006 年公司法修改之前，上市公司高管薪酬规制主要利用上市规则这一自主规制[②]方式落实各种报告建议的规制措施，并在各种改善公司治理的报告书、综合规范的修订中不断被扩充和强化。另外需要说明的是，英国上市公司董事会成员根据是否具体执行公司业务，分为业务执行董事与非业务执行董事，非业务执行董事以监督业务执行董事为主要职责。

1. 1992 年《坎德伯里报告》

1992 年 12 月发布的《坎德伯里报告》以提升英国经济竞争力为目的，主要

① 英国 1985 年《公司法》要求公司在财务报告中披露董事的薪酬总额，包括根据高管激励合同得到的任何数额。还需要列明董事长和薪水最高董事的全部薪酬，并分 5000 英镑一个档次列出董事人数，披露离职董事的补偿金，但不需要具体披露每个董事的薪酬细节。不过根据 1995 年的法律改革，则要求高管薪酬的个别披露，具体披露每个董事的具体薪酬细节。李建伟：《高管薪酬规范与法律的有限干预》，《政法论坛》，2008 年第 3 期，第 108 页。

② 大久保拓也「イギリス法における取締役の報酬規制——イギリス通商産業省の諮問文書『失敗に対する報酬』の検討——」比較法制研究（國士館大学）26 号 93 頁以下（2003 年）。

就薪酬委员会与薪酬披露问题进行了探讨，建议对公司治理和最佳惯例规范进行修改。这也是英国最早关注高管薪酬的报告。《坎德伯里报告》建议增大报酬决定机制的透明度，完全且明确地披露董事和经营人员领受的薪酬，应当披露董事长与其他每个董事的最高报酬额、工资与业绩联动报酬数额、业绩联动报酬评价基准等内容；建议公司与董事间订立的超过3年的合同应得到股东的承认；对薪酬决定体系，报告建议设置独立于经营者的薪酬委员会，即薪酬委员会的全部或主要成员应是非业务执行董事。由于《坎德伯里报告》并未直接针对高管薪酬采取正面措施，而是主要进行信息披露扩大和透明度增加的建议，并未解决当时社会上对高管薪酬过快增长以及薪酬未能反映公司业绩的质疑。因此《坎德伯里报告》发表后，保险业协会等机构投资者普遍表示失望，认为应该进行更为明确和具体的建议。[①]

2. 1995年《格林伯里报告》

针对社会对《坎德伯里报告》的批评，1995年7月格林伯里委员会在《坎德伯里报告》的基础上，发布了一份关于董事报酬和与之相关的治理准则的《格林伯里报告》，并附加了《最佳执业规章》，对高管薪酬进行了概括性的检讨。《格林伯里报告》认为，高管薪酬的改进方式不是法律控制，而是应由公司自己采取措施来处理所涉及的事项。[②]《格林伯里报告》接受了《坎德伯里报告》的基本方针，进一步推进了薪酬委员会的作用，增大了其的独立性，建议薪酬委员会必须完全由独立的非业务执行董事组成，薪酬决定内容要以年度报告书或决算书的形式直接向股东报告；并且建议薪酬委员会主席出席股东大会。另外，《格林伯里报告》建议薪酬委员会的职责应仅限于薪酬这一领域，具体包括任用合同的内容、薪酬方针、退休金、奖金以及业绩联动薪酬的确定，并要求通过薪酬委员会报告书的形式披露前述内容。

3. 1998年《汉姆伯尔报告》

1998年1月《汉姆伯尔报告》发布。《汉姆伯尔报告》以评价前两个报告建议的落实程度并进行必要修正为目的，其内容基本沿袭了前两个报告的内容。稍许的突破就是增加了若干个公司治理原则和建议非业务执行董事的报酬要与公司业绩相联系。[③]

4. 1998年《公司治理委员会综合规范》

《汉姆伯尔报告》发布后，公司治理委员会将三个报告进行综合汇总，将董

① 菊田秀雄「EUにおける取締役報酬規制をめぐる近時の動向——EUおよびイギリスにおける展開を中心に——」駿河台法学22巻1号21頁以下（2008年）。

② 李建伟：《高管薪酬规范与法律的有限干预》，《政法论坛》，2008年第3期，第108页。

③ 邓菊秋：《论英国的独立董事制度》，载李荣林：《欧盟公司治理——经验借鉴与中国实践》，天津：天津大学出版社，2006年版，第129－135页。

事会机能、董事报酬、股东作用、财务报告乃至于会计监察等内容汇总到公司治理这一问题下，制定了1998年《公司治理委员会综合规范》（以下简称《综合规范》）。《综合规范》与前述3个报告相比较，最大的不同在于前3个报告的建议是任意性的规范，而《综合规范》却对所有上市公司具有约束力。原因在于非制定法的《综合规范》确定了上市公司治理原则，它虽然不是上市规则的组成部分，但却作为上市规则的附则存在。由于伦敦证交所制定的上市规则要求所有上市公司在年度报告书或年度决算书中披露是否适用《综合规范》确定的公司治理原则、是否遵守《综合规范》的条款、遵守情况以及不遵守《综合规范》建议的理由（著名的"遵守或说明"规则），因此，《综合规范》具有了间接的强制约束力。换言之，《综合规范》主要通过遵守或说明理由的义务实现对公司的约束。这样一来，英国上市公司除了受到公司法及其附属条款的规制外，还要受到上市规则、《综合规范》的规制。这些规则相互补充，共同构成有英国特色的上市公司规制结构，并被2006年《公司法》所接受。

《综合规范》先后在2003年7月、2006年6月、2008年6月进行了修正。其对董事薪酬的规定主要集中在薪酬决定机制和信息披露两个方面。作为基本原则，综合规范规定董事的薪酬水平在吸引董事上应达到充分且必要的水平，业务执行董事的薪酬构成中应该有部分为业绩联动型报酬；应该确立决定业务执行董事报酬的正式且具有透明性的程序，董事不应参与自己薪酬的确定；而在薪酬信息披露方面，综合规范要求必须向股东大会提交记载了薪酬方针和董事会薪酬明细的年度薪酬报告书。

在基本原则基础上，综合规范确立了最佳惯例规则，就薪酬政策、任用合同与退休金、程序、披露等问题做出建议。薪酬政策方面，要求薪酬委员会根据前述原则确定业务执行董事薪酬内容，薪酬决定之际应加入与其他公司的比较，比较之际还要注意避免始终高于比较对象薪酬水平的危险；年薪的增加还要考虑企业集团内其他公司的状况对比等因素；业绩联动型报酬应该基于促使业务执行董事与股东利益相一致的激励而进行设计；股票期权的行使价格设定禁止低于交付时的市价，除非上市规则例外允许。任用合同与退休金方面，要求董事会应尽量将董事任用合同的期间限定在一年之内，即使从外部聘用新董事有必要超过一年任用期限的，今后也要尽量缩短合同期间；薪酬委员会应评价提前终止任用契约需支付何种程度的补偿。程序方面，为了避免潜在的利益冲突，董事会应该设立薪酬委员会，由薪酬委员会向董事会建议薪酬政策方针，决定每个董事的具体薪酬内容；薪酬委员会成员应该仅由独立的非业务执行董事构成，并在每年的薪酬报告书中加以记载；非业务执行董事的薪酬由董事会决定，章程也可规定由股东决定；薪酬委员会就业务执行董事的薪酬建议应当征求董事长或最高业务执行董事的意见并具有公司内外专家的意见。在信息披露方面，要求董事会在年度报告书中向股东报告薪酬，并记载业务执行董事薪酬政策，提醒注意其中的与众不同的特有要素。

需要注意的是，《综合规范》调整了前3个报告中薪酬委员会的作用范围。前3个报告书均认为薪酬委员会应该制定薪酬政策，然而《综合规范》却将薪酬政策的制定权调整给董事会，薪酬委员会仅仅限于向董事会提出建议；同时薪酬报告书也不再以薪酬委员会名义而是以董事会名义做出。

5. 2002年《董事报酬报告书规则》

英国通商产业部1999年进行的一项调查表明，《综合规范》要求的薪酬委员会仅能由独立的非业务执行董事构成的规定在实践中并未得到很好的遵守，部分企业的薪酬委员会成员出现了业务执行董事，甚至超过1/4公司的董事长也成为薪酬委员会成员，使《综合规范》确保薪酬委员会独立性的努力丧失殆尽。薪酬信息披露方面，不少批评认为董事个人薪酬信息过度披露的同时公司却基本未向股东提供薪酬与业绩关联的适当信息。另外，《综合规范》虽然不要求董事薪酬报告书在年度股东大会上决议，但要求报告书记载的薪酬政策需要年度股东大会承认，然而现实中董事会几乎没有提请过股东大会决议，《综合规范》试图实现的董事向股东履行说明责任的目的几乎没有实现。在此背景下，一直关注《公司法》修改的英国通商产业部于1999年发布《董事薪酬咨询文书》，提出四项改进建议：①上市公司的薪酬委员会应当由独立的非业务执行董事构成，最佳惯例规范应增加4条规定：董事长不能成为薪酬委员会成员、董事长应当确保薪酬委员会得到公司外部专家的建议、薪酬委员会本身应当选择任命外部薪酬顾问、薪酬委员会不能使用已受雇于经营者的薪酬顾问。②简化董事个人薪酬披露，强化薪酬与业绩关联的信息披露，如要求公司说明下述情况：公司的长期目标、对照该目标测定董事业绩的标准、用于测定业绩的比较对象公司群、与比较对象公司群相比较的公司业绩情况、对非业绩联动型报酬比例的建议、激励计划的报酬与公司业绩的关系等。③改善任用合同与补偿金的披露，要求任用合同在董事薪酬报告书中披露，补偿金应事后向股东说明。④强化股东权限，并根据股东影响高管薪酬的实际操作可能性提出5项可选择建议：要求上市公司每年股东大会承认董事薪酬报告书，但这一承认是建议性的，不产生强制变更薪酬政策的效果；或要求公司制定薪酬政策并要求每年得到股东承认；或要求公司每年改选董事；或要求上市公司改选薪酬委员会主席并需要每年股东大会承认；或创设股东大会可以就董事薪酬进行决议的特别程序，如比股东提案更容易实现的程序等。

在此基础上，英国通商产业部为促进薪酬与业绩的关联、强化股东的地位，于2001年3月、9月陆续制定了董事报酬新的规制方针。新规则要求上市公司将

董事薪酬报告作为年度报告书的一个组成部分进行披露，薪酬报告书应披露董事个人的薪酬内容、公司的薪酬政策、董事会与薪酬委员会在董事薪酬问题上的作用，薪酬报告书还需得到股东大会的决议通过。同时结合1999年《董事薪酬咨询文书》的相关问题，发布了2001年《董事薪酬咨询文书》。该咨询文书建议上市公司每年发布董事薪酬报告书、披露公司对每个董事的薪酬政策以及董事会与薪酬委员会的作用、年度股东大会向股东提交薪酬报告书，并建议制定和修改2002年《董事报酬报告书规则》。2002年7月《董事报酬报告书规则》得以修改并于8月1日正式生效。

2002年《董事报酬报告书规则》是对1985年公司法相关规定的修正，其最大变化是将董事薪酬报告同年度报告、董事会报告、监事会报告等做同等效力处理，即同样需要提前向股东寄送或公告、需要股东大会普通决议承认等。这一措施可以使股东获得大量有关董事薪酬是否妥当的有用信息，[①] 进一步强化了股东的权限，并强化了信息披露。考虑披露薪酬委员会进行的薪酬讨论对提升薪酬决定透明度非常重要，规则要求在薪酬报告书中披露薪酬委员会成员名单、对薪酬委员会薪酬决定起实质性作用的建议者名单（也包含薪酬委员会成员之外的其他董事）[②] 等薪酬决定事项。同时将董事薪酬报告书义务化，上市公司必须制作该报告，并新设了报告书内容的规制制度。规定报告书必须详细披露每个董事的详细薪酬，[③] 并着重强调披露薪酬委员会对业务执行董事的薪酬决定、详尽的薪酬政策以及薪酬与业绩的联动情况；[④] 要求在原有薪酬政策披露基础上说明公司今

① 大久保拓也「イギリスの上場会社における取締役の報酬に対する新たな規制」法政論叢39卷2号1頁以下（2003年）。

② 这是因为，业务执行董事向薪酬委员会提供建议或信息可能是恰当的，有助于薪酬委员会正确确定薪酬，但也可能因其参与自己薪酬的确定而不恰当，因此需要披露业务执行董事对薪酬委员会薪酬决定的参与情况。同样，薪酬顾问的名单也属于披露的范围。这是考虑到，虽然薪酬顾问的建议对薪酬决定非常重要，但是由于薪酬顾问在提供薪酬专业建议的同时可能为公司提供其他服务，存在利益冲突的可能性。因此需要披露其名单、提供的其他服务的性质、其是否由薪酬委员会的任命等信息。

③ 每个董事需要披露以下薪酬内容：用表格形式披露每个董事该营业年度的工资总额、奖金总额、作为支出费用的总额、补偿以及其他辞职支付的金额总额、从公司领受的其他利益总额以及前述金额的总额、前一年度的金额总额以及现物支付的内容。在披露支付给每个董事的股票期权方面，要求用表格形式具体披露年度初与年度末因股票期权（区分不同条件的股票期权）行使而发行的股份数、营业年度交付的股票期权、已行使期权、超过权利行使期限的未行使期权、条件变更期权、各期权因交付而支付的金额、权利行使价格、权利行使期间。还要披露期权条件变更、期权交付与行使的业绩基准概要、期权行使时股票价格、营业年度末存有剩余期权时的股价、该年度最高股价与最低股价。而在其他激励计划披露方面，要求用表格形式披露年度初期每个董事的详细权利、年度中期给予的详细权利以及年度末的详细权利；每种权利业绩达成期间的最后日期；因达成业绩条件行使权利获得的金钱、股份、其他资产的价值。另外向董事支付的过高退休金、对辞退董事的补偿、向业务执行相关联的第三人支付的报酬总额等也需要披露。

④ 这一要求主要是回应信息披露实践中未披露薪酬与业绩关系的质疑而做出的调整。

后两个年度的薪酬政策，增加披露激励性报酬和股票期权的详细业绩标准及其采用理由、业绩基准达成度的测定方法及采用理由、与其他公司或股份指数的比较情况、附加条件的变更以及不符合条件支付的理由；要求说明每个董事薪酬与业绩联动、不联动要素的相对重要性以及提前终止合同的公司补偿政策；还要求在报告书中记载薪酬与业绩的联动情况。

不过，2002 年《董事报酬报告书规则》虽然强化了股东权限，但由于股东大会的承认本身仅仅是建议性的，并不直接决定董事薪酬数额，因此并未直接改变英国一直以来的董事薪酬自主规制做法，只不过是谋求进一步的信息披露强化罢了。①

6. 2006 年《公司法》修改

2006 年英国尝试综合公司法领域现行法律制度和重要判例进行公司法现代化工作，对《公司法》进行了修改，并于当年 11 月获得通过。由于认为 2002 年进行的董事报酬规制改革所期望的目标完全达成，没有必要进行新的法律规制，② 因此，新《公司法》仅仅对高管薪酬规制进行了条文上的梳理，除了将 1985 年《公司法》规定的董事法定任用合同期间由 5 年缩短为 2 年外，几乎没有进行任何实质性变更。

7. 2010 年《薪酬惯例最终准则》

金融危机爆发后，社会各界对金融机构高管薪酬广泛关注。时任首相布莱尔为整顿问题金融机构的公司治理，于 2009 年 2 月任命前证券投资理事会主席 David Walkers 研究改善英国金融业公司治理的应对方案，并于 7 月发布了《英国银行业及其他金融产业公司治理检讨报告》。该报告亦对薪酬制度进行了检讨，提出以下建议：薪酬委员会应当负责企业整体的薪酬政策，尤其应当考虑相关风险因素；薪酬委员会应审查所有高管以前年度的薪酬总额与薪酬政策，并在相同基础上，注意本年度超过或可能超过高管平均薪酬水平的高管薪酬，分析其薪酬结构的合理性；薪酬委员会应在年度报告中就薪酬超过平均水平的高管薪酬合理性发表意见；应在年度报告中披露超过平均薪酬水平的高管名单，并按照级距披露各级距内高管人数以及薪酬组成内容；风险机制应与高管薪酬相关联，变动薪酬应有 1/2 以上具有长期激励机制，其中一半应至少立足于 3 年以上的绩效表现，另一半应至少立足于 5 年的表现，短期奖金奖励也应以 3 年为发放基础，第一年发放金额不能超过 1/3，且该高管行为如有不当时，应有收回薪酬的调整机制；

① 伊藤靖史「取締役・執行役の報酬に関する規制のあり方について——経営者の監督・インセンティブ付与手段という観点からの問題点——」同志社法学 55 巻 1 号 1 頁以下（2003 年）。

② 菊田秀雄「EUにおける取締役報酬規制をめぐる近時の動向——EUおよびイギリスにおける展開を中心に——」駿河台法学 22 巻 1 号 21 頁以下（2008 年）。

薪酬总额超过平均水平的高管薪酬应有一定比重为公司股份，其股份数与持有期间由薪酬委员会确定；薪酬委员会确定绩效目标时必须参考风险委员会的建议，应考量特定风险调整因素；薪酬委员会的建议未能获得75%的全体投票数的赞成，则委员会主席下一年度应改选，且不论其有无任期保障；薪酬报告书应记载高管有无权利或机会在披露范围外提高其退休福利以及薪酬委员会有无权利为这些高管提高退休福利；参与制定职业道德规范的薪酬顾问应组成一个专业团体，提供道德规范草案的特别意见，并在网站上披露遵守职业道德规范的情况；薪酬顾问的职业道德规范以及愿意遵守该规范的成员名单应在英国财务报告理事会网站上披露，薪酬委员会应聘用自愿遵守职业道德规范的薪酬顾问等。从这些建议可以看出，建议非常强调薪酬与风险的对称性，金融机构应根据未来风险调整绩效，配合公司长远绩效制定薪酬政策；建议也非常强调薪酬与业绩的关联性，特别重视股票作为薪酬手段的作用，要求高管持有一定比例的股票。①

同年8月12日，英国金融监管机构（以下简称FSA）对外正式发布《薪酬惯例最终准则》。《薪酬惯例最终准则》于2010年1月1日正式实施。由于始自2008年的全球金融危机中，经营者为了提升自身业绩评价而忽略风险、追求短期利益被认为是金融机构实施过度冒险行为的原因，FSA对金融危机前后金融机构薪酬惯例的调查也发现，这些实施过度冒险行为的金融机构有着许多共同点：重视短期利益而不考虑风险的业绩评价、欠缺长远性利益与薪酬的关联性、薪酬支付时间短、风险管理部门不能处理与金融机构产生的利益冲突等。因此，为了促使经营者或从事高风险商业行为的从业人员采取沿着长期性利益的行动、促进金融机构实施有效率的风险经营管理，使金融机构保持合理的风险，维护市场的信赖和金融的稳定，FSA对原有薪酬惯例进行修改，认为有必要实施以下能促进效率性风险管理的薪酬政策：应把握薪酬政策给高管激励带来的变化、变更过度冒险的薪酬政策使风险控制在金融机构整体允许的风险范围内、进行金融机构风险保有量的薪酬政策效果检验、将企业的价值观或活动目的传递给从业人员使其知晓如何评价行动等。

《薪酬惯例最终准则》采用的薪酬措施由8个原则构成，大体涉及三方面内容：薪酬决定的组织构造、薪酬决定的评价标准、报酬支付方法要求。①薪酬决定的组织构造方面，一方面，要求薪酬委员会和风险管理审计部门应当对薪酬决定发挥重要作用，规定薪酬委员会对金融机构的薪酬政策承认或长期性业绩评价承担责任外，还可以为了使股东或其他利害关系人知晓薪酬政策或对从业人员行为、金融机构过度行为产生影响而独立发表报告。因此，为了确保薪酬委员会的

① 李明机：《近期英国薪酬制度改革与我国上市（柜）公司薪酬规范之简析》，《证交资料》，第574期，第6－8页。

独立性，其成员过半数应由外部董事构成，其中应当包含一名以上的具有风险管理经验或从事过实务的成员。薪酬委员会应当从风险管理部门的报告中获得有关薪酬政策的风险管理信息。另一方面，要求风险管理审计部门考虑业务风险或从业人员行为风险，对其薪酬决定拥有很大影响力。并且由于薪酬决定可能产生利益冲突，也要求风险管理审计部门保持独立性，其成员的报酬应区别于其他业务部门而基于本部门独立的评价标准进行决定。②在薪酬决定的评价标准上，要求在财务指标以外还要考虑未来风险等因素，即从获得的利益中扣除行为时或将来发生的风险，余下的结果才能作为业绩评价对象。特别是决定奖金时应考虑必要的资本或流动性成本，并且在采用不确定奖金的支付方法中，薪酬委员会在决定风险调整后利益所占比重时应当承担很大责任。当业绩联动报酬占薪酬整体比重大（判断业绩联动报酬占薪酬整体比重是否大的标准包含比重与绝对数额两个）时，应当基于长期性成果进行评价，以避免金融机构业绩波动过程中不以平均业绩为评价对象而仅在业绩好时进行评价的危险。③在薪酬支付方法要求上，仅以经营者等对金融机构有重大影响力的人为适用对象，要求大部分奖金的支付设置至少3年的期间，并应延期支付。特别是奖金占薪酬比重大时，奖金的2/3可以延期支付。鉴于奖金支付非常灵活，应提高固定薪酬的支付比重。[①] 总之，准则特别强调公司薪酬制度应与有效的风险管理制度结合，并且赋予FSA依照准则确定的原则评估公司薪酬政策的品质以及公司薪酬是否有鼓励员工从事高风险交易的因素，并对违反准则的公司处以必要的制裁或要求公司增资。

同时，英国政府2009年11月19日向下院议会提交了谋求英国金融制度改革的法案——《金融服务法》，这一法案立足于国内有关强化报酬规制在内的公司治理改革必要性的争议，以促使金融机构更加安全为规制目的。[②] 法案设置了有关高管薪酬的规定，扩充了金融机构高管薪酬报告书的对象范围，赋予了FSA薪酬政策制定以及其他报酬规制的权限。具体体现为：赋予财务省规制权力，可以要求公司制定、承认、披露向一定高管、从业人员支付薪酬的报告书；不仅要求所有上市公司制定、公开发表董事报酬报告书，而且规制范围还扩展到非上市金融机构，且董事以外的一定高管、从业人员也成为规制对象。报告书中记载的信息在2006年《公司法》要求的董事薪酬报告书基础上，还要求记载报告对象的报酬与其他普通从业人员报酬的比较情况。

为了应对银行业过度追求风险收益，英国政府2009年财政预算案新增了一

① 小立敬、磯部昌吾「英国FSAが明らかにした報酬慣行に関する最終規則」資本市場クオータリー秋季号76頁以下（2009年）。

② 小立敬「英国における金融制度改革関連法——金融サービス法案の公表」資本市場クオータリー冬季号1頁以下（2010年）。

种专门针对金融机构红利的税种——银行薪酬税（BPT），并提出相应的法律草案。法律草案规定，对在2009年12月9日至2010年4月5日之间向单个雇员发放奖金超过2.5万英镑的银行，要以50%的税率就每笔奖金超过2.5万英镑的部分向该银行课税。

（二）主要经验

1. 主要依靠自主规制进行薪酬规制

总体上英国《公司法》对高管薪酬没有过多的规制安排，不管是1985年《公司法》还是2006年《公司法》，都仅仅在广义的信息披露要求中对薪酬信息披露有所涉及，而将薪酬规制的任务主要交给公司治理委员会的各种报告与上市规则。英国专门成立的公司治理委员会将高管薪酬置于公司治理机制完善的视角进行检讨，提出的改进建议通过上市规则要求上市公司遵守，并通过上市规则的修改对薪酬政策进行审议。英国的高管薪酬自主性规制立足于各个公司治理原则基础上，通过发布报告书形式快速修改公司治理原则，实现薪酬规制的快速改革，能较快适应薪酬发展新情况；同时提供多种方案供公司选择，能够照顾公司的不同情况，使规制更有效率和针对性。与美国立法规制形成鲜明对比，自主规制成为英国高管薪酬规制的最大特色。

2. 在薪酬信息透明度上不遗余力

英国董事薪酬规制改革与美国一样，都是以董事会和薪酬委员会薪酬决定程序改革以及信息披露的扩充与完善为中心进行的。① 各种报告书和薪酬规范围绕董事个人薪酬、薪酬政策、薪酬与业绩的关联、薪酬委员会作用等问题不断对薪酬信息披露范围提出建议，使英国公司薪酬信息全方位得以披露，在披露的广度上和深度上甚至超过美国公司，以至于有批评认为董事个人薪酬信息披露过度。同时比美国更早一步的是，从增加信息透明度的角度提升董事薪酬报告书的法律效力，要求向股东公示董事薪酬报告书并得到股东的无约束力的承认。总体上，美国仅对部分高管要求全面披露，英国的披露规则更为严格，每个高管的薪酬明细都要求进行披露。可以说英国的薪酬个别披露是世界上更为严格的。

3. 法院尽可能不介入高管薪酬合理性判断

受“商业经营判断”原则影响，英国法院一般不主动介入高管薪酬合理性的审查。并且英国法官有很好的传统，否认具有商业知识并宣称他们对于干预公司事务保持沉默。早在1902年，戴维大法官就认为：“与共同股份公司相关的法律的一个基本原则是法院不会干涉公司在其权力范围内的内部管理事务，并且事

① 伊藤靖史「業績連動型報酬と取締役の報酬規制（二・完）——アメリカ及びイギリスの報酬規制改革を参考に——」民商法雑誌116巻3号401頁以下（1997年）。

实上根本没有这么做的管辖权。”① 虽然司法实践中也有诸如上议院1990年审理的Guinness plc. vs. Saunders等典型案例，但法院的立足点并未直接针对薪酬的合理性本身，而是关注薪酬程序是否遵守相关规定。②

三、欧盟有关高管薪酬法律规制立法实践及其经验

（一）立法实践

1.2004年欧洲委员会《上市公司董事报酬恰当制度促成建议》

为了顺应世界各国积极推进公司法制现代化、构筑更为优良的公司治理结构的发展趋势，也为了协调欧盟范围内各国公司治理制度的差异，欧洲委员会2003年5月21日发布了推进整个欧洲公司法现代化的《欧盟公司法行动计划》（以下简称《行动计划》）③，董事报酬规制成为其中一个主要组成部分。《行动计划》在董事会改革部分对董事薪酬做出建议，认为董事薪酬决定是股东与经营者之间存在利益冲突的重要领域，薪酬决定权应由独立性很强的非业务执行董事或监事会成员独享；股东应该可以在薪酬决定前后对报酬额、与公司业绩关系进行监视，业绩联动报酬的决定权也应赋予股东。为实现这些目的，《行动计划》认为需要构建以下几项制度：年度报告中的薪酬方针披露、年度报告中的董事个人薪酬详细披露、董事参与的持股计划与股票期权的股东事前承认、年度报告中的持股计划与股票期权成本披露。前述几项制度先期可以采用建议的方式，再视其实施情况，中期如有必要则采取立法措施落实。④

随着公司治理实践的深入以及近年有关高管薪酬争论的推进，欧洲委员会意识到董事报酬对公司治理的重要性，恰当的高管薪酬对于吸引有才能的人才为公司所用、防止人才流失非常重要，尤其在经理人市场非常发达的欧美更具有重要意义。并且，经营者薪酬的恰当设定既可给予高管经营行为极大激励，也可抑制高管不当业务执行，已成为规制经营者行为的主要手段之一；同时高管薪酬支付

---

① ［加］布莱恩·R. 柴芬斯：《公司法：理论、结构和运作》，林华伟等译，北京：法律出版社，2000年版，第337－338页。

② 文杰：《公司高管薪酬法律问题研究》，《上海财经大学学报》，2010年第4期，第48页。

③ 有关该《行动计划》的详细介绍，参见［德］克劳斯·J. 霍普特：《欧洲公司法与公司治理：欧洲委员会的〈行动计划〉通往何处?》，赵明霞等译，载沈四宝等：《公司法与证券法论丛》，第2卷，北京：对外经济贸易大学出版社，2006年版，第193－216页。

④ 大崎貞和「EUにおける会社法改革の行動計画」資本市場クオータリー夏季号1頁以下（2003年）。

也成为公司所有业务执行行为中极易产生股东与经营者利益相反危险的领域。①考虑具有较高透明度且受到合适公司治理机制约束的薪酬体系对构建投资者信赖与提升市场效率具有重要作用，2004 年欧洲委员会发布了《上市公司董事报酬恰当制度促成建议》（以下简称《薪酬建议》），以期通过提升董事薪酬透明度强化对高管薪酬的管理，恢复投资者的信赖，促使薪酬与业绩相联动，回避过高薪酬状况的出现，提升经理人市场的效率性与竞争力。②

《薪酬建议》遵循《行动计划》的基本精神，在比较各国公司治理原则基础上，就欧盟领域内期望的薪酬决定和信息披露方法、信息披露制度扩充与特定薪酬形式的股东参与、薪酬委员会独立性及作用的明示等事项做出建议，并在充分考虑各成员国自主性基础上对这些事项采用“遵守或说明”③ 的间接的具有强制约束性质的规制手段，以“谋求薪酬决定制度具有充分的透明性并在适当的管理与监督下加以运用”④。这种规制手段仅限于建议层面，即使某些规则直接规制，也未对各成员国课以国内法化的义务。

由于欧盟成员国公司治理结构复杂多样，高管薪酬决定方法各不相同，为全面照顾各国法律制度传统，欧洲委员会的各种建议并未就薪酬具体方法进行全方位规制建议，而是重点集中在薪酬披露规制上，重点讨论薪酬方针制定与披露、薪酬方针的股东参与、董事报酬的个别披露、以股票为基础的薪酬支付、薪酬委员会构成及其机能等问题。欧洲委员会认为，薪酬方针的披露能为股东或投资者提供薪酬体系各要素的评价依据，帮助其更好理解薪酬原则，有助于强化公司对股东的说明责任，也对决定个别董事薪酬有益，其不仅在股东享有薪酬决定权的公司中有效，而且在股东没有薪酬决定权的公司中也能让股东明确把握董事薪酬的各种条件。因此，建议上市公司应将本公司概括性的薪酬方针作为薪酬决定前的信息提供给股东；应将下一年度董事的薪酬方针通过薪酬报告书加以披露，重点记载确定报酬与变动报酬的概要、业绩基准、奖金或非货币薪酬支付条件等信息，并在公司与董事之间缔结的任用合同中说明这一方针。欧洲委员会同时认为，股东大会讨论、决议薪酬方针是确保股东对薪酬方针表达意见、给予实质性影响力的唯一有效率的方法，为强化股东对薪酬决定的参与，《薪酬建议》提议将薪酬方针作为股东大会议题。在董事报酬的个别披露上，欧洲委员会认为董事报酬的个别披露可以确保透明度，使股东从公司业绩角度评价董事薪酬成为可

---

①④　菊田秀雄「EUにおける取締役報酬規制をめぐる近時の動向——EUおよびイギリスにおける展開を中心に——」駿河台法学 22 巻 1 号 21 頁以下（2008 年）。

②　相原隆、出口哲也、井上佳人、谷口友一译「取締役の報酬に関する2007 年欧州委員会スタッフ報告書」法と政治 60 巻 3 号 111 頁以下（2009 年）。

③　《薪酬建议》采用的“遵守或说明”规则直接借鉴了英国的自主规制规则，成员国可以选择遵守《薪酬建议》，也可以选择不遵守《薪酬建议》，若选择不遵守，则必须说明理由。

能，因此支持薪酬的个别披露并制定了详细的披露项目。另外，欧洲委员会认为股票报酬虽然能够促进股东与董事双方利益的一致性，但股票报酬并不能完全消除经营者与股东间的利益冲突，隐藏着一定的副作用——可能会给董事带来短期获得成果的压力，也可能将金钱利益和公司控制权从股东转移给董事，股价与公司财务业绩挂钩会诱惑董事过分夸大公司业绩等。为解决这些问题，《薪酬建议》认为，应对基于股份的薪酬支付设置严格的程序规制，应进行股东大会的事前承认，并披露。在薪酬委员会的构成上，欧洲委员会认为独立的非业务执行董事或独立董事至关重要，由于利益冲突不仅在经营者与股东之间产生，而且在控股股东与少数股东之间也会产生，因此独立董事不仅要独立于经营者，还要独立于控股股东，因此建议薪酬委员会成员由过半数的独立董事构成。

2007 年欧洲委员会为了评估《薪酬建议》在成员国的履行情况，发布了《关于董事报酬的 2007 年欧洲委员会工作报告书》。报告书发现，多数成员国对董事个人报酬引入了高标准的披露标准，相当多的国家超过《薪酬建议》水准将披露义务化；而在股票报酬的股东决定建议上，绝大多数成员国也采纳了这一建议，甚至还有国家将其义务化；不过在薪酬政策的股东承认建议上，除了少数几个国家接受外，绝大多数国家不主张股东广泛介入薪酬政策的决定。[①] 在一定程度上可以说，《薪酬建议》的影响力很小。[②]

2. 2009 年欧洲公司治理论坛声明

为更好地了解各国公司治理实际、提供更为专业的政策建议，欧洲委员会 2004 年末开设了由官员、投资者、企业、学者组成的“欧洲公司治理论坛”，先后围绕欧洲公司法的发展发表了若干份建议，并于 2009 年 3 月响应金融危机引发的全球高管薪酬质疑，发布了《关于董事报酬的声明》（以下简称《声明》），明确建议上市公司采用含有确保薪酬决定过程与董事个人薪酬数额披露方法的指令。

《声明》认为，应当在董事报酬方针等的披露、董事薪酬决定过程、董事报酬内容三个方面进一步推进高管薪酬的规制。具体建议如下：

在董事报酬方针等的披露方面，应该强制欧盟所有上市公司披露薪酬方针、董事个人薪酬以及这些内容的实质性变更。这是因为，薪酬方针内容的披露以及每个董事薪酬的披露不仅对股东恰当控制董事薪酬很有必要，而且对股东正确评

---

① 相原隆、出口哲也、井上佳人、谷口友一译「取締役の報酬に関する2007 年欧州委員会スタッフ報告書」法と政治 60 卷 3 号 111 頁以下（2009 年）。

② 正井章筰「EUにおけるコーポレート・ガバナンスをめぐる議論——ヨーロッパ・コーポレート・ガバナンス・フォーラムの声明を中心として——」比較法学 43 卷 1 号 1 頁以下（2009 年）。

价薪酬结构产生的风险也很重要。信息披露应达到足以使股东充分理解薪酬构成要素的详细程度，还应包含奖金支付条件达成程度、年金取得资格、年金增加、其他现物获得的利益等详细信息。

在董事薪酬决定过程方面，《声明》建议执行董事不能参与其自身薪酬的决定，而应委托给非业务执行董事和股东决定。在股东不决定每个董事薪酬的情况下，薪酬方针应规定其薪酬支付由非业务执行董事决定，该非业务执行董事应独立于公司和业务执行董事。股东应对薪酬方针及其实质性变更有投票权，且对给予董事股份或取得股份权利的计划、基于股价联动给予薪酬的计划均应进行承认。对董事薪酬提出建议的薪酬顾问应独立于公司、业务执行董事及其上级经营者，且应仅向非业务执行董事提出建议，并由其提名。

在董事报酬内容方面，《声明》认为，董事薪酬结构由公司和董事会决定，应当尊重各成员国的惯例与传统，不应采用强制性方法进行规制。不过，根据之前的经验，一个良好的惯例应当包含下列标准：薪酬方针更应促进中期与长期利益、应当适当考虑对公司风险的激励效果、应当排除过度报酬、市场操纵范围尽可能小等。基于此，《声明》认为，良好惯例应包含下述重要因素：变动薪酬的额度与薪酬总额相比应当是适当的金额；变动薪酬应当与体现公司实际成长、公司与股东实际财富创造的指标相联动，非业务执行董事需独立审查这些指标；股票期权应延期行使，且根据业绩状况调整减轻，以降低董事的市场操纵风险；根据长期奖励制度支付给董事的股份应在业绩满足条件后给予，且应保有至雇佣终止；在可能的范围内，公司应当保留取回业务执行董事因不正当行为或违法行为取得的业绩联动薪酬的权利；向业务执行董事支付的退休金应控制在年度报酬额的两倍之内，如因业绩不佳解任，禁止支付离职金；业务执行董事薪酬不仅要考虑同类型公司的薪酬水平，还要考虑公司内其他人员的薪酬水平；非业务执行董事享有业务执行董事薪酬变更的裁量权。

应该说，《声明》建议强制所有上市公司披露薪酬方针等信息，既有试图实现股东控制董事薪酬的意图，也有解决现实问题的需要，因为仅有60%的成员国实现了薪酬方针披露的义务化。并且《声明》强调薪酬方针应促进中长期利益，也指出了股票期权存在的危险性并提出相应的解决措施，重视薪酬决定过程中非业务执行董事、股东、独立薪酬顾问的作用，也对业绩联动型报酬的规制提出了相应的规制建议。这些建议总体上符合当前社会各界对高管薪酬的看法，应当是比较妥当的。不过，《声明》本身不是制定法，相关建议只能通过公司治理机制加以实现。如果在欧盟指令中加以确定，就可以国内化具有法律约束力，但如果仅仅是报告的话，就不会对公司、经营者产生约束力。这在一定程度上制约了《声明》本身对高管薪酬规制的效用。

（二）主要经验

1. 董事薪酬规制置于公司治理结构完善框架内进行

从前述的《薪酬建议》和《声明》可以发现，有关董事的薪酬规制置于公司治理结构完善的框架下，重点围绕少数股东的保护、独立的非业务执行董事作用的发挥、薪酬委员会的构成和机能发挥构建高管薪酬的规制建议，拓展了独立董事的标准，也为薪酬委员会的正常运转创造了良好的制度环境。欧盟在高管薪酬规制措施中对薪酬与业绩的联动也提出了非常详细的操作要求，特别强调剔除薪酬形式可能带来的风险，并赋予独立董事相应的薪酬调整权以及公司保留薪酬取回权，这些措施有助于减少不当薪酬的出现。

2. 利用公司治理实现比制定法更为严格的规制

借鉴英国公司治理采用的“遵守或说明”原则，将各种建议通过公司治理原则对上市公司产生约束力，在尊重制定法的前提下，起到补充完善的作用，并且通过采用“遵守或说明”这一较为灵活的自主规制原则，可以实现比制定法更为严格的规制。因为成员国可以对建议措施进行选择适用，如果建议的规制措施不比制定法更严格也就没有任何意义。在制定法强制规制不断缓和的当下，“规制放松会提升高管薪酬”① 的实证结论又给世人提出了加强规制的需要，如若辅之以比制定法更为严格、更为灵活的自主规制，则既能满足社会放松规制的发展趋势，又能及时解决现实中出现的棘手问题，既可以兼顾不同公司自身不同的治理环境，又可以顾及不同区域治理差异。欧盟的这一规制方式值得关注。

3. 充分照顾各国具体实践，注重规制措施的现实可行性

欧洲委员会发布的各种董事薪酬规制建议很大程度上反映了英国各种报告的精神，可以说，欧盟公司法现代化作业尤其是高管薪酬规制受到英国法很大的影响。② 欧洲委员会为了完成成员国范围内的公司法统一，充分比较和借鉴各国公司法律制度与公司治理标准，在此基础上提出的建议自然会反映不少英国公司治理制度改革的成果。不过考虑成员国规制制度的多样性，欧洲委员会的建议采取了更为务实的态度，并未照搬英国的所有规制措施，例如，对薪酬方针的股东大会决议，英国将其义务化而《薪酬建议》并未采纳，薪酬委员会的构成上，英国要求全部成员均为独立的非业务执行董事，而《薪酬建议》仅仅要求过半数成员为非业务执行董事或独立董事。虽然商法领域最容易超越国家间的差异而实

---

① 姜涛：《放松规制、企业特征与高管薪酬——来自中国发电类上市公司的证据》，《郑州大学学报》（哲学社会科学版），2010 年第 3 期，第 83 页。

② 菊田秀雄「EUにおける取締役報酬規制をめぐる近時の動向——EUおよびイギリスにおける展開を中心に——」駿河台法学 22 巻 1 号 21 頁以下（2008 年）。

现规制的共同化，但是各国的文化隔阂依然森严，欧洲委员会注意这些差异谋求规制共同化的同时尽可能寻找更为优良的规制方法无疑为各国借鉴移植域外立法经验提供了示范。

四、德国高管薪酬法律规制立法实践及其经验

（一）立法实践

1.《股份公司法》和《商法典》的薪酬规制

现行德国《股份公司法》第 87 条继承 1937 年《股份公司法》的规定，对高管薪酬进行了相应的规制安排，明确赋予监事会确定董事薪酬的权利，要求监事会在确定每位董事会成员的全部收入时（工资、分享红利、费用补助、保险补偿金、佣金以及各种附加收入）必须考虑总收入与董事会成员任务、公司状况相适宜。这一点也原则适用于养老金、家属抚慰金以及类似情况的现金支付。如果薪酬确定后，公司经营严重恶化，继续保证事前确定的收入若致公司处于严重的不合理状态中，监事会有权适当削减该笔收入。不过法律为保障董事的合法权益，赋予董事合同解除权，董事可以宣布在下一季度结束时解除该任用合同，解约通知期限为 6 个月。另外，在公司破产程序启动后，破产管理人宣布解除董事的劳务合同，则该董事可获得相应损失补偿，但最多只能获得自劳务关系停止后两年的补偿。

对于享有薪酬决定权的监事会成员的薪酬，《股份公司法》第 113 条明确规定，监事会成员可以因其工作而获得报酬。报酬可以在章程中加以规定，或者由股东大会批准。报酬应当与监事会成员任务和公司状况相适宜。如果在章程中已经对报酬做出了规定，那么股东大会也可以简单多数决修改章程来降低报酬。同时，为了“防止规避前述监事报酬的规定”,①《股份公司法》第 114 条、第 115 条进一步对监事薪酬做出规定。第 114 条规定公司与监事签订的服务合同、项目合同和咨询合同必须得到监事会的同意，监事会应当对公司拟支付的报酬进行审查；第 115 条规定公司只有在取得监事会同意的情况下，才能向监事会成员提供信用贷款。如果是支配公司，则只有在取得监事会同意的情况下，才能向从属企业的监事会成员提供信用贷款；如果是从属公司，则只有在取得支配企业监事会同意后，才能向支配企业的监事会成员提供信用贷款。同时，只能对某些信用业

---

① ［德］托马斯·莱塞尔、吕迪格·法伊尔：《德国资合公司法》，高旭军等译，北京：法律出版社，2005 年版，第 205 页。

务或某种信用业务予以同意，并且事先要明确贷款期限不得超过3个月；这一同意决定应当规定贷款的付息和偿还要件。前述规定同样适用于向监事会成员的配偶、未成年子女、为了上述人的利益或为了监事会成员的利益而从事经营活动的人员提供的信用贷款。违反前述规定而提供的信用贷款，在没有得到监事会事后追认的情况下，应当立即收回信用贷款。①

德国《商法典》对高管薪酬披露做出了相应安排。《商法典》第285条就薪酬披露范围和披露对象做出规制，明确要求在公司资产负债表、损益表附录中注明业务执行机构、监事会、咨询委员会或类似机构的成员在该年度从事活动而获得的总薪酬（薪水、分红、认购权、费用补偿、保险薪酬、佣金和任何种类的从给付）。不予支付而被转变为其他种类请求权或被用于提高其他请求权的薪资也应计入总薪酬。除年度薪资外，还应注明在该年度给予的但至今为止尚未在年度决算中注明的其他薪资。另外，还需要记载提前给予的预付款和公司提供的贷款，并注明利率、主要条件和此种情况时在该年度偿还的数额等信息。在薪酬披露对象上，业务执行机构、监事会、咨询委员会或类似机构的成员全部属于披露对象，且业务执行机构、监事会成员的姓名、职业也需要披露，还要注明监事会主席、董事长等身份。② 从这一规定可以看出，虽然德国并未要求薪酬的个别披露，但通过总额的披露，人们可以计算出每个公司董事的平均薪酬，“既在一定程度上维护了股东、职工和社会公众的信息权，又照顾了相关董事的隐私权，因而是双方妥协的结果”。③

2. 2002年《公司治理准则》

2002年2月，德国公司治理委员会发布《公司治理准则》（以下简称《准则》），借鉴英国1998年综合规范的做法，采用“遵守或说明”的手段，以现行《股份公司法》第161条为基础进行自主性规制。《准则》将《股份公司法》、《商法典》等不同法律中分散的有关公司管理与监督的法律规定用概括性的、易于理解的方式进行整合，其包含“得到国际和国内承认的、良好的、完全负责的公司治理标准，应使德国公司治理体系透明化和易于理解，将促进国际和国内的投资者、顾客、雇员和公众对德国上市公司领导和监督的信任”。④

《准则》特别加强对董事的约束和激励。《准则》建议董事的忠实义务包括利益冲突交易的披露义务，即董事会成员必须向监事会及时披露其利益冲突交

① 《德国股份公司法》，贾红梅等译，北京：法律出版社，1999年版，第71-73页。

② 《德国商法典》，杜景林等译，北京：中国政法大学出版社，1999年版，第97-98页。

③ ［德］托马斯·莱塞尔、吕迪格·法伊尔：《德国资合公司法》，高旭军等译，北京：法律出版社，2005年版，第154页。

④ 胡晓静：《实践〈公司治理规则〉的法律途径——论修订后的〈德国股份法〉第161条》，《当代法学》，2005年第4期，第129页。

易，并向董事会其他成员发出通知。《准则》也注重对董事的激励，建议董事会成员的薪酬应该由固定薪金和浮动薪酬组成，浮动薪酬应该包括一次性支付的报酬和一年度支付一次的报酬，并且应当与公司的经营业绩挂钩，从而形成对董事会成员的长期激励；为了确保董事报酬的合理性，监事会在确定董事报酬时，必须考虑董事的收入与该董事的任务和公司的经营状况是否相适宜；董事报酬确定后，如果公司经营业绩发生不利变动，必须相应地削减董事报酬。

2003 年德国联邦司法部长和财政部长共同提出《联邦政府改善公司治理的措施目录》，进一步补充了《公司治理准则》的措施。建议如果董事报酬出现严重不当，而监事会却怠于行使监督权，特别是监事会不当授予董事股票优先认购权时，监事会成员要对公司承担个人责任，且董事负有返还所获不当报酬的义务。①

为验证上市公司对《公司治理准则》的遵守程度，公司治理委员会每年会发布调查报告。2007 年 5 月报告显示，《公司治理准则》中的监事会审议董事薪酬结构建议、监事报酬与公司业绩联动的建议被 86.2% 的调查对象采用。② 这说明《公司治理准则》已经得到德国公司的普遍接受，并且已经具有了较好品质，不过依然有值得改进的地方。2007 年 7 月，公司治理委员会针对提前离职补偿金支付问题对《公司治理准则》进行了重大修改，对提前离职的退休金支付设定上限。即公司与董事订立合同时，需要注意支付给提前离职董事的退休金在没有重要理由时不能超过两年报酬总额（补偿上限），也不能支付比任用合同剩余有效期间报酬更多的金额。在确定补偿上限时，需要综合考虑上年度所有报酬额与本年度可能获得报酬额。另外，因公司控制权变动导致董事提前离职的，补偿金支付不能超过补偿上限的 150%。如果上市公司采用这一规则，则补偿金的确定规则需要在公司附属明细书中加以叙述并记载支付情况，同时要求监事会决定这一补偿金的支付。

3. 2005 年《董事报酬披露法案》

“安然丑闻”之后，高管薪酬问题也在德国国内引发广泛关注，要求规制高管薪酬的呼声高涨。在此背景下，2005 年德国制定通过了《董事报酬披露法案》，对董事薪酬做出详尽规定。《董事报酬披露法案》明确将董事薪酬类型划分为工资报酬、退休奖金和其他奖励，在任用合同终止时还包括各种附加福利以及第三人允诺或同意在每个财务年度就董事工作给予的利益，工资报酬包含固定

① 奇树洁、陈文清：《德国公司治理改革的新动向》，载李荣林：《欧盟公司治理——经验借鉴与中国实践》，天津：天津大学出版社，2006 年版，第 109－118 页。

② 正井章筰「ドイツ・コーポレート・ガバナンス規準の2007 年改定について」比較法学 42 巻 1 号 233 頁以下（2008 年）。

工资和浮动部分。在薪酬披露方面，要求以薪酬报告形式披露，也可作为公司治理报告的一个组成部分；需要进行个别披露，详细披露董事会每一成员的名字、薪酬数额，并将薪酬分为与业绩相关、与业绩不相关、长期激励三个部分；需要以方便股东理解的方式披露薪酬方针，包含对长期激励效果的股票期权或类似计划的评估，披露退休金计划、不同于普通员工的离职补偿金以及公司提供的附加福利信息。

从上述规定可以看出，《董事报酬披露法案》原则上强制董事报酬的个别披露，立法者试图通过董事薪酬个别披露实现一定程度的薪酬额制约。不过事后的事实证明，立法者的这一立法意图并未得到实现，高管薪酬依然高涨。

4. 2009 年《董事薪酬合理性法案》

为进一步实现现行《股份公司法》第 87 条规定的监事薪酬合理性注意义务，响应 2008 年以来全球高涨的抑制高管不合理高薪的呼声，进一步提升监事会的注意义务，2009 年 6 月 18 日德国联邦议会表决通过了《董事薪酬合理性法案》,① 8 月 5 日正式实施。该法案是联邦政府对金融危机的反应。德国立法者认为，将薪酬与公司盈利和股票价格相联系，会导致管理者冒不负责的风险。因此，合理性高管薪酬的本质是可持续发展原则，而不是为短期目标努力。德国股份公司的管理人员应采取最佳行动，保持公司长期利益。此外，《董事薪酬合理性法案》还加强了董事会在确定高级管理人员薪酬时的监管责任，对股东和公众改善了薪酬的透明度。以至于学者认为该法案立法目的主要集中在以下三方面：强化高管薪酬构造给予企业经营持续性、长远性的激励；强化与具体化董事薪酬决定中的监事责任；改善董事薪酬对股东的透明度与董事报酬的信息披露。② 有关《董事薪酬合理性法案》的具体要点与评述，第二章已有述及，这里不再赘述。

（二）主要经验

1. 客观评价自身问题，有针对性加以改进

德国所有高管薪酬改革立足于本国公司治理实际，在“德国公司治理模式总体上仍然运转良好，没有进行根本变革必要”③ 认识基础上，针对内外部公司治理环境的变化以及本国存在的监事会成员过多、缺乏足够信息的问题，重点集中在有效提高监事会运作效率和提升公司运营透明度两个方面进行改革。与美国、

① 法案德文名称为：Gesetz Zur Angemessenheit Der Vorstandsvergütung，简称 VorstAG；英文名称为：the New German Reasonableness of Management Remuneration Act。

② 伊藤靖史「ドイツにおける取締役報酬に関する規律——近年の動向——」同志社法学 62 巻 2 号 142 頁（2010 年）。

③ 彭真明、陆剑：《德国公司治理立法的最新进展及其借鉴》，《法商研究》，2007 年第 3 期，第 148 页。

英国不同，德国公司治理结构采取股东中心主义以及员工共同决定机制，股东与员工对公司高管的控制力度一直很强。虽然近年出现的高管薪酬失控现象不如英美严重，但也说明德国历来的“监事会与董事会两层组织模式下的劳资共同决定为支柱的公司治理结构无法防止企业丑闻的发生、削弱了企业的竞争力”，① 需要进一步提高监事会运作效率。因而借鉴和接受欧美有益的规制措施，引入董事薪酬个别披露、薪酬决定权人薪酬调整权、薪酬合理性注意义务、不当薪酬支付损害赔偿义务以及薪酬取回权等，力图利用责任机制增强薪酬决定权人的能动性，从而实现对高管薪酬的有效控制，保障公司财产的合理运用。

2. 针对高管薪酬专门制定操作性强的法案

德国在评析原有规制制度的基础上，针对高管薪酬的披露与合理性问题分别制定了相应的法案，既将所有规制制度集中汇集在一起，有助于薪酬规制措施的了解和运用，又针对原有制度存在的问题及时改革，注重制度的前后衔接配合，使之具有极强的可操作性。尤其将薪酬决定权人的薪酬决定合理性注意义务直接立法明确化，而非像其他国家那样留给解释论解决，并对注意义务具体判断标准以及义务违反后的责任追究进行了完善。应该说德国法上的这一做法已经远远走在了其他国家前面。同时，2003 年《联邦政府改善公司治理的措施目录》建议的董事返还不当报酬的义务也比美国的不当利益返还义务更近一步。这是因为，德国建议的董事返还义务是以董事薪酬严重不当为前提的，而董事薪酬严重不当既可能是因为董事违法操纵财务报表等行为导致，也可能是因为公司状况发生重大变化而变得不正当，这一变化与董事本身并无直接关系。换言之，无论董事是否有过错，薪酬严重不当时都负有薪酬返还义务，而美国的董事薪酬返还义务则被严格限定在董事行为严重不当的狭窄范围内。并且，通过立法的方式将责任法定化，也为司法介入薪酬合理性审查提供了制度接口。

五、日本高管薪酬法律规制立法实践及其经验

（一）立法实践

日本特有的企业文化以及年功序列制薪酬制度的实施，使日本高管薪酬一直保持在较低的水准上，与员工之间的差异不大，因此，日本《商法》对高管薪酬的规制主要停留在防止董事自定薪酬的“自肥”问题上，要求董事薪酬由章

---

① 清水一之「ドイツにおけるコーポレート・ガバナンスと外的・内的要因——株主構造の変化と監査役会の変化——」商学研究論集 24 号 215 頁以下（2006 年）。

程或股东大会决议确定。然而经过20世纪90年代长达10年的萧条后，日本急需重振经济，激励高管提升企业的全球竞争力，从而进行了一系列放松规制的法律改革。总体而言，日本对董事的规制态度主要是激励董事努力提升公司业绩，并引入董事薪酬的激励措施，董事责任归责原则也由无过错原则调整为过错原则等。

1.2002年《商法》修改

2002年日本进行了《商法》和《商法特例法》的修正，在坚持日本传统公司治理模式（采用这种模式的企业称为传统型公司或设置监事会公司）基础上允许企业自主选用美国式公司治理模式（采用这一模式的公司称为设置委员会公司），确定了设置监事会公司与设置委员会公司两套不同的薪酬规制制度，由此奠定和形成了日本高管薪酬规制的基本框架体系。即在薪酬决定机制方面区分设置监事会公司与设置委员会公司，安排不同的决定程序，而在信息披露方面则统一规制。需要说明的是，一直以来，日本《商法》在高管薪酬规制方面，未对各种职责不同的代表董事、业务执行董事、外部董事等加以区分，而是统一视为“董事”处理。因此，在设置监事会公司中，董事报酬与业务执行者报酬很难区分。然而在新引入的设置委员会公司中，引入这一制度的目的本身就是谋求业务执行与意思决定、监督的分离，也就需要重新构建业务执行者报酬这一概念。①

在设置监事会公司高管薪酬规制制度方面，以防止董事自定薪酬“自肥”为目的的2002年《商法》第269条规定，设置监事会公司必须在章程中规定支付给董事的具体薪酬中值金额或者中值金额的具体计算方法以及非金钱支付的具体内容，章程未规定时由股东大会决议决定，向股东大会提交新的薪酬议案或修改议案时，董事长负有向股东大会披露薪酬相当的理由。这条规定基本承继了之前商法对高管薪酬的规制，董事薪酬决定权控制在股东手中。不过理论界和实务界均认为无需就每个高管薪酬做出详细决议，只需决定董事薪酬总额即可，股东大会可以将每个董事的具体薪酬决定全权委托给董事会或董事长。同时，为了保障监事的独立性，《商法》第279条规定，监事报酬由章程或股东大会决定，若同时存有多个监事，则每个监事具体薪酬在章程或股东大会决议范围内根据监事一致同意协议或监事会决议进行确定，当然监事的同意也可以多数决方式或委托给特定监事进行确定。就设置监事会公司的高管薪酬规制，2002年《商法》修改并未做大的变动，只是在原有单一的固定性薪酬基础上为激励董事、促进董事薪酬与

① 四竈丈夫「会社役員報酬の対価性と合理性（二・完）——米国デラウェア州判決を中心に——」早稲田大学大学院法研論集108号173頁以下（2003年）。

业绩关联而增加了非确定型薪酬形式，[①] 对公司课以薪酬议案理由的披露义务。

在设置委员会公司高管薪酬规制制度方面，根据《商法特例法》第 21 条的规定，公司必须设置薪酬委员会，薪酬委员会拥有决定董事薪酬的权限。换言之，仅能依据薪酬委员会决议决定薪酬，股东大会不享有薪酬决定权，薪酬委员会决定每个董事和高级管理人员的具体薪酬内容，并且必须确定每个高管的薪酬方针并在营业报告书中记载。同时规定对设置委员会公司高管不能进行奖金分配，而是将其一并纳入薪酬考虑。另外，为确保薪酬委员会的独立性，《商法》要求薪酬委员会由过半数的外部董事组成，而且为确保董事会的监督职能，禁止董事兼任业务执行高管。

薪酬信息披露的规则主要根据商法实施细则和金融厅有关企业内容披露的内阁法令进行。商法实施细则规定，拥有表决权股东数 100 人以上的大股份公司在召开股东大会时必须交付或提供法务省令要求的供股东行使表决权参考的资料，其中如有高管薪酬提案时，则必须在参考资料中记载报酬确定基准或修改理由，如果仅仅是确定高管薪酬总额，则还必须合并记载高管人数；如是高管退休金的提案，则必须记载高管个人简历，如若根据一定标准确定退休金而委托给其他人决定具体金额时，则还需记载该标准的内容，不过如果记载该标准的书面材料置备于公司或采用法律允许的电磁方式记录供股东查阅则可免于记载。金融厅有关企业内容披露的内阁法令则规定，应区分外部董事和内部董事披露其薪酬内容。

2. 2005 年《公司法》修改及相应税法等的修改

2002 年《商法》修改后，为有效利用有限的人力资源，日本学界加强了高管激励制度的研究，极力推崇基于业绩的薪酬制度，实务界逐渐转向业绩联动型报酬标准，公司治理也要求董事职务、责任、薪酬标准明确化、客观化；同时董事会的监督机能进一步得到认识，实务界也要求构建提升董事会监督职能的机制，恰当披露董事薪酬帮助股东判断董事会薪酬决定是否适当也就成为重要的课题，而对设置委员会公司而言，在规制薪酬委员会构成基础上披露董事薪酬也同样是提升监督机能的重要安排。总之，为提升效率，需要构筑董事薪酬决定的业绩评价机能，需要对应于董事的职务、责任、业绩决定董事个人薪酬，并通过业绩联动型报酬的采用提升公司业绩。另外，实践中薪酬形式不断创新，呈现出多样化、灵活化的趋势，也对以规制“自肥”为目的的董事薪酬制度提出了新的挑战。2005 年日本董事协会发布《经营者薪酬指南》，就经营者薪酬方针的制

① 非确定型薪酬是针对金额确定的薪酬而言的，其典型形式就是业绩联动型薪酬。但在 2002 年《公司法》中，业绩联动型薪酬中的股票期权并未纳入薪酬规制范畴，而是作为新股预约权有利发行需要股东大会特别决议处理，其他业绩联动型薪酬方作为薪酬纳入薪酬规制范畴。同样奖金也作为利益分配不属于薪酬范畴，不受薪酬规制制约。

定、业绩联动型报酬的扩大、退休金的存废、薪酬委员会的决定机制、信息披露、税法修正等问题提出相应建议。基于这些认识，日本《公司法》2005年对董事薪酬规制进行了较大修改。主要对高管薪酬进行了抽象定义，调整了薪酬规制范围。《公司法》第361条规定，董事薪酬是从公司获得的职务执行对价，包含金额确定型薪酬、不确定型薪酬以及非金钱型薪酬，这样就将奖金、股票期权、福利待遇等从公司获得的具有职务执行对价性质的利益都纳入了薪酬规制对象范畴，可以有效遏制董事利用不同名义规避薪酬规制的努力。在披露方面，除了在股东大会参考资料中记载有关报酬计算标准等内容外，还要求在营业报告书中记载职务类别的薪酬总额与人数、或每个高管的薪酬总额。

为支持《公司法》修改引入的薪酬制度，2006年进行的税制改革做了三大改进：重新审视可以税前扣除的高管薪酬、创设股票期权费用税前扣除制度、扩大税制适格股票期权的适用对象。首先，在允许税前扣除的高管范围上，在董事、监事、执行官、理事、实质性从事法人经营活动的人基础上，追加会计顾问作为薪酬税前扣除的适格范围。其次，在税前扣除薪酬的内容上予以明确，除了传统的按月支付的工资外，还允许按照事前确定的薪酬额与薪酬支付时间支付的薪酬、能够确保薪酬计算程序恰当性与透明性的利益联动薪酬税前扣除，而股票期权费用税前扣除则在被授予者产生个税所属事业年度进行，奖金也随着公司法将其作为薪酬处理而成为税前扣除的对象。最后，新创设股票期权费用税前扣除制度，允许股票期权接受者行使期权获得的利益需要缴纳个税时可以将期权费用税前扣除。这实质上是税法上避免重复征税采取的措施。

3. 2009年公司治理相关规则发布与修改

2009年，日本相关机构分别发布《企业治理研究会报告书》、《上市公司公司治理强化》，修改了上市规则以及企业信息披露规则，就外部董事独立性要求、薪酬个别披露等问题做出修正。

为提升公司治理成效，日本经济产业省2008年12月设置企业治理研究会，就公司治理方法展开检讨，并于2009年6月发布了《企业治理研究会报告书》。其中涉及高管薪酬的主要是外部董事的独立性问题。近年来，日本理论界在是否引入独立外部董事以及独立性标准认定上分歧很大。有学者认为，法律对薪酬委员会的独立性用“外部性”表述，这一规制只不过是董事任职时的入口规制，并未要求外部董事就任后的实质独立性，既然设置委员会制度是借鉴英美的做法，就应当与英美一样采用“独立性”标准，并且追加独立性要件可以排除经营者对财务的影响。① 日本经济团体联合会主张外部董事引入义务化，但强烈反

① 四竈丈夫「会社役員報酬の対価性と合理性（二・完）——米国デラウェア州判決を中心に——」早稲田大学大学院法研論集108号173頁以下（2003年）。

对强化外部董事的独立性，而日本董事协会则强烈建议公司治理中引入独立外部董事制度，将董事的“外部性”标准全部替换为“独立性”标准，发布的《独立董事报告》中明确将“可以进行实质性独立判断”作为独立性的基准，并列举了将不符合标准的人作为独立董事需要特别说明责任的范围：公司大股东及其利益代表者、公司经营者或从业人员、公司控股公司的经营者或从业人员、与公司有或曾有重要交易关系的其他公司经营者或其从业人员、作为顾问从公司获得或曾经获得董事报酬之外的高额报酬的人、前述所有人员的近亲属、董事相互兼任的公司董事、长期担任公司董事者。2008 年 5 月发布的《日本公司治理白皮书》则认为下述人员不符合独立性标准：公司顾问、董事或高级从业人员的近亲属、公司从业人员或高级管理职务者、公司间相互兼任的董事或对该董事有很大影响力或实质影响力的人、公司控股股东或对公司经营层有利害关系的公司主要股东的代表或代表特定利益团体的人或特定利益团体的从业人员、专门顾问或与该公司有主要营业关系的人、成为公司业绩联动薪酬对象的人、与该公司关联性很高的业务竞争公司的董事。《企业治理研究会报告书》针对这些争议，提出了自己的观点。首先，认为独立性是站在与经营层独立的角度，应是指与经营层之间没有利害关系，因此明显受经营层控制或明显控制经营层的人也很难说具有独立性。其次，在董事的外部性或独立性标准问题上，赞同为保护股东利益应引入与股东没有利益冲突风险的独立高管，但并不赞同将董事的“外部性”标准全部替换为“独立性”标准，这是因为，日本公司治理模式具有多样性，完全照搬英美的独立性要求也不符合日本的实际，考虑董事的外部性具有多样性，也为了保障公司治理的实效性，没有必要全面替换外部性标准而引入独立性标准。最后，由于最适合企业的全面考虑董事独立性与公司治理实效性要求的公司治理构造可以在与股东的对话中合意形成，因此，公司应充实信息披露。①

同日，金融厅金融审议会金融分会发布《日本金融、资本市场国际化研究报告——上市公司公司治理强化》。报告认为，虽然公司法要求披露每个高管类型的薪酬总额，有价证券报告书的“公司治理披露”项目中也以“高管报酬内容”方式进行了披露，但法律未必就记载方法、薪酬种类、薪酬决定方针等明确做出规定。考虑到高管薪酬是股东或投资者决定经营者激励体系的重要信息，高额报酬或股票期权可能对经营者带来过度短期激励的弊端，强化高管薪酬决定过程的说明责任是非常重要的课题。因此应当谋求薪酬披露的充实，在披露薪酬政策的基础上还应当披露各种业绩联动薪酬形式。

在此基础上，2009 年 12 月 22 日东京证券交易所修改上市规则，12 月 30 日

---

① 企業統治研究会『企業統治研究会報告書』(2009 年 6 月 17 日)。

正式实施。上市规则涉及高管薪酬规制的主要措施是将独立高管选任义务化并对其披露作出调整。独立高管选任义务化方面，上市规则认为，为了保护普通股东利益，有必要确保外部董事、外部监事中至少一人以上成为与普通股东不产生利益冲突风险的独立高管，违反前述规定则成为实效性确保措施的对象；如果独立高管任职期间丧失独立性，需要向证交所提交申报书，并在公司治理报告书中披露，证交所考虑独立高管丧失独立性理由或申报书情况，判断公司是否成为实效性确保措施的适用对象；独立高管候选人如果可能受到上市公司经营者明显控制或能明显控制经营者的情况下，有必要事前征求证交所意见。证交所根据以下标准判断与股东利益产生冲突的风险高低——该公司母公司或关联公司的业务执行人、该公司的主要供应商及其业务执行人或者公司的贸易伙伴及其业务执行人；从该公司获得除高管薪酬之外的高额金钱以及其他财产的顾问、会计专家、法律专家；前述三类人员的近亲属。另外，要求向证交所提交独立高管申报书，并供公众阅览，这一措施试图期待股东、投资者与公司就独立高管的独立性、适格性进行对话，并有助于证交所根据申报书判断独立高管的适格性。上市规则还要求独立高管的新任、解聘、属性等产生变动时原则上需要提前两周向证交所申报。在独立高管的披露方面，上市规则要求在公司治理报告书中披露确保独立高管的措施，如果聘任证交所根据前述判断标准认定利益冲突风险很高的人做独立高管，还需要说明聘任理由；聘任理由需要包含独立高管聘任前的详细经历、经过第三方评定的经过等。证交所试图通过披露实现更好判断独立高管的适格性以及间接地阻止聘任有疑议独立高管的目的，披露聘任过程也是为了尽可能排除与经营者有关系的人进入独立高管范畴。①

2010 年 2 月 12 日，日本金融厅修改并发布《企业内容等披露内阁法令》，将日本一直沿用的高管薪酬整体披露修改为有条件的个别披露。新的法令明确要求从 2010 年 3 月起上市公司以及提交有价证券报告书的非上市公司有义务在其有价证券报告书中记载高管总数、每个高管的金额、报酬决定方法、支付形态等。

（二）主要经验

1. 重点在薪酬决定程序上着手，避免利益冲突

由于日本公司治理的特殊性，薪酬问题并不突出，因此薪酬规制重点集中在薪酬决定权限的分配上，而在信息披露方面不太重视，董事的独立性方面要求相比英美而言也不太严格，其注重实效性的观点和做法值得我们学习。

---

① 穂高弥生子、川中浩平「独立役員の選任義務化等に関する東京証券取引所における新たな規制の概要」，http：//www. mofo. jp/topics/legal - updates/legal - updates/20100122. html，2010 年 1 月 22 日。

2. 注意发挥制度的整体合力

综观日本的制度改革，一旦公司法做出修改，与此制度相关联的税法、会计法等制度也做相应研究和调整，如公司法将股票期权作为薪酬形式引入后，为鼓励这一有利于促进薪酬与业绩关联的薪酬形式的运用，会计规则很快将其费用化，税法也及时修改将其纳入税前扣除范围，所有制度都以鼓励这一薪酬形式运用为指向，相互配合，形成整体合力。

六、域外高管薪酬法律规制的趋势及对我国的启示

（一）域外高管薪酬法律规制的趋势

高管薪酬制度未来的发展趋势将更加科学和有效，更具多样性和创新性，在各国之间将更加趋同。高管薪酬规制未来发展趋势主要包括以下几个方面：

1. 进一步完善与公司治理结构的结合，提高公司治理效率

高管薪酬规制置于公司治理结构完善的框架内，通过建立良好的内部治理结构，尤其是通过健全董事会制度，有效防止内部人控制，为建立高管薪酬制度创造良好组织环境；无论董事会中心主义还是股东中心主义的公司治理结构，都开始注重发挥薪酬委员会作用，薪酬委员会全部或大部分由不受控于公司管理层、公司控股股东的独立人士组成，对高管薪酬政策、程序、标准拥有完全的实施权和控制权，使薪酬决策能够有效地激励和约束高管人员行为，而且薪酬委员会成员的独立性标准不断严格，不仅要求与经营者保持独立，甚至还要求与公司保持一定的独立性；另外，注重发挥股东的控制作用，股东中心主义治理结构虽然不断降低股东对薪酬决定的参与度，但依然保留股东的监督作用，而董事会中心主义治理结构也开始逐渐引入股东的无约束力的投票决议，虽然引入这一制度的本意并非为加强股东的控制作用，但事实上也增强了股东对薪酬的约束力度。

总体上，从薪酬决定机制的规则强化、薪酬披露得更为细致全面、税法等对薪酬的特别调整等措施上可以发现，市场经济发达国家对高管薪酬的规制正呈现出不断增强的趋势。然而在宏观层面上，以美、英、日为代表的西方发达国家从20世纪70年代至今却出现了一股以放松规制为特征的政府规制改革浪潮，高管薪酬规制与政府整体规制二者改革方向背道而驰的现象值得我们关注和深思，这一现象也说明市场经济体制下政府规制的改革是动态多元的，并非绝对向某一方向发展，而是以市场机制本身的完善需求为立足点。

2. 披露越来越具体细化，个别披露是未来发展趋势

薪酬信息披露是各国薪酬规制的重点，不断增强高管薪酬制度的透明度，完

整、清晰、准确披露高管薪酬，降低股东与管理层之间的信息不对称，提高股东的监督能力，防止管理层败德行为发生是未来薪酬信息披露的发展方向，因此，各国信息披露的内容越来越具体、全面，董事薪酬的个别披露也在这一趋势下逐渐超越个人隐私保护的质疑而被各国采纳，薪酬政策、薪酬不同形式、薪酬内外部不同比较、薪酬变动趋势等也成为披露的内容。总之，信息披露朝着尽可能方便股东了解、尽可能比较高管薪酬合理性的方向发展。

3. 鼓励和促进薪酬与业绩联动

在促进股东与高管利益一致方面，鼓励薪酬业绩联动，合理设计业绩指标体系，加强短期指标与长期指标的结合，避免管理层短期行为，将财务指标与非财务指标结合，避免财务造假行为，使其不仅关注财务结果，更关注实现结果的过程。多种与业绩相关联的薪酬形式得以推崇，并且要求披露薪酬与业绩关联的信息。

4. 放松强制规制，同时增强自主规制力度

在经济全球化背景下，各国公司法相互竞争，其结果是各国纷纷放松商法的规制力度，赋予企业更多自治权，但公司治理失灵等问题依然存在。因此，强有力的自主规制受到各国青睐。可以预见，发端于英国的自主规制模式应成为未来各国规制的首选模式。即在公司法、证券法等放松规制的前提下，通过公司治理准则、上市规则、各种民间团体指南等方式制定比立法规制更为严格的措施让特定公司自主选择适用，从而实现宽严相济的适应不同公司环境的规制。

5. 多种手段复合使用，实现多重目标

高管薪酬本身蕴涵着复杂多样的价值目标，无论是促进公司治理效率提升公司价值，还是衡平股东与高管利益冲突、回应社会公平诉求，都不是单一法律制度能够解决的问题，需要综合公司法、证券法、税法、会计法等法律加以规范，以实现效率维护、公平调整。

同时，针对不同行业对社会经济生活的影响安排不同的规制措施，以促进某一行业发展或减轻行业特殊风险对社会整体经济安全的影响，这在域外高管薪酬规制措施中得以显现，无论是为了促进高科技发展对风险投资的鼓励措施，还是近年的金融危机应对措施都有所显现。可以预见，随着经济生活的发展，不同行业对社会生活的影响也会随之转换，新兴行业可能大量涌现，高管薪酬规制措施还会赋予更多的激励功能、约束功能被多次运用。

（二）域外高管薪酬法律规制对我国的启示

考察域外高管薪酬法律规制，其目的无非是为了发现其他国家和地区高管薪酬规制制度构建中的一般规律和取得的成功经验，并以此为鉴，结合我国公司治

理实践，提出我国高管薪酬法律规制的构建方略和制度设计。尽管作为考察对象的美国、英国、欧盟、德国、日本高管薪酬法律规制实践各不相同，但也表现出一些共性经验和做法，值得我们借鉴学习。

1. 高管薪酬规制应结合本国公司治理实际有针对性安排措施

虽然美国、英国、欧盟、德国、日本等国家和地区采取的高管薪酬规制措施各异，并且在经济全球化背景下主要以美国公司治理为范本相互借鉴学习，呈现出趋同的趋势。但由于“法律与秩序作为正式的制度安排，是以宗教信仰、道德意识等非正式制度为基础的”，① 尤其在作为范本的美国频繁出现“安然丑闻”、金融危机等问题后，各国也开始反思美欧等国的公司治理机制是否真正适合本国公司治理实践。日本学者明确提出，“指责日本公司治理问题的海外投资者所属的美国或其他欧美各国的公司治理体制与日本相比是否真的优越？特别是美国2000年初的‘安然丑闻’以及后来的AIG问题等相继出现，使人不得不怀疑美国型治理机制的机能，也有必要再次检讨是否应该将其作为范本”。② 鉴于此，各国非常注重外来移植制度的本土化问题，努力保持本国特色，结合本国公司治理实践，有针对性地加以改进，如英美两国在董事会中心主义理念下，坚持市场约束机制，重点进行薪酬信息披露扩张与薪酬决定权人独立性提升改革，同时也借鉴股东中心主义治理结构中投资者强大的控制作用而尝试引入无约束力的股东投票制度，而坚持股东中心主义的德国、日本在继续发挥股东控制作用的同时，引入薪酬信息披露制度与独立外部董事制度试图克服股东中心主义存在的固有缺陷。因此，我国在借鉴域外高管薪酬规制制度时也需要坚持分析我国的公司治理实践，从我国自身存在的特殊问题入手。例如，我国虽然与德国、日本有着类似的公司治理结构，但我国没有德国、日本那样的“大银行”制度，也没有日本那样的企业文化，同时没有英美两国发达的市场约束机制，而是外部市场不发达的约束条件下的“一股独大”治理结构，所有者缺位或越位现象严重，如何约束大股东的行为、保护中小股东利益成为我国治理结构所要解决的首要问题。并且，我国公司治理所面对的大环境也不相同，与发达国家公司所处的发达市场体系相比较，我国社会主义市场经济体制正处于建立、完善的过程之中，用来克服市场垄断、外部性及信息不对称的政府监管体系尚未建立、健全，我们的改革对象主要是计划经济体制下形成的政府统制经济的方式、方法。从这个意义上说，西方发达国家规制放松或规制改革的过程中，某些要放松、取消或改革的东西，

① 谢地：《规制下的和谐社会》，北京：经济科学出版社，2008年版，第5页。

② 安江英行「日米英のコーポレート・ガバナンスの状況と比較分析（上）」商事法務1904号25頁以下（2010年）。

可能正是我国政府监管体制或规制体制构建中需要补充、强化的东西。[①]

2. 高管薪酬规制应当综合采用多方法律机制配合

由于薪酬质疑本身隐含着多重价值目标，因此任何单一法律机制都不可能很好地解决问题，需要多方法律机制协调配合。在公司法的视角下，效率是其必须坚持的价值取向，作为普通商事主体的上市公司的高管薪酬仍应交给市场决定，法律规制的不应是薪酬本身，而是薪酬决定机制；特殊商事主体的高管薪酬则综合采用法律、行政等手段解决；由于高管薪酬问题本身的复杂性以及具有的激励与监督特质性，各国无一不将其置于公司治理框架内进行长期研究，不断调适制度的适用性。高管薪酬规制中的公平目的主要通过税法等其他法律制度予以解决。同时，法院虽然在高管薪酬合法性问题上介入较多，但一般不介入高管薪酬合理性问题的审查，不过从前述分析的情况看，少数国家立法中开始出现法院审查高管薪酬合理性这一发展动向，尤其是德国制定法上对薪酬决定权人课以合理性确保义务以及损害赔偿责任、美国法上的薪酬索回制度，都为法院介入薪酬合理性审查提供了制度接口。另外，德国、美国法律制度对薪酬参与人责任追究的尝试也开启了薪酬规制的新思路，在薪酬规制传统的决策程序、信息披露、薪酬形式采用等路径之外如何从薪酬参与人自身责任建构方面约束薪酬决策行为也可能会成为未来薪酬规制的一个重要手段，因此，除了薪酬参与人责任范围、责任形式等之外，责任要件等的建构也是需要加以注意和研究的。

3. 高管薪酬规制重点在于促进薪酬与业绩联动

在各国薪酬规制实践中，既将薪酬作为激励高管的手段，又将薪酬决定过程作为监督约束高管的手段，要求薪酬与业绩联动，薪酬真实体现公司、董事业绩，业绩决定薪酬大小，因此，激励型薪酬形式、业绩联动型薪酬形式大量采用，如业绩联动型奖金、股票期权、股票报酬等。近年来的规制动向表明，薪酬不仅要与短期激励相联动，还要与长期激励相联动，注意短期、长期激励的配合。

4. 薪酬决策机制与信息披露的完善构成高管薪酬规制的主要内容

各国法律规制主要围绕增强股东的决策参与度并结合本国企业经营文化，在提高薪酬信息的透明性和薪酬决策的独立性上着眼，强调薪酬与业绩的联动，重点关注薪酬方针的制定与披露、股东参与，关注高管薪酬的个别披露、股权激励，强调薪酬决定机制的正常运转，尽可能避免利益冲突出现，突出股东控制与薪酬委员会机能的发挥、强调薪酬委员会的独立性等。

5. 国有企业区分不同性质对待是未来趋势

前述所有规制措施都是以普通商事主体为对象，域外市场经济发达国家通常

---

① 谢地：《规制下的和谐社会》，北京：经济科学出版社，2008 年版，第 6 页。

将国有企业与普通商事公司区别对待，并且对国有企业进行分类管理，严格控制高管薪酬。域外国家通常将国有企业区分为参与市场竞争的企业和不参与市场竞争的企业，前者的高管薪酬采用政府引导建立内部决策机制，由董事会薪酬委员会提议并由股东大会通过，后者则将高管作为公务员对待或政府设立单独的考核制度，参照公务员工资、私人部门同行业工资水平等因素确定，① 并注意国有企业高管与私营企业高管之间薪酬水平的动态平衡，实行动态管理，以强化激励。

① 苏海南：《“洋国企”高管薪酬惯例的经验与启示》，《经济参考报》，2009 年 1 月 9 日，第 10 版。

第五章 我国公司高管薪酬法律规制立法

与域外丰富的高管薪酬规制实践相比，我国公司高管薪酬规制经历了怎样的发展轨迹？尚存在何种差异？在市场经济不断完善的当前，我国又应当如何建构适合我国公司治理状况的薪酬规制制度？本章拟根据前述各章的分析结论，就这些问题展开分析，力图为我国高管薪酬法律规制制度建构提供些许思路。

一、我国公司高管薪酬法律规制制度体系

目前，我国初步建立了以《中华人民共和国公司法》、《中华人民共和国证券法》为主，以证监会、国资委和财政部等部门规章为辅的，区分普通商事公司与国有企业的既有共性又有区别的两套高管薪酬法律规制体系。

（一）普通商事公司高管薪酬法律制度体系

针对普通商事公司高管薪酬，我国法律法规做出了一定的规制，主要体现在《中华人民共和国公司法》、《上市公司股权激励管理办法》等法律法规中。

1.《中华人民共和国公司法》的主要规定

1993年我国第一部《中华人民共和国公司法》对高管薪酬决定机制作出初步安排，主要涉及薪酬决定权的配置问题。根据《中华人民共和国公司法》相关条文规定，公司股东大会聘任董事、监事并决定其报酬，董事会聘任经理、副经理、财务负责人并决定其报酬。

2005年《中华人民共和国公司法》进行修订，保留了薪酬决定权配置机制，并在吸取美国“安然丑闻”后相关立法经验的基础上新增了禁止信用提供的规定和信息披露的规定。第116条规定公司不得直接或者通过子公司向董事、监事、高级管理人员提供借款；第117条规定公司应当定期向股东披露董事、监事、高级管理人员从公司获得报酬的情况。值得注意的是，《中华人民共和国公司法》的立法中使用的是“报酬”一词，其是否属于广义薪酬并不清楚，是否

包含奖金、退休金、在职消费等没有明确说明，但第116条单独规定信用提供，说明信用提供并不包含在董监事报酬之内。因此《中华人民共和国公司法》所说的“报酬”也就不符合本书所界定的薪酬范围，应属于狭义的薪酬。在信息披露方面，根据股东大会召集要求，公司应提前一定期间将会议审议事项通知股东，由于董事、监事薪酬属于股东大会决议事项，故董事、监事薪酬议案也通过会议召集通知向股东披露。

2. 监管机构的相关规定

《中华人民共和国公司法》颁布后，国务院和证监会针对上市公司高管薪酬问题，在薪酬形式、信息披露等方面制定了部分法规制度，对高管薪酬进一步进行规制。

薪酬形式方面，证监会发布的《上市公司股权激励管理办法（试行）》（2005年）允许公司采取限制性股票、股票期权及法律、行政法规允许的其他方式实行股权激励计划，对董事、监事、高级管理人员及其他员工进行长期性激励，上市公司不得为激励对象依股权激励计划获取有关权益提供贷款以及其他任何形式的财务资助，包括为其贷款提供担保。管理办法为期权激励的实施提供了制度保障，同时在《中华人民共和国公司法》仅仅禁止贷款这一信用提供基础上扩展了信用提供的范围，将高管的贷款担保也纳入规制范畴。

信息披露方面，《中华人民共和国证券法》并未对高管薪酬披露做出规定，仅仅在规范年报公开内容的第66条的兜底性条款中为国务院和证监会要求高管薪酬在年报中披露提供了制度性接口，即第66条的兜底性条款规定为国务院、证监会制定规范要求公司披露高管薪酬提供了合法依据。在此基础上，国务院《股票发行与交易管理暂行条例》（1993年）第59条要求上市公司在年报中披露公司董事、监事和高级管理人员简况、持股情况和报酬。但对于薪酬如何披露、披露哪些内容并没有明确。证监会《公开发行股票公司信息披露的内容与格式准则第二号〈年度报告的内容与格式〉（1999年修订稿）》（1999年12月）则要求在年度报告的“公司管理层及员工情况”中披露高管年度报酬总额，按照公司的实际情况划分年度报酬数额区间，披露董事、监事、高级管理人员在每个区间的人数；并列明不在公司领取报酬的董事、监事、高级管理人员的姓名，注明其是否在关联单位领取报酬；披露高管薪酬的决策程序与确定依据，以及高管人员的考评、激励机制、奖励制度的建立实施情况、独立董事的津贴以及职责履行情况等。这一要求也基本成为了当前上市公司高管薪酬披露的框架蓝本。不过上市公司在实际操作中并未汇总统计各个薪酬区间的人数，而是直接进行个别披露。

证监会发布的《上市公司信息披露管理办法》（2007年）规定，董事、监事会、高级管理人员的年度薪酬情况必须作为年报记载的内容。但规定比较笼统和模糊，高管薪酬哪些需要披露、哪些不需要披露、薪酬结构如何设定等都没有具体的相关规定，同时年报中高管薪酬的真实性也值得怀疑和推敲。

在薪酬委员会机构设置与要求上，证监会《上市公司治理准则》（2002 年 1 月）规定上市公司可以根据股东大会决议设置独立董事占多数的薪酬与考核委员会（第 52 条），负责研究董事与经理人员考核的标准，进行考核并提出建议；研究和审查董事、高级管理人员的薪酬政策与方案（第 56 条）。在绩效的评价上，上市公司应建立公正透明的董事、监事和经理人员的绩效评价标准和程序（第 69 条），董事和经理人员的绩效评价由董事会或其下设的薪酬与考核委员会负责组织，独立董事、监事则采用自我评价与相互评价相结合的方式进行（第 70 条）。在董事会或薪酬与考核委员会对董事个人进行评价或讨论其报酬时，该董事应当回避（第 71 条）。董事会、监事会应当向股东大会报告董事、监事职责履行情况、绩效评价结果及其薪酬情况，并予以披露（第 72 条）。另外，对于独立董事的要求，证监会发布的《关于在上市公司建立独立董事制度的指导意见》（2001 年 8 月）明确要求上市公司建立独立董事制度，并对独立董事的独立性标准做出认定；在独立董事薪酬安排上，规定上市公司应当给予独立董事适当津贴，津贴的标准应当由董事会制订预案，股东大会审议通过，并在公司年报中进行披露。除上述津贴外，独立董事不应从该上市公司及其主要股东或有利害关系的机构和人员处取得额外的、未予披露的其他利益。2005 年修订的《中华人民共和国公司法》接受了设立独立董事的安排，明确要求上市公司设立独立董事，从而在法律层面承认了独立董事制度。不过其的具体管理办法至今依然没有出台，曾经被寄予厚望的《上市公司独立董事条例》也无疾而终。

针对全球金融危机显现的问题，不当的薪酬制度安排导致了金融高管为谋求自身利益过度追求高风险的逐利行为和短期利益，给金融行业的稳健发展带来隐忧。2010 年 2 月，银监会专门针对金融机构高管薪酬出台了《商业银行稳健薪酬监管指引》（以下简称《指引》），试图通过监管在薪酬特别是可变薪酬与风险之间建立有机联系的机制，使绩效考核指标体系涵盖风险控制指标，进而发挥薪酬机制对风险防控的约束作用。《指引》将薪酬区分为固定薪酬、可变薪酬和福利性薪酬，并分别规定其比例。基本薪酬主要根据员工在商业银行经营中的劳动投入、服务年限、所承担的经营责任及风险等因素确定，一般不高于其薪酬总额的 35%（第 6 条）；绩效薪酬应体现充足的各类风险与各项成本抵扣和银行可持续发展的激励约束要求，根据年度经营考核结果在基本薪酬 3 倍以内确定（第 7 条）；中长期激励的兑现应得到董事会同意，锁定期长短取决于相应各类风险持续的时间，至少为 3 年（第 14 条）；高级管理人员以及对风险有重要影响岗位的员工，其绩效薪酬的 40% 以上应采取延期支付的方式，且延期支付期限一般不少于3年，其中主要高级管理人员绩效薪酬的延期支付比例应高于50%，有条件的应争取达到60%，且延期支付必须遵循等分原则，不得前重后轻（第16条）。《指引》还借鉴美国立法经验确立了绩效薪酬延期追索、扣回制度，《指引》建议，如在规定期限内高级管理人员和相关员工职责内的风险损失超常暴露，商业银行有权将相应期限内已发放的绩效薪酬全部追回，并止付所有未支付部分（第16条）。同时，《指引》为提升延期支付薪酬的实践价值，规定商业银行应建立有效薪酬监督机制，不得为员工或允许员工对递延兑现部分的薪酬购买薪酬保险、责任险等避险措施降低薪酬与风险的关联性（第21条）。另外，在薪酬的信息披露方面，《指引》详细列举了需要披露的信息项目，要求商业银行董事会每年全面、及时、客观、翔实地披露薪酬管理信息，并列为年度报告披露的重要部分。年度薪酬报告主要由以下内容构成：薪酬管理架构及决策程序，包括薪酬管理委员会（小组）的结构和权限；年度薪酬总量、受益人及薪酬结构分布；薪酬与业绩衡量、风险调整的标准；薪酬延期支付和非现金薪酬情况，包括因故扣回的情况；董事会、高级管理层和对银行风险有重要影响岗位上的员工的具体薪酬信息；年度薪酬方案制定、备案及经济、风险和社会责任指标完成考核情况；超出原定薪酬方案的例外情况，包括影响因素以及薪酬变动的结构、形式、数量和受益对象等（第22条）。于2009年10月修订实施的《中华人民共和国保险法》考虑到高管在保险公司经营不善面临破产的情况下依然有可能按照公司正常经营标准计算薪酬，可能进一步恶化公司偿付能力，对公司其他破产顺位的债权清偿增添不利因素，有违公平原则，因此赋予监管机构拥有对偿付能力不足的保险公司高管薪酬水平的限制权力。监管机构既可以直接对薪酬的数额进行限制，也可以要求薪酬水平不得超过某一比例。

3. *税法的相关规定*

税法中涉及高管薪酬的具体法律制度主要是企业所得税法与个人所得税法。《中华人民共和国企业所得税法实施条例》第34条规定，企业发生的支付给员工的所有现金形式或者非现金形式的劳动报酬，包括基本工资、奖金、津贴、补贴、年终加薪、加班工资以及与员工任职或者受雇有关的其他支出中合理的工资薪金支出均准予扣除。这一规定将之前的计税工资制度修改为据实扣除制度，不过限定了“合理”标准。值得一提的是，是否限定“合理”标准在实施条例起草过程中分为两派意见。一派意见持肯定态度，主张条例施加“合理”标准的限定，明确“合理”的具体范围和标准；一派意见持否定态度，认为施加“合理”的限定标准会对纳税人产生不确定性和不可预期性的疑难，也对税务机关带来不可操作性和不可执行性的问题，与依法治税要求不符，建议删除“合理”的这一表述。“考虑到不同行业、不同企业、不同岗位，甚至不同地区环境等都会影响工资薪金的实际状况，所以不可能进行统一的界定和制定一个机械式的标准，只能用‘合理’这类词去限制和修饰，实践中由税务机关根据具体的情况来予以把握"①，最终实施条例采纳了“合理”限定标准。实践中如何判断“合理”标准就成为需要解决的问题。一般地，判断合理性的标准应是市场工资水平，具体应综合以下因素评价和判断：职员提供的劳动，包括岗位责任的性质、工作时间、工作质量和数量以及复杂程度、工作条件；与其他职员的比较，包括通行的总的市场情况、可比工资、职员与所有者关系、职员能力、企业某一特定经营场所的生活条件、职员工作经历和教育情况、职员提供劳动的利润水平、是否有其他职员可执行同一职责；投资者的分配和所有权，包括企业过去关于股息和工资方面的政策、职员的工资同该职员所持有的股权份额的比例。这些合理性分析因素所指向的重点，一是防止企业的股东以工资名义分配利润；二是防止企业的经营者不适当地为自己支付高工资。② 这里所讲的职员是包含公司高管在内的所有职员，高管薪酬与其他职员一样统一受到税法“合理性”约束，但是将高管薪酬与普通职工薪酬做同一处理的做法忽略了高管薪酬具有的激励功能以及业绩联动型薪酬形式可能给薪酬结构带来的影响，缺乏不同薪酬形式的鼓励或约束政策。

《中华人民共和国个人所得税法》则区分董事不同情况分别对其报酬做不同处理。国税发［2009］121号文《关于明确个人所得税若干政策执行问题的通知》明确指出，个人担任董事、监事且不在公司任职、受雇时，其董事费按个税的劳务报酬项目计征20%所得税，且根据个人所得税法的规定，一次性劳务报酬畸高需要加成征收个税；而对个人在公司（包括关联公司）任职、受雇同时兼任董事、监事的，则将董事费、监事费与个人工资收入合并，统一按工资、薪金所得项目缴纳个人所得税。

同时，对高管因股票期权所得的个税缴纳，税务总局区分上市公司与非上市公司做不同处理。上市公司股票期权所得适用财政部、国家税务总局《关于个人股票期权所得征收个人所得税问题的通知》（2005年3月）与国家税务总局《关于个人股票期权所得缴纳个人所得税有关问题的补充通知》（2006年9月）两个文件，非上市公司股票期权则参照国家税务总局《关于阿里巴巴（中国）网络技术有限公司雇员非上市公司股票期权所得个人所得税问题的批复》（2007年10月）进行；2009年1月和8月，税务总局分别出台了《关于股票增值权所得和

① 《中华人民共和国企业所得税法实施条例》立法起草小组：《中华人民共和国企业所得税法实施条例释义及适用指南》，北京：中国财政经济出版社，2007年版，第154页。

② 《中华人民共和国企业所得税法实施条例》立法起草小组：《中华人民共和国企业所得税法实施条例释义及适用指南》，北京：中国财政经济出版社，2007年版，第155页。

限制性股票所得征收个人所得税有关问题的通知》和《关于股权激励有关个人所得税问题的通知》，对股票增值权和限制性股票激励的纳税方法做了较为细致的规定。按照前述相关规定，我国上市公司与非上市公司的股票激励均以实际取得股票时间为纳税时间，均采用以取得期权实际购买价低于购买日股票价值的差额为应纳税所得额的计算方法，均按照工资、薪金所得项目纳税，均与当月其他工资收入相独立单独计算。在税率和速算扣除数确定方法上两者不同，上市公司股票期权以期权取得所在月数除应纳税所得额获得的商数确定税率和速算扣除数，而非上市公司则将股票期权作为一次性奖金处理，以一年月数除应纳税所得额获得的商数确定税率和速算扣除数。计算方法的不同也就带来了两者应纳税额的不同。

（二）国有企业高管薪酬法律制度体系

在国有企业高管薪酬规制方面，我国先后出台了一系列政策性文件进行直接规制或间接行政干预。改革开放前，我国统一实行平均主义的等级工资制，1985年开始进行结构性工资改革，推行功效挂钩工资制度和企业内部分配制度。国务院于1986年发布《国务院关于深化企业改革增强企业活力的若干规定》，推行厂长（经理）负责制和承包经营制。1992年《关于改进完善全民所有制企业经营者收入分配办法的意见》对经营者实行分档次的工资奖励。1993年中共十四届三中全会明确提出生产要素参与个人收入分配，突破了传统的单一的按劳分配束缚。1994年《关于加强国有企业经营者工资收入和企业工资总额管理的通知》规定由主管部门负责考核经营者的工资实效、提出建议，经同级劳动部门审核后按干部管理权限审批。1997年中共十五大进一步将分配方式概括为按要素分配，允许和鼓励资本、技术等生产要素参与收益分配，“市场机制决定、企业自主分配、政府监督调控、职工民主参与”的工资制度改革目标模式得以确立。[①] 1997年原劳动部发布的《关于“九五”时期企业工资工作的主要目标和政策措施》也明确要求将经营者的工资收入与完成的企业经营目标实绩相挂钩，并将其收入限定在职工平均工资的若干倍范围内。

2002年中共十六大确立了劳动、资本、技术和管理等生产要素按照贡献参与分配的原则，第一次明确了经营者的管理能力具有生产要素的性质，并在总结2000年开始试点的年薪制基础上，着手全面推行国企高管年薪制，并将高管薪酬的上限设定为职工平均工资的12倍。

2003年国务院制定发布的《企业国有资产监督管理暂行条例》启动了高管薪酬的业绩考核。条例第18条、第19条明确规定，国有资产监督管理机构应当

① 陈思明：《现代薪酬学》，上海：立信会计出版社，2004年版，第132页。

建立企业负责人经营业绩考核制度，与其任命的企业负责人签订业绩合同，根据业绩合同对企业负责人进行年度考核和任期考核；国有资产监督管理机构应当依照有关规定，确定所出资企业中的国有独资企业、国有独资公司的企业负责人的薪酬；依据考核结果，决定向出资企业派出的企业负责人的奖惩。据此，国资委2004年制定了《中央企业负责人薪酬管理暂行办法》，第一次明确提出了国有企业负责人薪酬管理的五大原则：坚持激励与约束相统一，薪酬与风险、责任相一致，与经营业绩挂钩；坚持短期激励与长期激励相结合，促进企业可持续发展；坚持效率优先、兼顾公平，维护出资人、企业负责人、职工等各方的合法权益；坚持薪酬制度改革与相关改革配套进行，推进企业负责人收入分配的市场化、货币化、规范化；坚持物质激励与精神激励相结合，提倡奉献精神。同时明确规定薪酬由基薪、绩效薪金与中长期激励三部分组成。2005年国资委颁布的《中央企业负责人经营业绩考核暂行办法》明确将经营者的考核指标与奖惩紧密挂钩，国资委按照年度和任期两种方式进行考核，分别设置了年度薪酬奖励和任期中长期激励。不过，实务界的通常做法依然采取企业自报、国资委审核备案的方式进行国企高管薪酬的确定，这一做法也为国企管理层追求自身利益而利用控制权影响薪酬合同提供了可能。①

另外，证监会发布的《上市公司股权激励管理办法（试行）》（2005年12月）以及国资委、财政部联合颁布的《国有控股上市公司（境内）实施股权激励试行办法》、《国有控股上市公司（境外）实施股权激励试行办法》（2006年9月）、《关于规范国有控股上市公司实施股权激励制度有关问题的通知》（2008年10月）等规范性文件为国有企业实施期权激励提供了法律依据。

值得一提的是，由于国有企业高管薪酬行政管制非常严格，在职消费便成为国企管理人员的替代性选择，② 使得国内国企职务消费问题日益严重。国资委出台的《关于规范中央企业负责人职务消费的指导意见》（2006年6月）（以下简称《指导意见》（2006））对职务消费边界、原则、确立标准与信息公开做出安排。《指导意见》（2006）将职务消费限定为企业负责人为履行工作职责所发生的消费性支出及享有的待遇，主要包括公务用车配备及使用、通信、业务招待（含礼品）、差旅、国（境）外考察培训等与企业负责人履行其职责相关的消费项目。为控制职务消费的过快增长，《指导意见》（2006）要求各项职务消费的标准（额度）应在满足工作需要的前提下，严格控制消费水平，将其纳入企业年度预算内进行调控。同时，《指导意见》（2006）指出，职务消费应当通过职

① 卢锐等：《管理层权力、在职消费与产权效率——来自中国上市公司的证据》，《南开管理评论》，2008年第5期，第85－92、112页。

② 陈冬华等：《国有企业中的薪酬管制与在职消费》，《经济研究》，2005年第2期，第92页。

工代表大会等形式听取职工意见，并将公务用车配备及使用、通信、业务招待（含礼品）、差旅、国（境）外考察培训等职务消费的年度预算及执行情况等内容作为厂务公开内容，要求在一定范围内定期公布，接受职工的民主监督。对于董事会试点企业，根据公司章程及董事会职责，由董事会下设的薪酬委员会负责经理层职务消费的规范工作。《指导意见》（2006）还鼓励职务消费的货币化改革，建议根据企业实际和职位特点，参照国内外同类企业的做法，与企业负责人的薪酬统筹考虑，合理确定相应的货币金额，禁止高于货币化改革前的费用支出，不得变相提高企业负责人的总体薪酬水平。不过，职务消费的边界划定并不清晰，为解决这一问题，2012 年 2 月 13 日由财政部、监察部、审计署、国务院国资委以财企［2012］15 号印发的《国有企业负责人职务消费行为监督管理暂行办法》明确划定 11 类消费行为为职务消费：超标准购买公务车辆、豪华装饰办公场所，或者在企业发生亏损期间，购买、更换公务车辆、装修办公室、添置高档办公用品；超标准报销差旅费、车辆交通费、通信费、出国考察费和业务招待费；用公款支付应当由个人承担的购置住宅、住宅装修、物业管理等生活费用，或者挪用企业的材料物资，修建和装修个人住宅；违反规定用公款进行高消费娱乐活动，或者用公款支付非因公的消费娱乐活动费及礼品费；违反规定用公款支付应当由个人负担的各种名义的培训费、书刊费等；违反规定用公款为个人购买商业保险或者支付相关费用；违反规定用公款为个人变相支付各种理疗保健、运动健身和会所、俱乐部等费用；违反规定用公款为亲属、子女支付各项费用，或者用公款支付应当由个人承担的其他费用；利用职务上的便利，在企业内部或到下属企业以及往来单位转移职务消费支出；通过虚开会议费发票及虚购物资材料、固定资产、办公用品等名义套取现金，用于职务消费支出；以各种名义对已配备公务用车的国有企业负责人发放用车相关的补贴等。

针对金融危机后国外金融机构普遍调低企业负责人薪酬水平的现状，2009 年 1 月 13 日，财政部发布了中国版限薪令——《关于金融类国有和国有控股企业负责人薪酬管理有关问题的通知》，要求金融企业根据形势，合理控制各级机构负责人薪酬，避免进一步拉大与社会平均收入水平以及企业内部职工收入水平的差距；要坚决防止脱离国情、当前经济形势、行业发展以及自身实际发放过高薪酬；要切实规范高级管理人员的职务消费，暂时停止实施股权激励和员工持股计划。随后，财政部办公厅下发《金融类国有及国有控股企业负责人薪酬管理办法（征求意见稿）》，建议企业负责人年薪由基本年薪和绩效年薪组成，基薪取决于职位等级与在职职工工资水平，绩效工资取决于企业考核结果和净利润变动情况，从而为金融类国有及国有控股企业高管设定了 280 万元年薪上限。财政部出台的文件《关于国有金融机构 2008 年度高管人员薪酬分配有关问题的通知》

（2009 年 4 月 9 日）则进一步采取行政手段限制金融机构高管薪酬，明确要求各国有金融机构 2008 年度高管人员薪酬（指税前薪酬，包括基本薪酬、绩效薪酬、社会保险、各项福利等）按不高于 2007 年度薪酬的 90% 确定，且业绩下降的高管薪酬还要再下调 10%。

在此基础上，由于社会公众普遍质疑国企高管的天价薪酬，为进一步规范国企高管薪酬，六部委联合发布了《关于进一步规范中央企业负责人薪酬管理的指导意见》（2009 年 9 月）（以下简称《指导意见》（2009））。《指导意见》（2009）在 2004 年《中央企业负责人薪酬管理暂行办法》确定的五大原则基础上做出进一步调整，提出新的规范高管薪酬五大原则：坚持市场调节与政府监管相结合；坚持激励与约束相统一；坚持短期激励与长期激励相兼顾；坚持负责人薪酬增长与职工工资增长相协调；坚持完善薪酬制度与规范补充保险、职务消费等相配套。《指导意见》（2009）将企业高管薪酬分为基本年薪、绩效年薪和中长期激励收益三类。企业高管基本年薪按月支付，绩效年薪按照先考核后兑现的原则，根据年度经营业绩考核结果，由企业一次性提取，分期兑现。对中长期激励则采取“可审慎探索”的态度。同时，为控制和缩小高管与普通职工收入的差距，克服倍数限制薪酬手段过于机械的弊端，《指导意见》（2009）采用首次采用高管薪酬与职工薪酬挂钩的方式，明确规定国企高管基本年薪必须与上年度中央企业在岗职工平均工资“相联系”，绩效年薪根据年度经营业绩考核结果确定，从而以更为变通的方式实现为高管薪酬设置上限的目的，也可一定程度缩小高管薪酬与职工收入间的差距。

二、我国公司高管薪酬法律规制的相关立法评析

（一）高管薪酬法律规制立法总体评价

1. 初步建立了高管薪酬决策体系，但整体规制制度模糊粗糙

整体上确定了普通商事主体与国有企业相区分的两套薪酬决定机制，普通商事主体由股东控制董事、监事薪酬，董事会决定高级管理人员薪酬，国有企业和国有控股企业则采取行政主管部门行政控制的机制，并且在上市公司中引入独立董事制度提升薪酬决策的公正性，针对银行业的特殊风险采取特殊的薪酬规制措施等，既建立了普通商事主体普适的规制制度，又针对特殊的国有企业、金融企业、上市公司等制定特殊制度，我国高管薪酬规制立法上采用的这一模式契合了当前国际高管薪酬规制的发展趋势。不过，现有规制整体的重心放在了国企高管

薪酬规范上，人保部官员在2009年第三季度的新闻发布会上公布的“先央企再地方、最后其他”的规范企业负责人薪酬的时间表即为明证，同时发布的规章制度也主要集中在国企高管薪酬的规范上。然而与发达市场经济国家薪酬规制制度相比较，我国薪酬规制整体显得非常薄弱，无论薪酬决定机制、薪酬形式，还是信息披露，都仅有基本的框架，许多制度缺乏必要的配套措施，远未达到域外细化制度建构的层面。虽然针对国企高管薪酬的规制措施相对较为具体详细，但毕竟这些措施的适用对象有限，无法囊括所有公司，非国有企业特别是上市公司依然处于制度相对匮乏的境地。在薪酬规制的路径选择上，表现出过度采用行政手段而忽略市场约束力量的特征。

另外，为增强薪酬决策机制的有效性，域外出现的课以薪酬决定权人薪酬合理性注意义务与薪酬领受人薪酬返还责任的趋势也在我国高管薪酬规制中有所响应，如《商业银行稳健薪酬监管指引》中确定的薪酬索回、扣回制度。加之独立董事构成的薪酬委员会制度的引入、信用提供的禁止等说明我国薪酬规制也在一定程度上紧随世界潮流，积极吸收域外有益经验建构和完善我国薪酬规制体系。

2. 薪酬规制立法层次偏低，制度缺乏必要的协同

除了《中华人民共和国公司法》和《中华人民共和国证券法》有稍许规制措施外，我国的高管薪酬规制制度集中在国务院、证监会、财政部、国资委、银监会等机构发布的行政法规和部门规章中，甚至还体现为政策文件。虽然采用这些形式确定薪酬规制措施可以适应我国当前对高管薪酬规制认识不深的现状，可以及时解决社会经济生活出现的急迫问题，并为未来薪酬规制上升为法律积累经验。但不容回避的现实是，现有的薪酬规制立法层次偏低，降低了高管薪酬规制的权威性和实效性，需要尽快提升规制的法律层次。同时，现有的规制措施由不同的机构制定，各个机构出于不同目的进行规制，所有的规制制度并未整合在公司治理的框架下进行设计，制度间相互不协调的状况也时有出现，如国资委对国企高管的在职消费不遗余力地进行规范，然而税法却对此没有任何响应，直接允许在职消费金额税前扣除；上市公司的信息披露也未要求披露在职消费的具体信息，放弃了股东和市场对高管在职消费的监督作用。又如，各国薪酬发展趋势是大量引入业绩联动薪酬尤其是长期激励型薪酬增强高管与股东利益的一致性，虽然2005年《中华人民共和国公司法》的修改为股票期权等薪酬制度的引入扫清了障碍，证监会发布的《上市公司股权激励管理办法》，国资委发布的《中央企业负责人薪酬管理暂行办法》、《中央企业负责人经营业绩考核暂行办法》等也明确要求薪酬要与业绩挂钩，然而税法并不区分长期激励与短期激励的业绩联动薪酬，而是笼统地作为企业支付给员工的劳动报酬在合理范围内允许税前扣除，这样的处理虽然可能一定程度增加企业负担而降低高管薪酬，但标准模糊很难实现抑制高薪目的，并且对长期激励型业绩联动薪酬没有设计专门的税收优惠措施，不利于这一薪酬类型的推广。再如，银监会出台的《商业银行稳健薪酬监管指引》为所有商业银行高管设置了超常风险损失的薪酬延期追索、扣回责任，意味着上市银行的高管需要承担这一不利责任，然而同样是在证交所上市的非银行企业高管则无需承担这一责任，这样就可能出现一个不公平的现象：高管的行为都可能给公司带来巨大风险的情况下，仅仅因为所处行业不同，部分高管承担责任而部分高管无须承担责任。

3. *薪酬规制边界不清晰，信息披露制度不完善*

现有的薪酬规制制度中并未严格限定高管薪酬的内涵和边界，报酬、薪酬等概念也未做严格区分使用，信用提供、福利待遇、在职消费、离职补偿金、退休金等是否包含在高管薪酬范围内、是否需要进行规制在现有制度中并不十分清晰，高管薪酬边界相当模糊，致使高管非常容易创设新的名目而逸脱法律对薪酬的规制。由于对所要披露薪酬的定义不明确，实务中各上市公司披露高管薪酬的尺度也不同，有的公司披露的薪酬包含退休金、福利待遇，有的则仅仅披露基本薪酬；有的公司没有披露延期薪酬部分，因为这部分薪酬不是当年支付的；有的披露董事在关联企业领取薪酬，但具体领取多少并不披露。混乱的薪酬边界导致薪酬比较无法真正进行，也就无法真正评价薪酬的合理性。

在域外普遍重视的另一主要领域——信息披露方面，《中华人民共和国公司法》仅有原则性的披露要求，对于哪些内容需要披露并未做明确的要求。国务院和证监会虽然对上市公司薪酬信息披露做出了较为详细的要求，但与域外发达市场经济国家薪酬信息披露相比较，依然显得非常模糊。虽然要求进行董事薪酬的个别披露，但仅仅是披露薪酬总额，并未披露薪酬的具体构成、董事近几年薪酬变化情况，也未披露公司薪酬政策、薪酬业绩联动状况、公司薪酬与类似公司薪酬的比较情况、薪酬委员会的运行情况等。虽然也有部分上市公司自愿披露薪酬政策、薪酬决定程序等信息，其内容也相当简略。例如，浦发银行在2009年度年报中以薪酬尚处于有关部门审核确定过程中为由，没有披露董事、监事会、高级管理人员的薪酬，而在其后的董事、监事、高级管理人员报酬情况栏目中，自愿披露了报酬决策程序和报酬确定依据两个内容。其报酬决策程序是根据有关部门的要求及公司章程的规定，公司发薪的董事、监事、高级管理人员的薪酬由董事会下设的薪酬与考核委员会根据绩效考核结果确定薪酬，并报董事会及有关部门审核通过。然而报酬确定依据却无法看出其依据是什么，只是说公司薪酬分配范围包括全部人员，分配方案报董事会下设的薪酬与考核委员会通过，公司发薪的董事、监事、高级管理人员的薪酬均按照上述分配方案一致确定。这样的薪酬披露对于公司的普通投资者来说依然无法真正了解高管薪酬的确定情况，可以说高管薪酬受到公众质疑主要是由于信息不对称和披露制度不完善造成的。因此，在我国现阶段，普通大众对高管专有人力资本价值的认识尚不深入的情况下，详细披露薪酬政策以及与其他类似企业薪酬的比较有助于投资者正确认识和评价高管薪酬的合理性，也有助于形成投资者的正确评价标准，将投资者的关注点从薪酬绝对数额转移到薪酬与业绩的关联上。同时，“在加拿大、欧洲大陆的欧盟国家，以及英美两国，高管薪酬被视为公司治理的三个最重要方面之一”① 的背景下，“投资活动全球化带来信息披露的扩大这一潮流不可逆转，与其逆潮流而动，还不如强制公开”，② 我国也更应当加强信息披露的制度建设，促进我国公司治理结构的完善。

4. 规制制度提供主体稍显单一，未充分发挥民间力量

我国现有规制制度的提供主体主要是政府，这也符合我国经济改革属于政府推进型改革的特征。政府提供规制制度可以确保制度获得强力支持，但政府不具有市场经营者的经验和能力，可能无法准确把握薪酬的问题点；政府规制本身的性质也决定其无法快速做出应对，规制提供往往滞后于现实需要；政府规制过多采用行政手段，阻碍市场机制的真正形成；立法者也可能被利益集团俘获而不能提供社会真正需要的规制，扩展规制制度提供主体也就成为实践的迫切需求。同时，英国、欧盟在其高管薪酬规制中采用政府规制与民间自主规制相结合方式取得成功也为世人提供了鲜活的样本。然而，我国现有制度安排并不存在专业的民间组织（诸如董事协会、公司治理委员会等组织）成为规制制度提供主体的制度接口，未来制度设计中需要加强这一动向的研究。

5. 缺乏明确的司法合理性审查标准

从前述有关高管薪酬司法介入的论述可以看出，美国丰富的司法实践和德国法律关于董事薪酬合理性确保责任的规定为司法介入薪酬决策合理性提供了标准，然而，我国的法律制度中缺乏这一合理性标准，司法实践也未做出任何探索，理论界的探索也非常缺乏，据笔者掌握的资料，目前仅有朱羿锟等少数学者对此有过论述。③ 在我国采用建构主义提供正式制度的条件下，为使法院更好介

---

① ［美］苏德哈卡·V. 巴拉康德兰：《公司治理当从高管薪酬结构改革破题》，http：//finance. people. com. cn/GB/1045/5078014. html，2006 年 11 月 23 日。

② 白井正人「役員報酬制度と個別報酬額の開示——内閣府令のポイントと対応策」，http：//www. pricewaterhousecoopers. co. jp/knowledge/research/consulting/pc_ 1004_ 01. html，2010 年 4 月 12 日。

③ 朱羿锟教授认为，高管薪酬激励的目标在于促进企业价值最大化，因此检验其合理性的根本标准就是是否与该目标一致，是否有利于实现该目标的相对合理性。在此基础上，评价和判断高管薪酬合理性可参照下列因素：薪酬是否与企业业绩挂钩、是否与股东和利益相关者利益相平衡、风险的合理性、激励标准是否与时俱进。朱羿锟：《论高管“问题薪酬”的董事问责》，《现代法学》，2010 年第 4 期，第 173 - 181 页。

入高管薪酬合理性审查，需要正式制度提供明确的薪酬合理性标准。

（二）现有主要规范性文件具体评析

1. *有关期权激励的相关制度*

目前，我国有关期权激励的相关制度主要包括2005年证监会《上市公司股权激励管理办法》（试行）、2006年国资委《国有控股上市公司（境内）实施股权激励试行办法》、《国有控股上市公司（境外）实施股权激励试行办法》、2008年《关于规范国有控股上市公司实施股权激励制度有关问题的通知》以及有关个人所得税处理的《关于个人股票期权所得征收个人所得税问题的通知》、《关于个人股票期权所得缴纳个人所得税有关问题的补充通知》等。应该说，这些规章和文件的出台拓展了高管薪酬激励形式，为促进薪酬与业绩的关联度创造了条件，“为我国上市公司实施股权激励提供了一个良好的法律环境和市场环境，为我国开展股权激励提供了一个很好的契机”。① 不过，期权激励对我国理论界和企业实务界是一全新的领域，尚处于探索阶段，相关理论和经验储备并不完善，期权激励的实践效果不尽如人意，存在不少需要改进的地方。2005年股票期权推出后，原本激励经营者与企业连股连心的股票期权在中国特有的一股独大、国企占上市公司很大比重的环境下却演变成为了没有剔除系统性风险、收益与风险完全不对称、数量支付缺乏客观标准的高管攫取制度性不当利益的馈赠型股票期权。② 正是看到了股票期权的这一制度异化，2008年《关于规范国有控股上市公司实施股权激励制度有关问题的通知》出台，其试图规范和解决股票期权存在问题的主观意图不存在什么问题，但其思路和理念值得商榷。通知的对策思路不是变革和疏导，而是简单的行政设阻，通过前置审批与业绩标准对股票期权进行规范，甚至还有人主张取缔股票期权以防止高管攫取不当利益。股票期权在促进高管利益与所有者利益一致性方面的作用毋庸置疑，虽然在其使用过程中出现了一些异化的现象，但依然不能否认其作为重要激励工具的性质，因此，简单设置审批、业绩标准不是办法，“审批门槛容易导致审批机构对企业的行政干预和由此带来的官商勾结，业绩门槛则违背了期权的初衷和逻辑——不是因为企业搞好了才给高管奖励期权，而是因为要促使高管把企业搞上去采用期权去激励他们。设门槛思路的误区在于仍然把期权当奖励工具看待，而不是把它当变相的股权质押

① 李莎：《股权激励机制在中国》，《现代商业》，2010年第15期，第91页。

② 谭燕芝、熊唯伊：《高管限薪视角下的经理股票期权的研究》，《湘潭大学学报》（哲学社会科学版），2010年第1期，第50－54页。

工具看待”,[①] 而主张取缔更是因噎废食。

现有股权激励制度设计上尚存有不少不合理的或空白的制度，如证监会试行的激励办法将监事纳入激励对象，但国资委、财政部2006年度试行办法则将监事排除在激励对象范围外，这与国际上加强监事激励的动向相悖，实践中也引发了大量监事辞职；现有规制缺乏对未达行权条件取消激励方案已计提费用的会计处理规则，公司前期在资产负债表中已确认的费用是否可以转回没有明确；规定的至少一年等待期与国际经验3年相比过短，易导致激励作用短期化，不符合长期激励的要求；股权行权价格的确定规则缺乏，各个公司制定的行权价格普遍偏低。

现有股权激励所得税规定与激励效用冲突。现行税收制度侧重于税收的公平原则，而没有考虑效率的因素，主要体现出以下问题：按工资薪金所得纳税，其超额累进税制导致的高边际税率会影响股权激励效用的发挥,[②] 过重的税收负担会削弱高管实施股权激励制度的积极性；在行权日纳税，受激励对象尚未真正获得经济收入，其支付能力受到限制，在行权现金支付和税收支付双重压力下，可能迫使高管采用立即抛售股票套现来缴税，这与股票期权试图促进高管个人利益与公司长远利益关联的激励目标相违背，失去了股票期权的设计价值，也易引发高管的机会主义行为。[③] 不过，现行股票期权虽在行权日对行权价低于股票价格的差额征收个税，却对行权后的股票再行转让时获得的高于行权日股票价格的所得暂时不征收个税，虽“在一定程度上有损于税收的促进社会公平的功能”[④],却因减轻了高管的税负，有助于促使高管大量采用股票期权这一薪酬形式而规避其他薪酬形式可能带来的过高个税税负，间接促进薪酬与业绩的联动。不过这一利好必须建立在公司未来股价上升的前提上，如果公司未来股价下跌，则行使期权的高管不仅要承担股票价格下跌造成的损失，还要承担多缴个税的损失；且期权行使获得的股票通常设有禁售期，高管获得的股票还要受到《中华人民共和国公司法》规定的每年转让不得超过25%的限制，导致激励对象短期内难以收回成本，降低了股权激励的吸引力。[⑤]

---

① 谭燕芝、熊唯伊：《高管限薪视角下的经理股票期权的研究》，《湘潭大学学报》（哲学社会科学版），2010年第1期，第52页。

② 据我国学者对我国上市公司中小企业板推出的股权激励方案的考察，推行股权激励的公司高管行权时缴纳个税的税率基本上都是执行的45%的最高税率。钟文芳：《上市公司实施股权激励存在的问题探析》，《证券市场导报》，2010年4月号，第49页。

③ 娄贺统等：《上市公司高管股权激励所得税规定与激励效用冲突分析》，《财经研究》，2010年第9期，第37－47页。

④ 娄贺统等：《上市公司高管股权激励所得税规定与激励效用冲突分析》，《财经研究》，2010年第9期，第42页。

⑤ 钟文芳：《上市公司实施股权激励存在的问题探析》，《证券市场导报》，2010年4月号，第49页。

2. 《上市公司信息披露管理办法》

《上市公司信息披露管理办法》对高管薪酬的规定比较“模糊”，如第21条第5款即“董事、监事、高级管理人员的任职情况、持股变动情况、年度报酬情况”，作为年报必须记载的内容。其内容比较笼统，关于高管薪酬应该披露和不该披露的信息，薪酬结构如何设定都没有具体的相关规定。总体上，现有高管薪酬披露规则过于简单，不能有效反映高管利益与公司、股东利益的一致性。[①] 披露的薪酬边界不清晰，造成薪酬金额缺乏可比较性；薪酬披露内容过于简单，整体披露无法满足投资者详细了解薪酬构成内容、计算过程等信息从而进行有效评判的需求，常被我国国企高管选作薪酬替代的在职消费情况也缺乏必要信息，尽管在职消费一般都计入管理费用，管理费用中的大额明细项目需要披露，但是依然无法真正了解在职消费的具体情况；缺乏薪酬委员会运作情况的信息，其成员是否独立、有否对薪酬政策做出较为有效的控制等，都影响着薪酬决策的恰当性；披露的薪酬决定程序、确定依据过于简单，缺乏实际意义，是否真正联系公司业绩、是否剔除市场因素与行业因素等内容外界无法得知，致使薪酬信息披露试图通过信息公开评价和约束高管薪酬合理性的目的无法真正实现。

3. 《中央企业负责人薪酬管理暂行办法》

《中央企业负责人薪酬管理暂行办法》首度明确提出了企业负责人薪酬规范管理和挂钩的具体措施，清晰地勾勒出国有企业分配制度改革的思路，突出体现了中央企业负责人薪酬管理和薪酬制度改革起步阶段的工作“重点在规范，关键是考核”的设计思路和原则，初步解决了一些关系国家经济命脉和国家安全的重要骨干企业负责人的薪酬激励不足的问题，采用企业资产规模、净资产、主营业务收入和利润作为基薪确定的主要规模指标，把负责人承担的责任和风险与薪酬较好地结合起来，注重薪酬收入与业绩考核的紧密结合。可以说，暂行规定是我国国企高管薪酬制度改革的实质性突破。

不过，依现有观点分析，暂行办法存有相当的缺陷。首先，没有区分国企性质，将垄断性国企与竞争性国企按照同一标准进行薪酬确定，势必带来薪酬激励的偏差；其次，薪酬决定采用国资委的事前行政批准机制存有诸多弊端，国资委缺乏足够信息容易导致规制失灵，国资委规制的自身偏好容易导致过度限制高管薪酬，无法实现薪酬的激励效用。[②] 暂行办法实际上沿用了我国过去一贯的规制思路，其后几年国企高管薪酬的失控也再一次证明了其成效有限。

---

① 童卫华等：《中国上市公司高管人员报酬信息披露研究》，《重庆大学学报》（社会科学版），2006年第5期，第52页。

② 黄勇斌：《国企高管薪酬规制的路径融合》，《探索与争鸣》，2010年第6期，第49－50页。

4. 财政部《关于金融类国有和国有控股企业负责人薪酬管理有关问题的通知》、《关于国有金融机构2008年度高管人员薪酬分配有关问题的通知》等

应该说，这两个通知是在金融危机爆发、全球质疑金融高管薪酬背景下财政部的应急之策，更多考虑的是满足社会的公平诉求。这两个通知在其目的中明确了对国企课以的社会责任：在金融危机特殊形势下，国有及国有控股金融企业“要带头保持员工队伍稳定，规范薪酬管理”。这两个通知的出台对稳定我国金融市场秩序、恢复市场信心发挥了必要的作用。

不过，财政部出台这些文件的合法性值得商榷。

首先，财政部对金融类国有和国有控股企业负责人薪酬进行规范，应当具备一个前提条件：财政部是履行金融类国有和国有控股企业出资人职责的机构。然而现有法律体系并未明确财政部的国有资产出资人地位。在财政部官方网站公告的主要职责中，仅有一条可以与此相关：负责审核和汇总编制全国国有资本经营预决算草案，制定国有资本经营预算的制度和办法，收取中央本级企业国有资本收益，制定并组织实施企业财务制度，按规定管理金融类企业国有资产，参与拟订企业国有资产管理相关制度，按规定管理资产评估工作。这一职责仅仅可以明确财政部具有国有资产分配的权限，如果说高管薪酬具有财产分配性质的话，财政部规范国企高管薪酬也就是对国有财产分配进行规范，从这点上财政部的规范无可厚非。另外，根据1998年国务院办公厅《关于印发财政部职能配置内设机构和人员编制规定的通知》的规定，财政部具有“拟定和执行国有资本金基础管理的方针政策、改革方案、规章制度、管理办法；组织实施国有企业的清产核资、资本金权属界定和登记；负责国有资本金的统计、分析，指导财产评估业务”的职能，从中可以发现，财政部具有出资人之实，却无出资人机构之名。①因此，在高管薪酬支付的控制通常被认为是股东享有权利的股东中心主义理念下，我国国有金融资产管理模式尚未形成定论之前，财政部对金融类国企高管薪酬进行规范缺乏阶位足够高的立法为其授权，其合法性也成为问题。另外，即便高管薪酬过高的不合理性存在、因社会收入差距过大而强烈要求规范高管薪酬的民意存在，也“并不必然赋予财政部行政干预的合法性”②。

其次，即使财政部合法享有出资人之名，但其权力也仅仅及于国有独资企业、国有独资公司。根据《中华人民共和国企业国有资产法》第27条的规定，履行出资人职责的机构仅负责对由其直接任免的国有独资企业、国有独资公司的

① 万方婕：《从经济法的角度看金融高管限薪》，《中国法学会经济法学研究会2009年年会暨第十七届全国经济法理论研讨会》会议论文集（下），南京大学，2009年11月28日至29日，第157－161页。

② 缪心毫：《金融机构高管限薪令的法学思考》，http：//www.fatianxia.com/paper/64977/，2009年7月24日。

高管进行考核、奖惩并确定其薪酬标准，并未将履行出资人职责的机构确定薪酬标准的对象扩展到国有资本控股公司、国有资本参股公司中由股东大会或股东大会选举的董事、监事，更未扩展到经国有资本控股公司、参股公司董事会聘任的经理等企业高管人员。由此可以看出，立法者的意图是仅仅赋予履行出资人职责的机构决定国有独资企业、国有独资公司高管薪酬的权力，而对国有控股公司、国有参股公司高管薪酬依然采用普通商事公司决定程序。但两个通知不仅对金融类国有及国有控股机构及其控股子公司的高管薪酬问题直接予以政策指导，并且要求其他非国有金融机构也应比照执行，明显超越了财政部的职权，属于对市场过度干预的越权行为。

最后，两个文件采用一刀切的强制降薪规制手段，忽略了不同金融企业的业绩差异，既不利于高管行为的激励，也有破坏公司正常治理秩序之嫌。笔者认为，即使作为应急手段，也要尽可能考虑其可能带来的长远不利影响。并且，两个文件限定的标准不当，财政部限定金融高管薪酬最高不得超过 280 万元，很明显这是参照了美国限薪令的 50 万美元标准，然而中国的职工年收入均值仅仅 2 万~3 万人民币，远远低于美国普通职工年收入的 3 万~5 万美元，中国金融高管薪酬最高标准实质上远高于美国标准。同时，对年薪不到 280 万元的高管，人们也有理由担心限薪令变为涨薪令。[①]

5. 六部门《关于进一步规范中央企业负责人薪酬管理的指导意见》

《关于进一步规范中央企业负责人薪酬管理的指导意见》（以下简称《薪酬管理的指导意见》）在国际金融危机背景下出台，响应了社会公众约束国企高管薪酬的诉求，其出台本身就意义非凡，“有引领世界潮流的意味”[②]。同时，《薪酬管理的指导意见》采用行政手段约束规范央企负责人的薪酬，因央企本身的全民所有性质决定了规制的正当性与公正性。不过，《薪酬管理的指导意见》在法治社会不断推进的当前，其法理性、制度细节尚存有进一步完善的地方。《薪酬管理的指导意见》在我国立法理论与法律体系中至多是个规范性文件，效力层次低，缺乏强制性与司法性；《薪酬管理的指导意见》适用于所有央企，但对市场选拔的央企高管例外，即高管薪酬考核实行内外有别的“双轨制”，动机是为了照顾海归高管，却有失公平之嫌，缺乏法理支撑，也不符合国际惯例；国企高管薪酬的决定权在《薪酬管理的指导意见》中非常模糊，有待明确；《薪酬管理的

---

① 于成永：《从“高薪门”论争看高管人力资本评估》，《中国人力资源开发》，2009 年 12 月号，第 65－66 页。

② 万国华：《国际金融危机背景下中国国企高管薪酬规制略谈》，《中国法学会经济法学研究会 2009 年年会暨第十七届全国经济法理论研讨会》会议论文集（上），南京大学，2009 年 11 月 28 日至 29 日，第 455 页。

指导意见》笼统管制所有高管薪酬，未做企业行业性质等的分类区分，也有失公允，不利于效率提升；从权利义务对等原则来看，《薪酬管理的指导意见》依然缺失对国企高管责任的规定；[①] 另外六部委出台这一文件，如何落实文件精神、各个部委之间如何划分监管权限还需要进一步明确，避免各部委相互推诿责任。部分制度尚待进一步明确和规范，如对基本年薪的要求上规定"基本年薪要与上年度中央企业在岗工资平均工资相联系"，此处的"中央企业在岗工资平均工资"容易发生歧义，其既可理解为作为央企的本企业上年度职工平均工资，也可理解为所有央企上年度职工平均工资，两个平均工资带来的薪酬结果完全不同。由于本公司职工平均工资可能高于也可能低于所有央企平均工资，在本企业平均工资高于所有平均工资时，高管为了自身的薪酬有作前者理解的激励，反之，则有理解为所有央企平均工资的激励。根据《薪酬管理的指导意见》的精神，并不鼓励有利的选择理解，因而可以认为《薪酬管理的指导意见》的含义应该是指所有央企的职工平均工资。但即使做这样的理解，这一制度也很难落实，因为其落实必须建立在所有央企职工平均工资数额已知的前提上，但目前这一数字缺乏，并且如何核算这一数字、如何联系也都是问题。这些问题的存在注定了《薪酬管理的指导意见》仅仅只能是指导性文件，无法真正对高管薪酬进行实质性规范。

6. 银监会《商业银行稳健薪酬监管指引》

银监会站在商业银行监管机构而非商业银行出资人的角度出台《商业银行稳健薪酬监管指引》（以下简称《指引》）本身是恰当的，指引是针对2008年全球金融危机暴露的金融机构薪酬制度安排诱使高管采取过度冒险和逐利行为的问题而采取的强化薪酬监管措施，其主要目的是"防止激励不当或激励过度"[②]；《指引》针对金融风险的长期性，明确对薪酬结构进行安排，限制基本薪酬比重，要求大幅提升绩效薪酬所占比重，对绩效薪酬增设延期支付方式，且延长期限至3年；《指引》要求商业银行建立绩效薪酬延期追索、扣回制度，如在规定期限内其高级管理人员和相关员工职责内的风险损失超常暴露，商业银行有权将相应期限内已发放的绩效薪酬全部追回，并止付所有未支付部分；延长中长期激励薪酬的锁定期至3年，扩充了薪酬披露的内容；借鉴美国金融改革法案的做法，赋予监管机构特定情况下的薪酬决定审批权。应该说，《指引》吸收了当前有关薪酬规制的最新理论成果和国际最新规制措施，推进了我国薪酬规制制度建设步伐；

① 万国华：《国际金融危机背景下中国国企高管薪酬规制略谈》，《中国法学会经济法学研究会2009年年会暨第十七届全国经济法理论研讨会》会议论文集（上），南京大学，2009年11月28日至29日，第455页。

② 杨斌：《"硬指标"挂钩薪酬，银行高管告别"天价"》，《成都商报》，2010年3月11日，第29版。

另外，《指引》本身不具有强行力，但监管机构通过每年的薪酬管理机制健全性和有效性的评估促使金融机构自愿采纳指引的制度安排，这一规制手段类似于英国上市规则对治理准则采用的"遵守或说明"自主规制手段，拓展了规制手段，增强了规制的灵活性。不过，《指引》在具体操作层面上似乎还缺乏细则规定，存在需要进一步完善和细化的地方，如果不注意解决这些问题，"原本就很原则、无明细的银行高管'限薪令'也就成了名副其实的一张废纸，起不到任何的实际意义"。[①] 首先，指引适用范围囊括了所有商业银行，已经上市的商业银行自然包括在内，因此，《指引》的制定主体还应当包括证监会；其次，制度能够得到真正落实尚需要监管机构的监管，《指引》设置了监管机构的评估、查处、审批等监督手段，但笔者认为仅有这些手段还远远不够，应加入市场监管，将相关履行情况披露，增加透明度；再次，《指引》中虽然首次引入了绩效薪酬延期追索、扣回制度，但其前置条件"风险损失超常暴露"模糊不清，尚需进一步明确；最后，延期支付的法律性质何在并不明确，《指引》出台后，实务界就提出了疑问——绩效薪酬尚未支付完结之前辞职是否影响其支付？如何支付？

三、我国公司高管薪酬法律规制的立法思考

（一）我国高管薪酬法律规制的特殊约束要件

1. 法律规制时代背景的特殊性

当前，我国正处于由计划经济向市场经济转变的转型时期，既面临从乡村型农业社会向城市型工业社会的复杂社会转型，又面临从指令型经济向市场经济的体制转型的双重转型[②]，并且，我国市场经济的建立并非现代经济发展由内而生的自发演进过程，而是在计划经济基础上的转型，是在国家主导下进行的人为设计和干预的制度创新与突变，缺乏西方发达市场经济国家发展的初始条件。特殊的转型约束条件塑造了我国政府规制改革的特质：放松规制与加强规制并存。一方面政府管制过多的地方需要放松规制，主要体现在受计划经济管制思维和全能政府固有惯性影响，政府公权力过多介入微观经济生活，公权与私权对比失衡，权力越位、错位现象严重，造成经济行政化、日常生活政治化，国家干预泛化、异化造成资源配置低效率，产生大量规制费用，官僚机构大幅膨胀，各种寻租行为大量涌现，社会总福利降低。为克服政府规制的无效率，提高资源配置效率，

---

① 何亮：《银监会"限薪令"之疑》，《新经济杂志》，2010年第4期，第91页。

② 世界银行：《2020年的中国》，北京：中国财政经济出版社，1997年版，第5页。

“放松规制成为市场经济国家微观政策的取向”[①]，需要政府实行放松经济性规制为主要导向的规制体制改革。另一方面市场规则尚未建立的地方需要加强制度建设，增强社会性规制。主要是处于经济转型背景的我国，市场发育不成熟、市场机制不完善导致非正常市场失灵现象较为普遍；相对资本、技术等生产要素的短缺，有效配置物质资料生产要素的制度性要素尤为短缺，且形成了“需求不足—供给不足—需求不足”的制度性要素循环陷阱。[②] 放松规制与加强规制反映在高管薪酬规制上，是需要国家放松过去对高管薪酬的严格控制，将高管薪酬的行政决定改变为市场决定，同时加强市场经济条件下高管薪酬市场决定机制的建设，克服市场机制本身存在的弊端。因此，我国高管薪酬的法律规制将不同于市场经济发达国家加强薪酬规制的动向，既要遵循放松管制的要求，也要注意建构市场条件下的运转机制，加强某些薄弱环节制度的建设。

2. 我国公司治理结构的特质性

与域外相比，我国市场中国有企业数量依然庞大，国有经济比重大。据2009年国家统计局数字显示，我国国有企业和国有控股企业资产总额占全部规模以上企业的比重为43.7%，并在国计民生的重要行业中仍居主导地位。在国有企业公司治理中存在的最大问题是所有者虚置，企业所有权名为国家所有或全民所有，但并无真正的所有者，与私人企业相比，缺乏对经营者强有力的考核约束主体，且经营者与党政领导干部界限不清，二者的福利待遇没有明确规定。[③] 尽管现行制度安排也做出了改进，如赋予国资委行使出资人的权利或设置国有资产经营管理公司履行出资人职责，但相关出资人并非终极所有者，同样存在激励问题，且现有的有权无责制度安排导致廉价投票权的出现，导致“强政府控制”的国有企业监督机制形同虚设，出现严重的“内部人控制”[④]。同时，我国国有企业并未区分经营性与公益性的经营目标，笼统将所有国有企业按照经营性企业的公司治理结构进行制度安排。我国国有企业这一特质导致以股东中心主义理念设计的高管薪酬约束机制无法真正发挥投资者的约束监督作用，需要重新考虑设置与普通商事公司不同的规制制度。

另外，我国上市公司主要由国有企业改制形成，公司中国有股“一股独大”现象非常普遍，中小股东持股数量少而分散，也缺乏约束和监督内部人的动力与手段，高管的逆向选择与大股东侵害中小股东合法利益的事件时有发生，如何规

① 史铭鑫：《经济性规制的放松与社会性规制的加强》，《北方经济》，2005年第9期，第55页。

② 杜仕林：《转型期国家干预之边界考量——基于经济法的认知视角》，《甘肃社会科学》，2006年第4期，第16页。

③ 郭静静、邸彦彪：《我国国企高管薪酬存在的问题及对策分析》，《经营管理者》，2010年第8期，第122页。

④ 费方域：《控制内部人控制》，《经济研究》，1996年第6期，第31－39页。

范高管与大股东的行为、保护中小股东合法权利成为我国公司治理的首要问题。普通商事公司治理问题与国企改革问题交织在一起，增大了我国公司治理的复杂性。

我国公司治理的特质性带来的问题反映在高管薪酬方面，主要体现在以下的质疑中：所有者缺位情况下高管存在凭借权力自定年薪倾向，缺乏有效的监督机制；高管薪酬没有剔除垄断带来的意外之财，不少国有企业的巨额利润是由市场垄断而得，并不是因为国企高管有多大能力，不能完全体现高管的能力与付出，需要在企业利润的基础上，制定一个调节系数，来调节高管的绩效收入，并且垄断性行业的高管薪酬与竞争性行业的高管薪酬之间存在极大不平衡，垄断性行业的高管薪酬明显偏高，这些行业在享有国家垄断保护的条件下，高管却享有与国际接轨甚至超过国际水平的薪酬收入；国有上市公司高管多数是政府任命的，国企高管身份双重化，行政、经济双重激励，推行市场化的薪酬制度改革却缺乏市场化的用人机制和绩效考核机制，薪酬制度官本位严重，演变为以市场化为名进行行政性薪酬提升的异象；金融类国有及国有控股企业的绩效在很大程度上依赖于国家的政策、国家提供的巨大资本基础、各种稀缺的牌照资源以及国有金融企业职工的共同努力，如果将这种共同努力最终归功于个别高管，支付其不合理高价薪酬无疑是将社会整体利益约化成为了个人利益;① 国企是国家的、全民的，收益应该属于国家和全民，高管们不能在收益分成中独大；高管薪酬不应与普通员工差距过大，否则不仅有违公平，还会拉大贫富差距。②

（二）总体思路

1. 统一规制基础上加强分类规制

针对我国高管薪酬的复杂性与特殊性，笔者认为，应在统一规制基础上加强分类规制。首先，针对所有商事企业建立全国统一的普遍适用的薪酬规制制度，在公司法中对基本薪酬决策机制进行安排，界定薪酬内涵与形式，细化薪酬决定权的配置，明确薪酬委员会的职能，完善独立董事的规定，强化薪酬决定权人的责任，增加中小股东薪酬决策的参与度，建立健全公司内部制衡机制；在证券法中细化信息披露规则，在税法、会计规则中相应调整制度安排。其次，区分不同所有制企业高管薪酬进行差别对待，针对国企的特殊情况，出台统一的规范办

① 万方婕：《从经济法的角度看金融高管限薪》，《中国法学会经济法学研究会 2009 年年会暨第十七届全国经济法理论研讨会》会议论文集（下），南京大学，2009 年 11 月 28 日至 29 日，第 157 - 161 页。

② 王通平：《国有企业经营者薪酬制度困境法律分析》，《华南理工大学学报》（社会科学版），2010 年第 3 期，第 56 页。

法[①]规范国企薪酬结构、薪酬水平、薪酬发放、福利以及在职消费等，区分垄断性国企与经营性国企，建立和完善国企高管薪酬制度体系，并针对特定行业特殊状况进行专门制度设计，如针对商业银行、保险机构等具有特殊风险的行业进行专门规范，完善现有规范。

2. 提升规制立法层次，政府规制与自主规制相结合

现有高管薪酬规制措施的立法层次过低，亟须提升规制层次增强规制效力。鉴于短期内大规模修改公司法、证券法的可行性不大，笔者认为，可考虑制定《公司法实施条例》、《证券法实施条例》，将薪酬决定机制、信息披露等内容加以细化，或者借鉴德国做法专门制定有关董事薪酬的法规，这些规则对所有商事公司（无论上市还是非上市、无论私企还是国企）都普遍适用。同时借鉴公司法的立法体例，增设国企高管薪酬特殊制度，原则性设置高管薪酬最高限额以及业绩联动薪酬获取程序等内容。

发挥民间机构和机构投资者的自主规制作用。笔者认为，可以借鉴日本董事协会制定经营者薪酬指引的做法，由董事协会或相关监管部门发布不具有强行力的薪酬指引，引导相关高管薪酬，或者借鉴英国做法，在证监会下设一个公司治理委员会，发布高于法律规制的公司治理准则，通过证券交易所上市规则要求上市公司进行“遵守或说明”，从而提高上市公司在薪酬决定、信息披露方面的质量。这既是域外规制的经验，也是对公司法强制性规范缺点的补强。[②] 其实我国现有体制中已经开始采用这一做法，如交易所规定的上市条件就高于证券法规定的上市条件、银监会发布的《商业银行稳健薪酬监管指引》具有的软法性质，只不过这方面的力量过于单薄，还未受到重视。在发挥机构投资者作用方面，我国目前也有很多机构投资者，可借鉴日本养老基金协会发布《养老基金协会股东表决权行使指南》的做法，如社保基金就可以采用这一手段引导上市公司薪酬政策。另外，我国上市公司国有股份比重较大，国资委作为国有资产的代表也可制定和发布《国有股东表决权行使指南》，就国有股权的行使原则和理念进行明确与宣示，既可以对国有股的代表行使权利进行规范，又可以引导上市公司高管行为，在社会上发挥良好示范作用。

3. 注意协调发挥不同法律制度的规制作用，形成制度合力

不同法律制度有不同的立法价值与目的，任何单一制度均不能真正实现对社

---

① 其实，2009年人力资源和社会保障部牵头制定了《国企高管薪酬条例》，试图就国企高管薪酬进行统一规范。然而这一条例的相关内容仅有媒体报道，相关的行政法规和部门规章中并无其踪影，条例本身的内容无法得知，条例至今没有下文，无疾而终，其原因也不得而知。但这依然无法否认制定统一的国企高管薪酬规范办法的必要性。

② 有关公司法强制性规范的是与非，学者的讨论已较为深入，详细内容参见［加］布莱恩·R. 柴芬斯：《公司法：理论、结构和运作》，林华伟等译，北京：法律出版社，2000年版，第245－269页。

会生活的控制，唯有不同制度间相互协调、共同作用、形成制度合力，方能取得预期效果。这也为域外规制立法实践所证实，我国规制立法也开始自觉与不自觉开启了这一协调。2005 年《中华人民共和国公司法》修订后，即有实务界人士呼吁税收立法应当立即跟进，[①] 尽管呼吁的税收立法并非针对高管薪酬，但也反映出税法立法应与公司立法相协调联动的需求；2009 年 1 月与 5 月，财政部、税务总局先后联合颁布《关于股票增值权所得和限制性股票所得征收个人所得税有关问题的通知》和《关于上市公司高管人员股票期权所得缴纳个人所得税有关问题的通知》，允许一定条件下高管可以分期缴纳个税，这一规定成为我国税收政策主动对股权激励进行政策性倾斜的开端。可以预见，未来我国相关法律制度之间的配合、协调将成为立法活动的重要一环。

4. 注意与国家经济发展政策、国际规制趋势相协调

各个国家规制高管薪酬也是有收有放，并非全是强力规制。各国规制高管薪酬均从本国经济发展政策出发，采取相应的规制措施，如对银行高管薪酬的规制，英国不少学者表达了过严薪酬规制会导致人才流失有损伦敦建立世界金融中心的担忧，日本薪酬规制则服从于调动经营者积极性、提振日本经济的国家政策。因此，在确定薪酬规制政策时既要考虑国内社会的各种诉求，也要站在国际视野下考量国家的全球战略，权衡利弊；同时也需要注意克服现有薪酬水平定位偏差。在经济全球化条件下，由于我国经营管理人才缺乏，国外跨国公司、国内民营企业与国有企业争夺人才，导致相关部门对国企高管薪酬水平定位出现偏差，片面向市场价位接轨，甚至向发达国家企业高管薪酬水平看齐，这显然超出了我国当前国情和大众心理的承受程度。

（三）具体设想

1. 完善薪酬决定机制，构筑利益冲突隔离机制，激活股东监督机制，确保程序公正

明确股东大会的薪酬决定权边界，尽可能避免高管利用不同名目行薪酬发放之实而规避薪酬法律规制。笔者认为，可借鉴日本《公司法》做法，在公司法或公司法实施条例中明确将薪酬界定为高管因其职务执行从公司获得的所有利益，包括基本薪酬、奖金、绩效薪酬、中长期激励、离职费、退休金、各项福利、在职消费等。考虑股东大会效率与股东大会权利行使的有效性问题，以及高管薪酬决定的高度技术性与复杂性，在不改变现有薪酬决定机制的前提下，重新调整上市公司薪酬决定权配置，可以将股东大会薪酬决定权大量限缩而增加董事

① 王奎、陈庆贵：《〈公司法〉修订之后税收立法应跟进》，《经济研究参考》，2006 年第 47 期，第 15 页。

会的薪酬决定权利与责任，即股东大会薪酬决定权应局限于高管薪酬政策与长期激励方案，具体事宜则授权给董事会决定。考虑到我国“一股独大”的特殊股东结构状况，为保护中小股东合法利益，可在薪酬政策与长期激励方案表决时引入分类表决通过方式，赋予中小股东对薪酬方案的实质性影响权；为了防止董事自定薪酬的利益冲突出现，上市公司应设立由独立董事构成的薪酬委员会，由其制定薪酬政策初案，提出所有高管薪酬建议。不过，为更好地调动股东监督高管薪酬合理性的积极性，股东大会应保留薪酬修改权。这是因为现行《中华人民共和国公司法》为保护中小股东合法利益而在第103条第2款、第3款中引入了股东提案制度，虽然现行提案制度存在诸多不完善的地方，[①] 但毕竟为股东在公司最高权力机构表达自己的意思提供了机会。根据103条的规定以及股东大会现行职权的划分，股东完全可以就高管薪酬提出相应修改提案，在我国上市公司股东行使提案权相对较为积极的现状下[②]，股东利用提案监督高管薪酬合理性的作用也不容小觑，因而应当保留股东大会的薪酬修改权。在国企高管薪酬决定权的配置上，当前理论界普遍的观点认为应改变现行行政审批的模式，而在国企中建立董事会并引入独立董事制度。笔者也赞同这一改革方向，毕竟薪酬的决定更多还是企业自身的经营行为，回归市场才是其正确的发展路径。不过在薪酬委员会自身的定位上，笔者认为，我国立法体制中依然非常注重股东的作用，在股东中心主义体制没有改变之前，董事会不可能全部控制薪酬决定，因此，这里所设立的薪酬委员会只能定位于董事会的专业咨询机构，为董事会薪酬决定提供辅助作用。

在此基础上，建立薪酬决定权人责任追究机制。为从根本上约束不当高薪的出现，笔者认为，在现行证监会课以的警告、市场禁入等行政责任基础上需要增加经济责任。可借鉴德国新近做法，增设薪酬决定权人薪酬合理性注意义务，对参与高级管理人员薪酬决定的董事会成员课以这一义务；并且考虑我国公司存在的“一股独大”、控股股东可能滥用权利损害中小股东利益的特殊状况，对参与薪酬决定的控股股东也应课以这一义务；增设高管不当薪酬损害赔偿义务与不当薪酬领受人财产返还义务，以确保公司财产回复。需要说明的是，学界通常将薪酬合理性注意义务纳入高管的注意义务（亦为勤勉义务[③]）当中，虽然《中华人

---

① 有关我国股东提案制度存在的问题及其建构，参见李荣：《我国提案制度的缺陷与完善——兼论新〈公司法〉第103条第2款》，《社会科学研究》，2006年第6期，第77-81页；《论我国提案制度之法律构建》，《四川师范大学学报》，2006年第4期，第11-17页。

② 有关我国上市公司股东提案权行使情况的实证统计分析，详见李荣：《股东提案制度绩效实证分析——以沪深两市上市公司为例》，《四川教育学院学报》，2010年第3期，第44-48页。

③ 公司高管的勤勉义务亦可称作善良管理人的注意义务、注意和技能义务等。刘俊海：《新公司法的制度创新：立法争点与解释难点》，北京：法律出版社，2006年版，第404页。

民共和国公司法》第148条规定了高管的勤勉义务，也在第150条课以了损害赔偿义务，但并未明确将薪酬合理性注意义务纳入，有进一步明确这一责任的必要。同时，法律还需要明确薪酬的合理性标准，笔者认为，可借鉴国企高管薪酬五大原则与德国高管薪酬合理性标准的做法，在公司法或公司法实施条例中明确要求薪酬与董事个人职务、业绩、公司状况具有相当关系，薪酬构造必须引导公司持续性发展。在课以董事薪酬合理性注意义务的同时，笔者认为，为更好地发挥薪酬委员会的专业作用，可在董事薪酬合理性注意责任追究时将遵循薪酬委员会建议情况作为董事免除证明责任的要件。换言之，如果董事会决定高管薪酬是在薪酬委员会建议的基础上做出的，即可推定董事薪酬决定已经履行了合理性注意义务，此时试图挑战董事会决议合理性的当事人必须承担薪酬不合理的证明责任。这一制度安排具有两大优点，一是可以减轻董事的证明责任，保护董事；二是可以促使董事会薪酬决策时大量采用薪酬委员会的建议，从而起到提升薪酬委员会地位的作用。此外，还要注意这一责任与董事责任保险①、责任免除制度②之间的协调。由于现代公司中的高管需要承担很大的经营风险，为鼓励高管积极参与经营，各国公司实践中发展出董事责任保险和责任免除制度以减轻董事高管经营责任。如果不考虑薪酬决定权人薪酬合理性注意义务与董事责任保险、责任免除制度之间的协调，薪酬决定权人在明显做出不合理薪酬决定时需要承担的责任也会因保险赔偿或免责而被消解，设置薪酬合理性注意义务试图通过课以薪酬决定权人经济责任以约束其行为的制度目的也就完全落空。故笔者认为应在吸引、激励高管参与经营活动与约束高管合理行为之间进行利益衡平，既要降低高管可能承担高额赔偿的可能性，又要使高管承担必要的经济责任，可借鉴德国保

---

① 董事责任保险全称应为董监事及高级管理人员责任保险，也称D&O保险，是指由公司或者公司与董事、高级管理人员共同出资购买，对被保险董事及高级管理人员在履行公司管理职责过程中，因被指控工作疏忽（Negligence）或行为不当（Misconduct）（其中不包括恶意、违背忠诚义务、信息披露中故意的虚假或误导性陈述、违反法律的行为）而被追究其个人赔偿责任时，由保险人负责赔偿该董事或高级管理人员进行责任抗辩所支出的有关法律费用并代为偿付其应当承担的民事赔偿责任的保险。广义的董事责任保险，保险公司除了承担上述保险责任外，还应当负责赔偿公司根据董事责任和费用补偿制度对有关董事做出的补偿。董事责任保险发端于20世纪30年代的美国，60年代后得到了较快的发展。在西方发达国家，尤其是美国，绝大多数上市公司为自己的董事及高级管理人员购买了董事责任保险。在我国，2002年1月7日中国证监会和国家经贸委发布《上市公司治理准则》和2002年1月15日最高人民法院发出《关于受理证券市场因虚假陈述引发的民事侵权纠纷案件有关问题的通知》之后，国内几大财产保险公司——平安、美国美亚、中国人保、华泰财产保险公司等相继隆重推出了董事责任保险的险种。2002年1月24日，在平安保险公司的董事责任险险种发布会上，万科企业股份有限公司与平安保险公司签订首份保单，成为了我国董事责任保险的第一买主。

② 高管责任免除机制广义上包含法定免除机制、意思豁免机制和董事责任保险机制。其中，法定免除机制包括经营判断原则和异议董事责任免除；意思豁免机制包括公司章程豁免、股东大会决议豁免、董事会决议豁免、监事会许可豁免。本书此处所谓的责任免除制度主要是指狭义的意思豁免机制。

障高管薪酬合理性采取的措施，强制设定高管必须承担一定程度的经济责任，如董事自己最低必须负担损害的10%至董事固定报酬1.5倍之间的赔偿责任。

发挥薪酬委员会作用，提升独立董事独立性。首先，提高独立董事独立性标准，延长与公司联系的间隔时间。现有有关独立董事的规范主要是证监会2001年发布的《关于在上市公司建立独立董事制度的指导意见》，该意见总体上构建了我国上市公司独立董事的独立标准，开始了针对我国国情的独立董事制度建立探索。不过这一标准现在看来过于宽泛，无法真正保障独立董事的独立性，如只设置了一年的追溯期限[①]，与美国、德国普遍为2年、3年的标准相比，明显过短，而且考虑我国“关系社会”的传统，这一期限显得太短；也未考虑交叉董事以及主要业务交易关系当事人的限制。笔者认为，在独立董事作用越来越受到各国重视和我国独立董事队伍逐渐扩大的情况下，我国也应进一步提升独立董事的独立性标准，延长独立董事的追溯期限，扩大交叉董事与主要业务交易关系当事人的独立性适格限制。其次，独立董事薪酬支付与任职公司脱钩。学界对此提出三种管理体制：第一种体制建议成立全国统一的独立董事公会或事务所负责向全国上市公司推荐、委派并考核独立董事，按照考核发放薪酬，薪酬源自公司上交的费用；第二种体制建议在证交所设立独立董事基金，上市公司每年按一定标准缴纳费用，由该基金统一向独立董事支付薪酬；第三种体制建议设立非营利性自律组织——独立董事协会，由其负责独立董事的任职资格、注册考核等管理，向上市公司推荐独立董事候选人，上市公司支付年费作为协会支付独立董事薪酬的基金。[②] 笔者比较赞同第三种建议，毕竟前两种方式的行政性相对较强，而采用自律的方式不仅符合前述的发挥民间力量的思路，也可以很好地利用其自身的专业性，通过形成市场机制进行约束，可能取得更好的监督效用，也符合规制改革未来的发展方向。而且国企董事会的独立董事也可参照这一机制进行选任，即独立董事协会向国资委等履行国有资产出资人职责的机构推荐独立董事候选人，国资委从中选任国企独立董事，国企向独立董事协会支付年费。采用这一机制可以利用独立董事协会形成全国性的独立董事选任市场，通过市场的声誉惩罚机制

---

① 《关于在上市公司建立独立董事制度的指导意见》第三条规定，独立董事必须具有独立性，下列人员不得担任独立董事：一是在上市公司或者其附属企业任职的人员及其直系亲属、主要社会关系（直系亲属是指配偶、父母、子女等；主要社会关系是指兄弟姐妹、岳父母、儿媳女婿、兄弟姐妹的配偶、配偶的兄弟姐妹等）。二是直接或间接持有上市公司已发行股份1%以上或者是上市公司前10名股东中的自然人股东及其直系亲属。三是在直接或间接持有上市公司已发行股份5%以上的股东单位或者在上市公司前5名股东单位任职的人员及其直系亲属。四是最近一年内曾经具有前3项所列举情形的人员。五是为上市公司或者其附属企业提供财务、法律、咨询等服务的人员。六是公司章程规定的其他人员。七是中国证监会认定的其他人员。其中第四款规定的一年即为追溯期限。

② 陆程葆：《我国上市公司独立董事的薪酬规制》，《企业导报》，2009年第4期，第67页。

促进独立董事职能的履行，可有效提升监督效用和降低监督成本。最后，提高薪酬委员会自身的独立性。理论与实证研究倾向认为，外部董事有利于促进 CEO 激励薪酬的采用，且外部董事比例和激励薪酬之间存在正相关关系。[①] 笔者认为，虽然现行制度要求独立董事至少占薪酬委员会成员的 1/2，在前述提升独立董事独立性基础上，这一比例较为合理，暂无须提高，但需要防止经营层对薪酬委员会的过度控制，因此可考虑将薪酬委员会主任人选限定在独立董事范围内。对国企的薪酬委员会则可要求由独立董事和职工董事构成，因为《中华人民共和国公司法》明确要求国企董事必须要有职工董事，为更好地发挥职工董事的作用，将薪酬委员会成员限定在独立董事与职工董事范围内，有助于彻底实现业务执行与监督职能的区分。这也与学者建议提高国企职工在高管薪酬问题上的话语权[②]不谋而合。

另外，为更好地发挥机构投资者、国有股权在上市公司股东大会决议中的作用，弥补法律强制作用的不足，笔者认为，可发挥这些机构尤其是具有国有性质机构的作用，通过各自发布股东表决权行使指南，如国资委发布国有股权表决权行使指南、全国社保基金发布社保基金股东表决权行使指南等，表明对薪酬方案表决的意见，从而引导上市公司薪酬政策，也为社会提供一个薪酬发展导向和评价导向。

2. 细化信息披露项目，完善信息披露制度，提高薪酬透明度

鉴于我国上市公司现有的薪酬信息披露基础条件，笔者认为，在现有基础上稍微加大和细化信息披露项目，即能用较小的立法成本代价和公司披露成本代价实现较为理想的薪酬市场约束。因此，现阶段信息披露的完善举措上，应提高信息披露的广度和深度。

首先，提升信息披露的立法阶位，在现有《中华人民共和国公司法》、《中华人民共和国证券法》中增加薪酬信息披露的基本内容，除了要求薪酬议案对股东披露外，还应要求在年报和公司治理报告中专门披露董事薪酬总额及其具体构成项目、薪酬政策、薪酬委员会构成与运作情况、业绩联动薪酬情况。证监会再通过《公开发行证券的公司信息披露内容与格式准则第 2 号〈年度报告的内容与格式〉》进一步加以细化和明确。

其次，提高信息披露的广度，要求披露高管从公司获得的一切利益，包括基本报酬、奖金、退休金、离职费、福利待遇、在职消费以及信用提供等；披露公司薪酬政策，披露薪酬业绩联动的具体规则和实施内容，如披露股票期权的操作

① 彭璧玉、肖华：《公司治理结构与 CEO 薪酬决定：一个理论综述》，《广东社会科学》，2007 年第 3 期，第 19 页。

② 王佑发：《高管薪酬制度的反思与重构》，《法学论坛》，2009 年第 2 期，第 111 页。

流程与要素，强调行权价格、行权数量调整等信息的披露，借鉴美国的信息披露增加股权激励占薪酬总额的构成比例、已实施的股权激励明细信息、股权收益与公司业绩、行业业绩、公司股价、市场指数的比较等信息；为发挥市场对薪酬委员会独立董事的监督约束作用，披露薪酬委员会成员构成情况和运行情况，披露薪酬委员会成员姓名与构成，披露薪酬委员会对薪酬政策的讨论、考虑的因素、薪酬与业绩的关系等内容，披露董事会对薪酬委员会建议的重大修改或否定情况。

最后，借鉴美国、日本做法，集中详细披露每个高管薪酬的具体构成项目。虽然现行薪酬披露已经披露了每一高管的薪酬总额，但薪酬的具体构成通过年报披露无法了解，也无法了解薪酬内容哪些与业绩关联、哪些与业绩无关，为更好地监督、约束高管薪酬，建议详细披露薪酬具体构成；不过，考虑现行披露制度披露了所有高管的薪酬，如果所有高管薪酬都详细披露的话，可能会给公司带来较大的披露成本。因此，笔者建议在全面披露公司所有高管薪酬的现有制度基础上，可将披露具体薪酬构成的高管范围限定在公司薪酬最高的前5位高管中。同时为更好比较和判断薪酬的合理性，建议披露本公司该职务近3年的薪酬变化动态、本公司与同行业的薪酬比较与业绩比较。另外，考虑我国许多上市公司中存有一定数量的高管在关联企业领取薪酬，现行披露规则仅要求披露在关联企业中领取薪酬这一事实本身，而对具体领取的薪酬数额并未要求披露。笔者认为，为更好地监督与约束高管行为，在全面扩展披露内容的当下，也需要披露高管在关联企业领取的薪酬情况。

值得一提的是，由于我国国企现阶段采用的披露方式是向职工大会或职工代表大会说明的方式，不具备实施上述信息披露要求的条件。然而，考虑国企的全民所有性质以及信息披露对高管行为监督的作用，笔者认为，可在现行披露基础上增设一些披露渠道，如国资委每年在其官方网站披露央企高管薪酬情况，地方国资委也在其官方网站披露地方国企高管薪酬情况，披露规则可参照上市公司披露规则，使国企的高管薪酬接受社会大众的监督。如果考虑这一方案现行可能遇到的阻力，可逐步推进，如先央企后地方国企，如先暂缓向社会大众披露，而是先向人大报告，接受人大代表的监督，等条件成熟后再向社会公众披露。

3. 多种机制相互配合，共同建立长期激励与短期激励相结合的业绩联动薪酬模式

在业绩联动型薪酬成为解决高管与股东利益不一致问题的最佳手段而被实务界大力推崇的当下，整合各种机制为业绩联动型薪酬形式的采用创造条件，进而形成兼顾公司长远利益与高管短期利益需要的长期激励与短期激励相结合的薪酬模式显得尤为重要。

首先，积极为业绩联动型薪酬创造市场条件，完善公司绩效评估机制。业绩联动型薪酬以业绩为前提条件，正确评估业绩、设定条件成为决定业绩联动型薪酬成败的关键。目前通用的四种业绩评估方法——会计绩效、市场绩效、综合绩效和相对绩效评估——各自有其弊端①，然而我国现有股权激励的规范——《上市公司股权激励管理办法》（试行）——采用的是四种方法中饱受争议的会计绩效评估方法，即采用净资产收益率和净利润增长率作为业绩评定标准，侧重于传统的业绩评价标准，财务指标体系不够全面、细致，非财务指标涉及较少。过于简单的财务指标使股权激励的行权条件易于实现，无法全面、准确、客观地评估激励对象的工作成效，并会带来诸多负面影响，包括短期行为、高风险经营，甚至人为篡改财务结果等。在我国股票市场过分投机和管理疲弱的当下，因股价不能真实反映公司业绩，也不适合采用股价这一市场绩效标准。笔者认为，可采用复合标准，即在现有会计标准基础上，增加本公司相对于同行业其他公司的业绩比较，这样既能避免股价不能真实反映公司业绩的问题，又能规避行业发展带来的“意外之财”，较为真实地体现高管自身的努力情况。同时现有股权激励制度中缺乏期权行权条件的必要限制，各个公司自定行权条件导致条件设定过低，如伊利股份 2006 年宣布的股权激励方案的行权条件为 2006 年净利润率不低于 17% 且主营业务收入增长率不低于 20%，不仅远远低于 A 股市场 2006 年主营业务收入平均增长 48.92%、主营业务利润率平均增长率 74.55% 的水平，而且也远远低于伊利股份头两年净利润率超过 20%、主营业务收入增长率 40% 的水平。过低的行权条件事实上使股权激励异化为管理层寻租而不是股东利益最大化的工具，股东与经营层之间并未出现利益趋同效应；② 现有股权激励的等待时间设定为 1 年，远远低于德国 4 年等待期间，不利于股权期权发挥出其激励的功用；现行制度缺乏行权股票的限售期，高管行权获得的股票仅仅只受到《中华人民共和国公司法》有关高管持股转让的限制，这不符合股票期权设定的理念，需要强制限定最低限售期。另外，现有制度未区分国有上市公司与普通商事公司，未考虑国有上市公司本身可能具有的特殊地位带来的业绩增长，也未考虑国有上市公司可能承担的政府课以的额外社会责任。笔者认为，考虑我国当前更需要吸引优秀人才参与企业经营活动，对股票期权不能过严限定，但现有股权激励管理办法已无法应对现实中的股权激励异化，因此，建议股权激励管理办法增加股权行权条件和限售期，延长等待期，可将期权行权条件设定为不低于公司近 3 年平均业绩

① 有关四种绩效的内涵及其弊端，可参见李懿洋：从公司治理看薪酬法制，台湾中正大学法律研究所硕士论文，2010 年，第 177 – 180 页。

② 程仲鸣等：《管理层寻租还是股东利益最大化——基于伊利股份股权激励的案例分析》，《重庆理工大学学报》（社会科学版），2010 年第 7 期，第 40 页。

水平，也不得低于本行业上市公司后30%企业的业绩增长水平，对国有上市公司则还需要综合垄断因素带来的业绩增长以及承担的额外社会责任对业绩的影响；等待期可考虑与法定董事任期相同，下限限定为3年；限售期的设定可与等待期综合考虑，只要实现股权激励从授权日起达到一个较长期限的目的即可，具体期限需进一步研究确定。

其次，充分利用税法、会计规则等为业绩联动型薪酬尤其是长期激励薪酬提供有利条件。前述的分析已知税法、会计规则在促进业绩联动型薪酬形式的采用方面具有独特的作用，笔者认为，为更好地鼓励公司对高管采用业绩联动薪酬尤其是股票期权、限售股等薪酬形式，可调整有关企业所得税的合理工资税前扣除制度，将满足长期激励条件的业绩联动型薪酬全额税前扣除，其余薪酬设定一个上限标准诸如全国职工上年度平均工资水平的12倍允许税前扣除，以此诱使公司采用具有长期激励功能的业绩联动薪酬。另外将股票期权的个税缴纳时间从行权日调整到转让日，增强股票期权对高管的吸引力；或者考虑股票期权可能被过度使用，可以在维持现有征缴实践不变的基础上，增设等待期和限售期较长的期权为个税适格期权进而允许转让日征缴个税，以体现对长期激励薪酬形式的鼓励和对短期激励薪酬形式的抑制的政策取向。

再次，政府规制与自主规制密切配合，形成优势互补的高效规制机制。在法律法规强制性进行规制的同时，充分发挥民间力量对高管薪酬进行规范。可考虑由证交所对上市公司提出更高的薪酬披露要求、更高的独立董事独立性标准、更严格的高管行为准则等，也可借鉴日本董事协会的做法发布经营者薪酬指引，对全国上市公司高管薪酬进行引导，也可借鉴英国做法设立公司治理委员会对公司治理发布要求，提出公司治理准则。通过各种民间力量对上市公司施加影响，促进上市公司治理结构的改善。

最后，充分发挥法院的审查作用，提高薪酬合理性水准。诚如本书第三章的分析，法院在高管薪酬合理性审查方面有其自身的特殊作用，我国应充分发挥法院的约束作用。有学者分析当前我国司法介入公司治理的条件，认为司法介入公司治理可分三步逐渐介入：第一步是尊重公司自治，高管薪酬由市场机制自我消化，司法介入保持克制态度，只要高管薪酬经过恰当的决定程序就不过问。第二步是发挥司法能动主义，在社会正义维护理念下，综合考虑我国经济发展状况、立法水平、政策目标等对过高高管薪酬损害中小股东利益甚至引起公愤的情形进行实质性审查。第三步司法实践矫正正义，对即使满足了适当的决定程序的天价高管薪酬，基于公平合理性的考虑和公司利益的衡平进行适当调整。[①] 笔者也赞

① 官欣荣：《我国司法介入公司治理的迷惑及对策——华尔街金融危机背景下的新思考》，《政法论坛》，2009年第4期，第134页。

同这一由易到难、先程序公平后实质公平的司法介入路径，有利于法院逐步积累经验，锻炼司法队伍，提高案件审理质量。另外，还需要进一步完善股东代表诉讼机制，衡平处理好诉讼前置条件与股东利益保护、董事利益保护之间的关系，为股东充分利用司法资源约束高管不合理薪酬提供必要手段。

参考文献

一、中文著作（含译著）

[1]［德］K. 茨威格特、H. 克茨：《比较法总论》，潘汉典等译，贵阳：贵州人民出版社，1992 年版。

[2]［德］托马斯·莱塞尔、吕迪格·法伊尔：《德国资合公司法》，高旭军等译，北京：法律出版社，2005 年版。

[3]［法］让·梯若尔：《公司金融理论》（上），王永钦等译，北京：中国人民大学出版社，2007 年版。

[4]［法］让·梯若尔：《公司金融理论》（下），王永钦等译，北京：中国人民大学出版社，2007 年版。

[5]［韩］李松哲：《韩国公司法》，吴日焕译，北京：中国政法大学出版社，2000 年版。

[6]［加］布莱恩·R. 柴芬斯：《公司法：理论、结构和运作》，林华伟等译，北京：法律出版社，2000 年版。

[7]［美］E. 博登海默：《法理学：法律哲学与法律方法》，邓正来译，北京：中国政法大学出版社，1999 年版。

[8]［美］H. 范里安等：《微观经济学：现代观点》，费方域等译，上海：上海三联书店、上海人民出版社，1994 年版。

[9]［美］阿道夫·A. 伯利、加德纳·C. 米恩斯：《现代公司与私有财产》，甘华鸣等译，北京：商务印书馆，2005 年版。

[10]［美］保罗·萨缪尔森、威廉·诺德豪斯：《微观经济学》（第十六版），萧琛等译，北京：华夏出版社，1999 年版。

[11]［美］彼得·德鲁克：《管理的前沿》，许斌译，上海：上海译文出版社，1999 年版。

[12]［美］伯纳德·施瓦茨：《美国法律史》，王军等译，北京：中国政法

大学出版社，1989年版。

［13］［美］丹尼尔·F. 史普博：《管制与市场》，余晖等译，上海：上海三联书店、上海人民出版社，1999年版。

［14］［美］弗兰克·伊斯特布鲁克、丹尼尔·费希尔：《公司法的经济结构》，张建伟等译，北京：北京大学出版社，2005年版。

［15］［美］克拉克曼、［英］戴维斯等：《公司法剖析：比较与功能的视角》，刘俊海等译，北京：北京大学出版社，2007年版。

［16］［美］理查德·A. 波斯纳：《法理学问题》，苏力译，北京：中国政法大学出版社，2002年版。

［17］［美］理查德·A. 波斯纳：《法律的经济分析》（上），蒋兆康译，北京：中国大百科全书出版社，1997年版。

［18］［美］理查德·A. 波斯纳：《法律的经济分析》（下），蒋兆康译，北京：中国大百科全书出版社，1997年版。

［19］［美］卢西恩·伯切克、杰西·弗里德：《无功受禄：审视美国高管薪酬制度》，赵立新等译，北京：法律出版社，2009年版。

［20］［美］罗·庞德：《通过法律的社会控制——法律的任务》，沈宗灵等译，北京：商务印书馆，1984年版。

［21］［美］罗伯特·C. 克拉克：《公司法则》，胡平等译，北京：工商出版社，1999年版。

［22］［美］罗伯特·考特、托马斯·尤伦：《法和经济学》，张军等译，上海：上海人民出版社、上海三联书店，1994年版。

［23］［美］罗伯特·蒙克斯、尼尔·米诺：《公司治理》（第2版），李维安等译，北京：中国财政经济出版社，2003年版。

［24］［美］马克·J. 洛：《强管理者弱所有者：美国公司财务的政治根源》，郑文通译，上海：上海远东出版社，1999年版。

［25］［美］曼库尔·奥尔森：《国家兴衰探源：经济增长、滞胀与社会僵化》，吕应中等译，北京：商务印书馆，1993年版。

［26］［美］曼瑟尔·奥尔森：《集体行动的逻辑》，陈郁等译，上海：上海三联书店、上海人民出版社，1995年版。

［27］［美］诺内特、塞尔兹尼克：《转变中的法律与社会：迈向回应型法》，张志铭译，北京：中国政法大学出版社，1994年版。

［28］［美］斯蒂格利茨：《经济学》（第二版）（上册），梁小民等译，北京：中国人民大学出版社，2000年版。

［29］［美］小贾尔斯·伯吉斯：《管制与反垄断经济学》，冯金华译，上海：

上海财经大学出版社，2003 年版。

［30］［美］小约翰·科利等：《公司治理》，李维安等译，北京：中国财政经济出版社，2004 年版。

［31］［美］约翰·罗尔斯：《正义论》，何怀宏等译，北京：中国社会科学出版社，1988 年版。

［32］［美］詹姆斯·E. 米德：《效率、公平与产权》，施仁译，北京：北京经济学院出版社，1992 年版。

［33］［日］植草益：《微观规制经济学》，朱绍文等译，北京：中国发展出版社，1992 年版。

［34］［英］安东尼·奥格斯：《规制：法律形式与经济学理论》，骆梅英译，北京：中国人民大学出版社，2008 年版。

［35］［英］亚当·斯密：《国民财富的性质和原因的研究》，北京：商务印书馆，1964 年版。

［36］［英］约翰·伊特韦尔等：《新帕尔格雷夫经济学大辞典》（第四卷：Q ~ Z），中译本，北京：经济科学出版社，1996 年版。

［37］《德国股份公司法》，贾红梅等译，北京：法律出版社，1999 年版。

［38］《德国商法典》，杜景林等译，北京：中国政法大学出版社，1999 年版。

［39］《中华人民共和国企业所得税法实施条例》立法起草小组：《中华人民共和国企业所得税法实施条例释义及适用指南》，北京：中国财政经济出版社，2007 年版。

［40］蔡立东：《公司自治论》，北京：北京大学出版社，2006 年版。

［41］陈国富：《委托—代理与机制设计——激励理论前沿专题》，天津：南开大学出版社，2003 年版。

［42］陈清泰、吴敬琏：《公司薪酬制度概论》，北京：中国财政经济出版社，2001 年版。

［43］陈思明：《现代薪酬学》，上海：立信会计出版社，2004 年版。

［44］褚红军：《公司诉讼原理与实务》，北京：人民法院出版社，2007 年版。

［45］单飞跃、卢代富等：《需要国家干预：经济法视域的解读》，北京：法律出版社，2005 年版。

［46］邓辉：《论公司法中的国家强制》，北京：中国政法大学出版社，2004 年版。

［47］方福前：《公共选择理论——政治的经济学》，北京：中国人民大学出版社，2000 年版。

［48］高明华等：《中国上市公司高管薪酬指数报告》（2009），北京：经济科学出版社，2010 年版。

［49］何美欢：《公众公司及其股权证券》（上册），北京：北京大学出版社，1997 年版。

［50］胡果威：《美国公司法》，北京：法律出版社，1999 年版。

［51］黄群慧：《企业家激励约束与国有企业改革》，北京：中国人民大学出版社，2000 年版。

［52］柯芳枝：《公司法论》，台北：三民书局，1997 年版。

［53］李昌麒：《经济法学》，北京：法律出版社，2007 年版。

［54］李新建：《企业薪酬管理》，天津：南开大学出版社，2003 年版。

［55］厉以宁等：《西方福利经济学述评》，北京：商务印书馆，1984 年版。

［56］刘俊海：《股份有限公司股东权的保护》（修订本），北京：法律出版社，2004 年版。

［57］刘昕：《薪酬福利管理》，北京：对外经济贸易大学出版社，2003 年版。

［58］彭剑锋等：《高管薪酬：最佳实践标杆》，北京：机械工业出版社，2009 年版。

［59］钱玉林：《股东大会决议瑕疵研究》，北京：法律出版社，2005 年版。

［60］卿涛、郭志刚：《多重视角下企业薪酬制度的解析与构建》，成都：西南财经大学出版社，2006 年版。

［61］沈四宝：《最新美国标准公司法》（2006 最新版），北京：法律出版社，2006 年版。

［62］沈宗灵：《比较法研究》，北京：北京大学出版社，1998 年版。

［63］沈宗灵：《法理学》，北京：北京大学出版社，1999 年版。

［64］施天涛：《公司法论》，北京：法律出版社，2005 年版。

［65］世界银行：《2020 年的中国》，北京：中国财政经济出版社，1997 年版。

［66］王保树主编，于敏译：《日本公司法现代化的发展动向》，北京：社会科学文献出版社，2004 年版。

［67］王红一：《公司法功能与结构法社会学分析：公司立法问题研究》，北京：北京大学出版社，2002 年版。

［68］王俊豪：《政府管制经济学导论》，北京：商务印书馆，2001 年版。

［69］王利民：《论人的私法地位：从一个制度的分析》，北京：法律出版社，2007 年版。

［70］王文宇：《公司法论》，北京：中国政法大学出版社，2004 年版。

［71］谢地：《规制下的和谐社会》，北京：经济科学出版社，2008 年版。

［72］徐罡等：《美国合同判例法》，北京：法律出版社，1998 年版。

［73］徐菁：《公司法的边界》，北京：对外经济贸易大学出版社，2006 年版。

［74］张红凤：《西方规制经济学的变迁》，北京：经济科学出版社，2005 年版。

［75］张开平：《公司权利解构》，北京：中国社会科学出版社，1999 年版。

［76］张民安：《公司法上的利益平衡》，北京：北京大学出版社，2003 年版。

［77］张维迎：《产权、政府与信誉》，北京：生活·读书·新知三联书店，2001 年版。

［78］张维迎：《信息、信任与法律》，北京：生活·读书·新知三联书店，2003 年版。

［79］张文显：《法理学》（第 3 版），北京：高等教育出版社，2007 年版。

［80］赵旭东：《新公司法制度设计》，北京：法律出版社，2006 年版。

二、中文论文（含译文）

［1］查婧：《中美高管薪酬披露规则比较》，《财会通讯·综合》（上），2009 年第 4 期。

［2］常健：《股东自治的基础、价值及其实现》，《法学家》，2009 年第 6 期。

［3］陈冬华等：《国有企业中的薪酬管制与在职消费》，《经济研究》，2005 年第 2 期。

［4］程仲鸣等：《管理层寻租还是股东利益最大化——基于伊利股份股权激励的案例分析》，《重庆理工大学学报》（社会科学版），2010 年第 7 期。

［5］杜仕林：《转型期国家干预之边界考量——基于经济法的认知视角》，《甘肃社会科学》，2006 年第 4 期。

［6］费方域：《控制内部人控制》，《经济研究》，1996 年第 6 期。

［7］傅穹、于永宁：《高管薪酬的法律迷思》，《法律科学》（西北政法大学学报），2009 年第 6 期。

［8］高西庆、赵谦：《信用在法治结构中的位置》，《比较》，2003 年第 10 期。

［9］高旭军：《德国法中公布虚假临时报告时的董事责任——评联邦最高法院判例》，《比较法研究》，2010 年第 1 期。

［10］官欣荣：《我国司法介入公司治理的迷惑及对策——华尔街金融危机背景下的新思考》，《政法论坛》，2009 年第 4 期。

［11］郭富青：《新〈公司法〉的价值取向、调整功能与制度设计》，《法治论丛》，2006 年第 1 期。

［12］郭静静、邸彦彪：《我国国企高管薪酬存在的问题及对策分析》，《经营管理者》，2010 年第 8 期。

［13］何亮：《银监会“限薪令”之疑》，《新经济杂志》，2010 年第 4 期。

［14］何平立：《高管薪酬必须体现社会公正》，《探索与争鸣》，2009 年第 5 期。

［15］何云峰：《国企高管薪金的社会管理问题反思》，《探索与争鸣》，2009 年第 5 期。

［16］胡晓静：《实践〈公司治理规则〉的法律途径——论修订后的〈德国股份法〉第 161 条》，《当代法学》，2005 年第 4 期。

［17］淮建军等：《信息披露：近 40 年国外研究综述》，《经济评论》，2010 年第 2 期。

［18］黄兴庭、邱本：《高管薪酬相关问题研究》，《中国石油大学学报》（社会科学版），2010 年第 2 期。

［19］黄勇斌：《国企高管薪酬规制的路径融合》，《探索与争鸣》，2010 年第 6 期。

［20］黄再胜：《公平偏好、身份模糊与国企经营者薪酬规制》，《当代经济科学》，2009 年第 1 期。

［21］黄再胜、王玉：《公平偏好、薪酬管制与国企高管激励—— 一种基于行为合约理论的分析》，《财经研究》，2009 年第 1 期。

［22］黄再胜：《企业高管薪酬规制理论研究：动因、实践与启示》，《外国经济与管理》，2009 年第 8 期。

［23］黄再胜：《企业经理报酬决定理论：争论与整合》，《外国经济与管理》，2005 年第 8 期。

［24］姜涛：《放松规制、企业特征与高管薪酬——来自中国发电类上市公司的证据》，《郑州大学学报》（哲学社会科学版），2010 年第 3 期。

［25］李昌麒、甘强：《我国改革发展成果公平分享的实现路径构想》，《社会科学研究》，2010 年第 5 期。

［26］李建伟：《高管薪酬规范与法律的有限干预》，《政法论坛》，2008 年第 3 期。

［27］李明机：《近期英国薪酬制度改革与我国上市（柜）公司薪酬规范之

简析》，《证交资料》，第 574 期。

［28］李全伦：《从四维企业产权角度研究企业收入分配的主要结论与展望》，《管理世界》，2009 年第 12 期。

［29］李莎：《股权激励机制在中国》，《现代商业》，2010 年第 15 期。

［30］梁宇贤：《公司股东大会委由董事会决定各个董事分配之报酬额是否有效——评最高法院九十三年度台上字第一二二四号判决》，《月旦法学杂志》，2005 年 6 月 121 期。

［31］林国全：《纾困肥猫条款》，《月旦法学教室》，2009 年 7 月 81 期。

［32］刘昌黎：《日本企业高管的薪酬水平及其未向国际高水平靠拢的原因》，《日本问题研究》，2009 年第 2 期。

［33］刘京海、陈新辉：《美国企业高管薪酬追回制度及对我国的启示》，《财务与会计·理论版》，2009 年第 8 期。

［34］刘连煜：《股东表决权之行使与公司治理》，《集保月刊》，2005 年第 141 期。

［35］娄贺统等：《上市公司高管股权激励所得税规定与激励效用冲突分析》，《财经研究》，2010 年第 9 期。

［36］卢锐等：《管理层权力、在职消费与产权效率——来自中国上市公司的证据》，《南开管理评论》，2008 年第 5 期。

［37］陆程葆：《我国上市公司独立董事的薪酬规制》，《企业导报》，2009 年第 4 期。

［38］吕久琴、周红：《衡量上市公司信息披露程度研究综述》，《上海立信会计学院学报》，2010 年第 2 期。

［39］吕长江等：《上市公司股权激励制度设计：是激励还是福利?》，《管理世界》，2009 年第 9 期。

［40］罗党论：《大股东利益输送与投资者保护研究述评》，《首都经济贸易大学学报》，2006 年第 2 期。

［41］罗赞兴等：《美国企业改革法案（Sarbanes – Oxley Act of 2002）对我国上市公司管理制度适用性之探讨》（上），《证交资料》，2004 年 5 月第 505 期。

［42］宁金成：《公司法律制度理念的分析》，《当代法学》，2006 年第 4 期。

［43］马晶：《西方企业激励理论述评》，《经济评论》，2006 年第 6 期。

［44］彭璧玉、肖华：《公司治理结构与 CEO 薪酬决定：一个理论综述》，《广东社会科学》，2007 年第 3 期。

［45］彭真明、陆剑：《德国公司治理立法的最新进展及其借鉴》，《法商研究》，2007 年第 3 期。

[46] 钱弘道：《法律经济学的理论基础》，《法学研究》，2002 年第 4 期。

[47] 钱玉林：《论可撤销的股东大会决议》，《法学》，2006 年第 11 期。

[48] 邵庆平：《股东大会与董事会的权限分配——对董事报酬决定权的观察与分析》，《兴大法学》，2007 年 5 月第 1 期。

[49] 史铭鑫：《经济性规制的放松与社会性规制的加强》，《北方经济》，2005 年第 9 期。

[50] 孙伟、黄培伦：《公平理论研究评述》，《科技管理研究》，2004 年第 4 期。

[51] 谭燕芝、熊唯伊：《高管限薪视角下的经理股票期权的研究》，《湘潭大学学报》（哲学社会科学版），2010 年第 1 期。

[52] 童卫华等：《中国上市公司高管人员报酬信息披露研究》，《重庆大学学报》（社会科学版），2006 年第 5 期。

[53] 万华林：《国外在职消费研究述评》，《外国经济与管理》，2007 年第 9 期。

[54] 王红一：《公司法中的“政府管制”：理论争议与立法政策》，《学术研究》，2006 年第 8 期。

[55] 王俊秋、张奇峰：《信息透明度与经理薪酬契约有效性：来自中国证券市场的经验证据》，《南开管理评论》，2009 年第 5 期。

[56] 王奎、陈庆贵：《〈公司法〉修订之后税收立法应跟进》，《经济研究参考》，2006 年第 47 期。

[57] 王通平：《国有企业经营者薪酬制度困境法律分析》，《华南理工大学学报》（社会科学版），2010 年第 3 期。

[58] 王佑发：《高管薪酬制度的反思与重构》，《法学论坛》，2009 年第 2 期。

[59] 魏建：《理性选择理论与法经济学的发展》，《中国社会科学》，2002 年第 1 期。

[60] 文杰：《公司高管薪酬法律问题研究》，《上海财经大学学报》，2010 年第 4 期。

[61] 吴凡、杜妍妍：《梳理、更新立法理念，谱写公司法新篇章——公司法修改若干问题访谈录》，《中国工商管理研究》，2005 年第 8 期。

[62] 吴国基：《中国上市公司高管薪酬的公司法规制》，《湖南农业大学学报》（社会科学版），2004 年第 2 期。

[63] 谢地、陈萍：《构建和谐社会与政府的规制角色》，《江汉论坛》，2008 年第 6 期。

［64］谢平、邹传伟：《金融危机后有关金融监管改革的理论综述》，《金融研究》，2010 年第 2 期。

［65］熊海斌、谢茂拾：《基于“规则性不当利益”的经理股票期权制度亟需改革》，《管理世界》，2009 年第 9 期。

［66］许为民、李稳博：《浅析绩效内涵的国内外发展历程及未来趋势》，《吉林师范大学学报》（人文社会科学版），2009 年第 6 期。

［67］杨洪常：《经理薪酬：美国公司治理改革的重要方面》，《中国人力资源开发》，2006 年第 9 期。

［68］杨洪常：《论管理者权力与经理薪酬的租金汲取》，《学术界》，2007 年第 5 期。

［69］杨晴：《多学科视角下的薪酬作用机制解析》，《企业家天地》，2010 年第 2 期。

［70］杨小凯：《企业理论的新发展》，《经济研究》，1994 年第 7 期。

［71］叶银华：《台湾公司治理的问题与改革之道》，《证管杂志》，2002 年第 20 卷第 11 期。

［72］于成永：《从“高薪门”论争看高管人力资本评估》，《中国人力资源开发》，2009 年 12 月号。

［73］郁光华：《从代理理论看对高管报酬的规范》，《现代法学》，2005 年第 2 期。

［74］占红沣：《现阶段“限薪”问题的法社会学探讨》，《法学》，2010 年第 3 期。

［75］张继文：《成果主义工资——日本企业新的工资制度》，《当代财经》，2004 年第 2 期。

［76］张怡：《论非均衡经济制度下税法的公平与效率》，《现代法学》，2007 年第 4 期。

［77］张正堂：《如何合理确定我国国有企业经营者收入》，《学习与探索》，1998 年第 2 期。

［78］张正堂：《高层管理团队协作需要、薪酬差距和企业绩效：竞赛理论的视角》，《南开管理评论》，2007 年第 2 期。

［79］赵旭东：《公司法修订的基本目标与价值取向》，《法学论坛》，2004 年第 6 期。

［80］郑晓玲：《美国股票期权激励的经验和启示》，《国际金融研究》，2007 年第 4 期。

［81］钟文芳：《上市公司实施股权激励存在的问题探析》，《证券市场导

报》，2010年4月号。

[82] 周云帆、朱羿锟：《经营者薪酬的信息披露制度探微》，《南方经济》，2005年第4期。

[83] 朱德芳：《论股东大会资讯揭露之重大性原则》，《月旦法学杂志》，2009年9月第172期。

[84] 朱伟一：《高管薪酬问题的美国经验》，《决策探索》（上半月），2009年第5期。

[85] 朱羿锟：《经营者薪酬：正当性危机与程序控制》，《法学论坛》，2004年第6期。

[86] 朱羿锟：《经营者自定薪酬的控制机制探索》，《河北法学》，2006年第1期。

[87] 朱羿锟：《论高管“问题薪酬”的董事问责》，《现代法学》，2010年第4期。

[88] [澳] 殷·瑞莫塞：《董事和高级职员的报酬：法律的作用》，史晨霞译，载王保树主编：《商事法论集》，第5卷，北京：法律出版社，2000年版。

[89] [德] 克劳斯·J. 霍普特：《欧洲公司法与公司治理：欧洲委员会的〈行动计划〉通往何处?》，赵明霞等译，载沈四宝等：《公司法与证券法论丛》，第2卷，北京：对外经济贸易大学出版社，2006年版。

[90] [美] 卢西恩·伯切克、杰西·弗里德：《无功受禄：对几个有关薪酬问题的思考》，伏健译，载王保树主编：《商事法论集》，2007年第2卷总第13卷，北京：法律出版社，2008年版。

[91] [美] 罗纳尔·J. 吉尔森：《公司治理全球化：形式性抑或功能性融合?》，黄辉译，载王保树主编：《商事法论集》，2006年第2卷总第11卷，北京：法律出版社，2006年版。

[92] [美] 玛格丽特·M. 布莱尔、林恩·A. 斯托特：《公司法的团队生产理论》，黄辉译，载王保树主编：《商事法论集》，第9卷，北京：法律出版社，2005年版。

[93] 蔡元庆：《日本股东代表诉讼中的担保提供制度》，载渠涛：《中日民商法研究》，第6卷，北京：北京大学出版社，2007年版。

[94] 邓菊秋：《论英国的独立董事制度》，载李荣林：《欧盟公司治理——经验借鉴与中国实践》，天津：天津大学出版社，2006年版。

[95] 李建伟：《公司决议效力瑕疵类型及其救济体系再构建——以股东大会决议可撤销为中心》，载王保树主编：《商事法论集》，2008年第2卷总第15卷，北京：法律出版社，2009年版。

［96］宁金成：《公司法律制度理念基本问题研究》，载赵旭东：《国际视野下公司法改革——中国与世界：公司法改革国际峰会论文集》，北京：中国政法大学出版社，2007 年版。

［97］奇树洁、陈文清：《德国公司治理改革的新动向》，载李荣林：《欧盟公司治理——经验借鉴与中国实践》，天津：天津大学出版社，2006 年版。

［98］刘燕：《股票期权激励的约束路径：法律与会计的互动——伊利股权激励事件的启示》，提交《中国法学会证券法研究会 2010 年年会》的论文，深圳：深圳证券交易所，2010 年 5 月 6 日至 7 日。

［99］万国华：《国际金融危机背景下中国国企高管薪酬规制略谈》，《中国法学会经济法学研究会 2009 年年会暨第十七届全国经济法理论研讨会》会议论文集（上），南京：南京大学，2009 年 11 月 28 日至 29 日。

［100］万方婕：《从经济法的角度看金融高管限薪》，《中国法学会经济法学研究会 2009 年年会暨第十七届全国经济法理论研讨会》会议论文集（下），南京：南京大学，2009 年 11 月 28 日至 29 日。

［101］黄福宁：《上市公司经理人员薪酬的法律规制》，中国政法大学博士论文，2005 年。

［102］李思莹：《高级经理人薪酬的披露程度与公司治理》，台湾中央大学人力资源管理研究所硕士论文，2002 年。

［103］李懿洋：《从公司治理看薪酬法制》，台湾中正大学法律研究所硕士论文，2010 年。

［104］吕文涛：《论国有上市公司高管薪酬的法律规制》，吉林大学硕士论文，2010 年。

［105］王怀勇：《公司自治限度研究》，西南政法大学博士论文，2008 年。

［106］王咿人：《国企高管薪酬法律规制的合理路径》，中国政法大学硕士论文，2010 年。

［107］苏海南：《国企高管薪酬水平不应与市场看齐、与国际接轨》，《21 世纪经济报道》，2009 年 5 月 23 日，第 34 版。

［108］苏海南：《“洋国企”高管薪酬惯例的经验与启示》，《经济参考报》，2009 年 1 月 9 日，第 10 版。

［109］吴晓辉：《高管薪酬“不差钱” 缺少的是制度和规则》，《证券日报》，2009 年 5 月 6 日，C2 版。

［110］杨斌：《“硬指标”挂钩薪酬 银行高管告别“天价”》，《成都商报》，2010 年 3 月 11 日，第 29 版。

［111］［美］苏德哈卡·V. 巴拉康德兰：《公司治理当从高管薪酬结构改革破

题》，http：//finance. people. com. cn/GB/1045/5078014. html，2006 年 11 月 23 日。

［112］巴曙松、吴博：《美国金融监管改革法案内容评析》，http：//www. cf40. org. cn/plus/view. php？ aid =2935，2010 年 7 月 29 日。

［113］李爽：《总统奥巴马为受助企业设高管薪资限制，将推更多救助措施》，http：//cn. reuters. com/article/idCNnCN047286720090205，2009 年 2 月 5 日。

［114］缪心毫：《金融机构高管限薪令的法学思考》，http：//www. fatianxia. com/paper/64977/，2009 年 7 月 24 日。

［115］谢平：《美国金融监管法案的内容与启示》，http：//finance. ifeng. com/opinion/hqgc/20100918/2635388. shtml，2010 年 9 月 18 日。

［116］《英国大企业正在设计旨在避税的高管薪酬方案》，http：//www. 28hr. com/Html/？ 7297. html，2010 年 3 月 22 日。

三、外文著作与文章

［1］酒巻俊雄、上村達男『会社法（現代法学叢書）』（青林書院，2003 年）。

［2］瀧田節『会社法』（有斐閣，第 5 版，1995 年）。

［3］弥永真生『会社法』（有斐阁，第 11 版，2007 年）。

［4］前田庸『会社法入門』（有斐阁，第 9 版，2003 年）。

［5］山口幸五郎『会社取締役制度の法的構造』（成文堂，1973 年）。

［6］藤川信夫『コーポレート・ガバナンスの理論と実務——商法改正と其の対応』（信山社，2004 年）。

［7］企業統治研究会『企業統治研究会報告書』（2009 年 6 月 17 日）。

［8］日本取締役協会『経営者報酬の指針』（2005 年 2 月 16 日）。

［9］日本取締役協会『役員の業績連動型報酬に関する税制改正の要望』（2005 年 12 月 8 日）。

［10］法務省民事局参事官室『会社法制の現代化に関する要綱試案の補足説明』商事法務 1678（臨増）号（2003 年 11 月 10 日）。

［11］みずほ總合研究所『米国における役員報酬規制強化——政府による金融支援対象企業から全上場企業に適用拡大へ——』みずほ米州インサイト（2009 年 8 月 11 日）。

［12］安江英行「日米英のコーポレート・ガバナンスの状況と比較分析（上）」商事法務 1904 号（2010 年）。

［13］大久保拓也「イギリスの上場会社における取締役の報酬に対する新たな規制」法政論叢 39 巻 2 号（2003 年）。

［14］大久保拓也「イギリス法における取締役の報酬規制——イギリス通商産業省の諮問文書『失敗に対する報酬』の検討——」比較法制研究（國士舘大学）26 号（2003 年）。

［15］大崎貞和「EUにおける会社法改革の行動計画」資本市場クオータリー夏季号（2003 年）。

［16］高橋英治「ドイツにおける『取締役報酬の相当性に関する法律』草案の概要——日本法への示唆——」商事法務 1873 号（2009 年）。

［17］根田正樹「会社役員の報酬規制と最近の動向」月刊民事法情報 213 号（2004 年）。

［18］宮本明幸「取締役報酬の減額・不支給をめぐる問題点」立命館法政論集 1 号（2003 年）。

［19］江頭憲治郎「コーポレート・ガバナンスの視点から見た会社法」東京株式懇話会会報 535 号（1996 年）。

［20］江頭憲治郎「会社役員の報酬に対する法の規制」法学教室 6 巻 2 期（1974 年）。

［21］井川真由美「役員報酬に関する米国の法制度と最近の動向」自由と正義 59 巻 6 号（2008 年）。

［22］菊田秀雄「EUにおける取締役報酬規制をめぐる近時の動向——EUおよびイギリスにおける展開を中心に——」駿河台法学 22 巻 1 号（2008 年）。

［23］瀧田節「役員報酬」別冊ジュリスト39 号（1973 年）。

［24］落合誠一「会社法制見直しの基本問題」商事法務 1897 号（2010 年）。

［25］弥永真生「退職慰労年金の一方的減額の可否」ジュリスト1400 号（2010 年）。

［26］弥永真生「株主総会の決議等を経ることなく支給された退職慰労金と不当利得返還請求」ジュリスト1393 号（2010 年）。

［27］木村真生子「職慰労金支給議案提出に関する取締役の善管注意義務」ジュリスト1391 号（2009 年）。

［28］鳥山恭一「取締役の報酬の会社による一方的な減額」法學セミナー 617 号（2006 年）。

［29］鳥山恭一「役員報酬の支払いを事後に認める株主総会決議の効力」法學セミナー 609 号（2005 年）。

[30] 品谷篤哉「取締役の報酬請求権に関する覚書——最高裁平成15年2月21日判決を契機に——」立命館法学291号（2003年5号）。

[31] 清水一之「ドイツにおけるコーポレート・ガバナンスと外的・内的要因——株主構造の変化と監査役会の変化——」商学研究論集24号（2006年）。

[32] 三井秀範、永池正孝、牧野達也、石井裕介「上場会社の新しいコーポレート・ガバナンス開示と株主総会対応（上）」商事法務1898号（2010年）。

[33] 三上二郎、坂本英之「役員報酬、ストック・オプション」商事法務1776号（2006年）。

[34] 山口孝浩「役員賞与、役員報酬を巡る問題——改正商法等の取扱いを問題提起として——」税務大学校論叢48号（2005年）。

[35] 矢沢惇「取締役の報酬の法的規制」『企業法の諸問題』（商事法務研究会，1981年。初出は商事法務研究219号，1961年）。

[36] 四竈丈夫「役員報酬の対価性と合理性（一）——米国デラウェア州判決を中心に——」早稲田大学大学院法研論集105号（2003年）。

[37] 四竈丈夫「会社役員報酬の対価性と合理性（二・完）——米国デラウェア州判決を中心に——」早稲田大学大学院法研論集108号（2003年）。

[38] 藤永恭夫「役員の報酬と役割」経営戦略研究3巻冬季号（2005年）。

[39] 西尾幸夫「退職慰労金と総会決議」立命館法学304号（2005年6号）。

[40] 相澤哲、石井裕介「株主総会以外の機関（上）」商事法務1744号（2005年）。

[41] 小立敬、磯部昌吾「英国FSAが明らかにした報酬慣行に関する最終規則」資本市場クオータリー秋季号（2009年）。

[42] 小立敬「英国における金融制度改革関連法——金融サービス法案の公表」資本市場クオータリー冬季号（2010年）。

[43] 伊藤靖史「大会社の取締役報酬規制の立法論的検討——業績評価機構確立のための株主総会権限縮小——」インベストメント51巻1号（1998年）。

[44] 伊藤靖史「米国における役員報酬をめぐる近年の動向——1990年代の役員報酬額の増加と2000年代初頭の不祥事の後で——」同志社法学58巻3号（2006年）。

[45] 伊藤靖史「取締役・執行役の報酬に関する規制のあり方について——経営者の監督・インセンティブ付与手段という観点からの問題点——」同志社法学55卷1号（2003年）。

[46] 伊藤靖史「ドイツにおける取締役報酬に関する規律——近年の動向——」同志社法学62卷2号（2010年）。

[47] 伊藤靖史「取締役・執行役報酬の相当性に関する審査について」同志社法学58卷5号（2006年）。

[48] 伊藤靖史「取締役報酬規制の問題点——東京地判平成19年6月14日判決を素材として——」商事法務1829号（2008年）。

[49] 伊藤靖史「事後に株主総会の決議を経た場合の役員報酬の支払いの効力」商事法務1857号（2009年）。

[50] 伊藤靖史「業績連動型報酬と取締役の報酬規制（一）——アメリカ及びイギリスの報酬規制改革を参考に——」民商法雑誌116卷2号（1997年）。

[51] 伊藤靖史「業績連動型報酬と取締役の報酬規制(二・完)——アメリカ及びイギリスの報酬規制改革を参考に——」民商法雑誌116卷3号(1997年)。

[52] 正井章筰「EUにおけるコーポレート・ガバナンスをめぐる議論——ヨーロッパ・コーポレート・ガバナンス・フォーラムの声明を中心として——」比較法学43卷1号（2009年）。

[53] 正井章筰「ドイツ・コーポレート・ガバナンス規準の2007年改定について」比較法学42卷1号（2008年）。

[54]「会社法下の役員報酬と税制改正」商事法務1752号（2005年）。

[55] 相原隆、出口哲也、井上佳人、谷口友一译「取締役の報酬に関する2007年欧州委員会スタッフ報告書」法と政治60卷3号（2009年）。

[56] 白井正人「役員報酬制度と個別報酬額の開示——内閣府令のポイントと対応策」，http：//www. pricewaterhousecoopers. co. jp/knowledge/research/consulting/pc_ 1004_ 01. html，2010年4月12日。

[57] 穂高弥生子、川中浩平「独立役員の選任義務化等に関する東京証券取引所における新たな規制の概要」，http：//www. mofo. jp/topics/legal – updates/legal – updates/20100122. html，2010年1月22日。

[58] 野村有司「あるべき役員報酬制度の構築に向けてコーポレート・ガバナンス体系の見直しを」，http：//www. mercer. co. jp/referencecontent. htm・idContent＝1336645，2009年2月18日。

[59]「概要及びそれに対する金融庁の考え方」，http：//www. fsa. go. jp/news/21/sonota/20100331 – 8/00. pdf，2010年3月31日。

[60] 日本証券アナリスト協会「企業内容等の開示に関する内閣府令（案）について」, http：//www. saa. or. jp/account/account/pdf/ikensho100315. pdf, 2010 年 3 月 15 日。

[61] OECD. The OECD Report on Regulatory Reform：Synthesis, Paris. 1997.

[62] Konow J.. Fair and Square：the Four Sides of Distributive Justice, Journal of Economic Behavior & Organization, Vol. 46（2）, 2001.

[63] Cappelen A., A. Hole, E. Srensen, B. Tungodden. The Pluralism of Fairness Ideals：An Experimental Approach, American Economic Review, Vol. 97（3）, 2007.

[64] Rappaport A.. Executive Incentives vs. Corporate Growth, Harvard Business Review, 1978.

[65] Bushman R., Smith A.. Transparency, Financial Accounting Information, and Corporate Governance, Economic Policy Review, Vol. 9, 2003.

[66] Melvin Aron Eisenberg. Self – interested Transactions in Corporate Law, 13J. Corp. L. 1988.

[67] Linda J. Barris. The Overcompensation Problem：A Collective Approach to Controlling Executive Pay, Indiana Law Review, Vol. 68, 1992.

[68] David Rosenberg. Galactic Stupidity and the Business Judgment Rule, 32J. Corp. L., 2007.

[69] Detlev Vagts. Challenges to Executive Compensation：for the Markets or the Courts?, 8J. Corp. L., 1983.

[70] Michael C. Jensen, Kevin J. Murphy. Performance Pay and Top – Management Incentives, Journal of Political Economy, Vol. 98, 1990.

[71] Michael C. Jensen, Kevin J. Murphy. CEO Incentives – It's Not How Much You Pay, But How, Harvard Business Review, May – June 1990.

[72] Simon Patterson, Peter Smith. How to Make Top People's Pay Reflect Performance, Sunday Times, August 9, 1988.

后　记

本书是在我的博士学位论文的基础上稍加修改而成的。2011 年 6 月，我完成了博士论文答辩，也许是为了佐证“一篇论文半条命”的说法，答辩结束后的一年多时间里，身体一直小恙。尽管我的博士生导师、单位领导和好友们多次建议我尽快将论文修改以便付梓出版，但一直无法集中精力，以至于拖延至今才完成。需要说明的是，本书仅是我研习公司高管薪酬法律规制的一份不成熟的心得，许多问题未能深入展开研究，其间谬误或许不少，尤其是对他人的观点，可能存在误读，我乐意接受读者的批评指正。另外，本书的顺利出版，得到了四川师范大学出版基金的资助以及经济管理出版社曹靖博士的大力帮助，在此一并致谢。以下内容为原博士论文的后记内容。

在毕业论文写作即将告一段落时回首往昔，不禁心潮涌动，久久难以下笔。曾经，三年的考博心路，我一度准备放弃，师长、友人、亲人的鼓励、支持成为我前行的动力；三年的博士生涯，我努力挑战自我，西政母校、经济法学科为我提供了丰富的法学营养。虽然往日冥思苦想的痛苦和迷惘、挑灯夜战的疲惫与挣扎还历历在目，但六年的坚持，使我在歌乐山下收获了知识的硕果，经历了精神的洗礼，得到了无数老师、同窗弥足珍贵的关爱和支持。在此谨表达我深深的谢意。

感谢我的博士生导师李树教授。恩师严谨的治学风格、渊博的知识见地、长者的谆谆关怀，给予我学习上和生活上无微不至的帮助。论文思路的梳理、资料的收集、结构的调整、内容的阐述、文字的修正等更是倾注了恩师大量的心血。学者之风，长者之情，永生难忘！此情此意，无以言表，唯有致以深深的谢意和最衷心的感谢。

感谢导师组的卢代富教授。访学期间，正是在先生的鼓励下，我才开始了攻读博士学位的征途；正是在先生的指导下，我才坚定了自己的学术研究方向，获得了学术研究的信心。博士学习期间，先生在论文选题、文章思路、写作技巧等方面给予我大力帮助，在此一并致以衷心的感谢。

感谢导师组的张怡教授、岳彩申教授、胡光志教授、盛学军教授、江帆教授、邓刚教授、李永成副教授、黄茂钦副教授等各位老师给予我学业上的指导和帮助，他们以严谨的治学态度与敏锐的洞察力为论文选题与后续写作提出了宝贵的建设性修改意见，使我受益匪浅。在此，向他们致以深深的敬意。

感谢攻读博士学位期间给予我大力支持的单位党政领导，无论是考博的政策支持，还是论文写作过程中的时间与资料支持，都是我完成学业的重要保障，值此一并感谢。

感谢刘洲、马建霞、张雪强、徐正春、徐石江、楚建会、丁杨、黄亮、邵华、孙志煜、姜红、林泰等同窗在博士课程学习和论文撰写期间给我的帮助和支持。感谢论文资料收集过程中给予我大力帮助的日本留学生高田晋史以及帮我英文翻译的同事王梓合老师、蒋丹老师以及硕士研究生杨才文、邹晶晶等。

感谢我的妻子段莉，她为我的论文写作提出了许多宝贵的修改意见，正是她默默的支持使我有了更多的时间来完成我的论文写作。

感谢所有帮助、关心我的人！

李　荣

二〇一三年三月于蓉城